Pascal Voggenhuber
Enjoy this Life

PASCAL VOGGENHUBER

ENJOY THIS LIFE

WIE DU DEIN GANZES
POTENTIAL ENTFALTEST

Allegria

Allegria ist ein Verlag der Ullstein Buchverlage GmbH

ISBN 978-3-7934-2321-8

3. Auflage 2017
© 2017 by Ullstein Buchverlage GmbH, Berlin
Lektorat: Miriam Gries
Umschlaggestaltung:
Simone Mellar, zero-media.net, München
Satz: Keller & Keller GbR
Gesetzt aus der Minion
Druck und Bindearbeiten:
CPI books GmbH, Leck
Printed in Germany

Inhalt

Vorwort 7

Gedankenwelt 11
    Was ist normal? 15
    Positives Denken, aber richtig 17
    Dankbarkeit 25
    Achte auf deine Worte 28
    Visitenkarten 32
    Kreiere deine *Enjoy this Life*®-Persönlichkeit 36
    Wie wende ich die neue
        Enjoy this Life®-Persönlichkeit an? 48
    Nächtliche Suggestionen als Hilfsmittel 53
    Muster und Blockaden erkennen und auflösen 55

Körperbewusstsein 65
    Ernährung 70
    Körpersprache 80
    Körperpflege 83

Entrümpeln 87
    Entrümple deine Wohnung 95
    Verlasse die Komfortzone 102

Fokus und Meditation 111
    Meditation – aktives Zuhören 116
    Meditationsübung: Essmeditation 125

Gesundheit, Heilung und Selbstheilung 129
   Selbstheilung 134
   Fernheilung und Partnerheilung 136
   Werde Heiler im Alltag 144

***Enjoy this Life*®-Persönlichkeit in deinen Alltag integrieren 149**
   Weg von den Mainstream-Medien 150
   Umgib dich mit der Energie, die du brauchst 153
   Wie geht eine *Enjoy this Life*®-Persönlichkeit mit Kritik um? 160
   Schlafe wie eine *Enjoy this Life*®-Persönlichkeit 163
   Durch Fasten alte Energien loslassen 169
   Lass die Intuition in deinen Alltag 174
   Entscheidungen 178
   Erinnerungstools 180
   Vom Beruf in die Berufung 185
   Partnerschaft 201
   ETL® bei Familie vs. Fremden 215
   Umgang mit destruktiven Gefühlen 222
   Stress – der Killer Nummer eins 231
   The Power of »Enjoy this Life« 246

Schlusswort 252
Dank 254
Über den Autor und Kontakt 256

Vorwort

Lieber Leser,

ehe ich mit diesem Buch beginne, möchte ich noch ein paar erklärende Worte vorausschicken. Sie sollen dir helfen herauszufinden, wer der Autor ist. Ich verwende in allen meinen Büchern durchgehend die männliche Form und spreche dich als mein »lieber Leser« an, auch wenn mir bewusst ist, dass ich sehr viele Leserinnen habe. Seid mir nicht böse, ich respektiere und schätze Frauen genauso wie Männer, ich finde lediglich, es liest sich so flüssiger. Außerdem werde ich dich, mein lieber Leser, mit »du« ansprechen, das ist meines Erachtens einfach persönlicher. Wenn du bereits Bücher von mir gelesen hast, bist du das ja schon gewohnt.

Kurz ein paar Angaben zu mir, damit du weißt, mit wem du die nächsten Tage oder Stunden auf die Reise gehst. Mein Name ist Pascal Voggenhuber und ich bin bekannt als Medium. Ein Medium ist eine Person, die mit der geistigen Welt im Kontakt steht, sie ist ein Kanal für Geistwesen und den Menschen hier. Aber vor allem bin ich bekannt für meine Jenseitskontakte; ich stelle Kontakt her zu Verstorbenen und übermittle den Hinterbliebenen Botschaften, damit diese besser trauern oder noch offene Fragen klären können. Ich sehe schon seit meiner Kindheit Verstorbene und auch die Auren von Menschen. Die Aura ist das Energiefeld um unseren Körper, das sich mir in verschiedenen Farben zeigt. In der Aura kann ich die Vergangenheit, Gegenwart und die Muster und Blockaden von Menschen erkennen. Bei vielem hat es mir geholfen, die Aura von Menschen zu sehen, da ich so immer wieder Zeuge wurde, wie die

Übungen, das Denken und Handeln direkt auf den Menschen Einfluss nahmen und sogar die Aura verändert haben. Außerdem stehe ich von klein auf in Kontakt mit meinem Geistführer, den jeder Mensch hat. Dieser ist ein Wesen aus der geistigen Welt, das uns im Leben begleitet und unterstützt. Da Geistwesen immer an unserer Seite sind, werden wir auch deinen Geistführer bei einigen Übungen mit einbeziehen. Falls für dich das Thema Geistführer ganz neu ist und du mehr darüber erfahren möchtest, empfehle ich dir, mein Buch speziell zu diesem Thema zu lesen.

Und was du für »Enjoy this Life – wie du dein ganzes Potential entfaltest« zu den einzelnen übersinnlichen Themen wissen musst, werde ich dir immer kurz zum gegebenen Zeitpunkt erklären. Doch ich werde hier das »Übersinnliche« so gut es geht auf ein Minimum reduzieren, weil ich mit diesem Buch auch Menschen ansprechen möchte, die mit Esoterik, Spiritualität und dem Übersinnlichen nicht so viel anfangen können.

Früher habe ich sehr viel über das Sterben und das Leben nach dem Tod geschrieben, wie es ist im Jenseits und wie man die Trauer verarbeiten kann. Mir ist dabei immer wieder aufgefallen, wenn wir unser Leben wirklich leben würden, wenn wir das Leben, das wir jetzt haben, mehr genießen würden und mehr Zufriedenheit empfinden würden, dass es dann viel weniger Probleme mit dem Tod und dem Sterben gäbe. Deswegen kam 2014 mein Buch »Zünde dein inneres Licht an – wie du Schöpfer deines Lebens wirst« auf den Markt. Die Resonanz war unglaublich.

Mit »Enjoy this Life« möchte ich dir helfen, dein Leben noch einfacher und intensiver zu gestalten. Wie du durch leichte Übungen dein Leben umkrempeln kannst, wenn du dich ohne Vorbehalte darauf einlässt. Wichtig ist also nur, dass du die Übungen auch wirklich umsetzt. Doch wenn du mit mir auf die Reise gehst und es selbst ausprobierst, wirst du merken, dass dies dein Leben komplett verändern wird. Beim *Enjoy this Life*®-Konzept steht die Einfachheit und Effektivität im Vordergrund. Es geht hier um eine bodenständige gelebte Spiritualität. Nachdem du das Prinzip der einzelnen Übungen verstanden hast, kannst du diese zu jeder Zeit erweitern und so gestalten, wie sie für dich stimmig sind. Es sind im Grunde Impulse und Ideen. Je öfter du deine Übungen machst und vor allem regelmäßig, umso effektiver wird das Ganze für dich. Doch keine Angst, ein großes Anliegen war mir, dass du das meiste einfach in deinen Alltag integrieren kannst. Was ich dir versprechen kann, ist, dass, wenn du die Übungen machst, sich vieles in deinem Leben zum Positiven verändern wird. Denn wir sind Schöpfer unseres Lebens.

Ich will mit diesem Buch gewisse Aspekte aus dem Vorgänger »Zünde dein inneres Licht an« aufgreifen, aber noch tiefer in die Materie einsteigen. Noch einfacher und vor allem noch effektiver. Das *Enjoy this Life*®-Konzept habe ich in den letzten Jahren weiterentwickelt und in vielen Live-Seminaren und auch in einem Onlinekurs weitergegeben. Dabei konnte ich schnell erkennen, wie ich das Konzept nochmals verbessern und vereinfachen kann, sodass es nun wirklich jedem möglich ist, der den Mut dazu hat, sein Leben zu verändern. Auch wenn die Einfachheit im Vordergrund steht, wird es nicht immer leicht für dich sein. Du sollst wissen, dass es dich verändern wird und es immer wieder Momente gibt, wo du dich vielleicht überfordert fühlst. Doch sei versichert: Du kannst es und es ist alles lösbar, egal, wie dein Leben zurzeit ist oder nicht ist. Jedem ist es möglich, sein Leben zu optimieren und einfach glücklicher und zufriedener zu werden.

Manches kommt dir vertraut vor, du hast eventuell schon darüber gelesen? Nun, ich erfinde das Rad nicht neu, ich will es nur ein bisschen runder gestalten. Mein Buch möchte dir zu gewissen Themen noch einen anderen Blickwinkel aufzeigen. Dieses Buch ist zwar ein Sachbuch, doch es soll nicht nur in der Theorie bleiben, bitte lass dich also vorbehaltlos auf die Reise ein und führ die Übungen aus, damit du die volle Wirkung erfahren kannst. Bist du bereit dazu? Ich hoffe, dass du es dir wert bist und dich voll und ganz darauf einlassen kannst.

Was mir noch wichtig ist, bevor wir die Reise nun wirklich beginnen: Alles, was ich schreibe, ist meine persönliche Meinung und meine persönliche Sicht, übernimm für dich nur das, was sich für dich gut anfühlt. Es geht mir nicht darum, dich in diesem Buch von meiner Meinung zu überzeugen, sondern dir eine neue Sichtweise aufzuzeigen. Wenn es stimmig ist für dich, nimm sie an und alles, was dir nicht gefällt, das lass weg. Doch vielleicht probierst du es einfach mal aus, um zu sehen, ob es nicht doch stimmig und gut für dich sein könnte.

Jetzt aber wünsche ich dir, lieber Leser, viel Spaß auf der Reise und danke dir für dein Vertrauen!

Gedankenwelt

Im ersten Kapitel geht es um deine Gedanken. So wie ich es wahrnehme, hindern uns nämlich unsere Gedanken daran, glücklich, erfolgreich und zufrieden zu sein. Wenn wir dies erkennen und auch, wie wir unsere Gedanken bewusst verändern können, können wir sie so umformen, dass sie uns eine wunderbare Hilfe sind.

Zunächst einmal möchte ich dich auf unseren »inneren Kritiker« aufmerksam machen. Ich nenne ihn so und will dir erklären, was genau ich damit meine. Du hast deinen inneren Kritiker schon in vielen Situationen kennengelernt und sicher auch beim Lesen der ersten Zeilen dieses Buchs vernommen. Der innere Kritiker ist unsere Gedankenstimme, die direkt von unserem Unterbewusstsein gespeist wird. Es ist die Stimme, die alles kommentiert. Bereits beim Lesen des Vorworts hast du immer wieder den inneren Kritiker gehört: »Hm, das kenne ich jetzt aber schon! Oh, das ist noch spannend! Hm, kann ich überhaupt glücklich werden? Ich hoffe, da kommt auch etwas, das mir hilft! Ich glaube, ich überspringe das Vorwort!« Oder Ähnliches. Auch wenn du zum Beispiel jemanden triffst, meldet sich häufig deine Gedankenstimme: »Oh, die sieht aber viel älter aus, als sie ist! Ganz schön dick geworden! Süßes Gesicht! Schöne Augen!« Wie du sicher bemerkt hast, nenne ich die Gedankenstimme zwar »innerer Kritiker«, doch natürlich kann sie uns auch positive Dinge zuflüstern. Wichtig ist für den Moment noch gar nicht, ob sie dir positive Dinge oder negative zuflüstert, sondern dass du deinen inneren Kritiker genauer beobachtest. Achte einmal einen ganzen Tag lang darauf, wie dein innerer Kritiker ist. Ist er jemand, der dir schöne Dinge erzählt und positiv kommentiert oder eher negativ und destruktiv? Ist er ein Unterstützer oder redet er alles um dich herum klein, macht es schlecht und ist so ein kleiner Miesepeter? Oder ist er schon ein Freund, der dir gut zuredet und auch die Situationen und Menschen um dich herum positiv betrachtet? Beobachte diesen inneren Kritiker die nächsten Minuten, Tage, Wochen immer mal wieder. Je mehr du dir seine Existenz bewusstmachst, desto besser kannst du ihn wahrnehmen. Je mehr du ihn wahrnimmst, umso mehr kannst du ihn als Freund benutzen. Warum finde ich diesen inneren Kritiker so wichtig? Weil er direkt aus deinem Unterbewusstsein spricht.

Ich habe viele Menschen kennengelernt, die mir gegenüber beteuern, dass sie positiv denkende Menschen sind und liebevoll mit anderen umgehen, und dennoch läuft vieles in ihrem Leben schief. Im Grunde kann das vom Resonanzgesetz her kaum sein, denn wenn wir wirklich meistens positiv denkende Menschen wären, dann müsste sich dies auch in den Lebensumständen widerspiegeln. Wir hätten beispielsweise harmonische Partnerschaften/Freundschaften, einen erfüllenden Job, wären bei guter Gesundheit, hätten ein stimmiges Umfeld, wären zufrieden, hätten Spaß und Freude am Leben und der Geldfluss wäre ideal. Doch gerade wenn man sich unter vermeintlich besonders spirituellen Menschen umschaut, erkennt man oft sehr schnell, dass dies nicht der Fall ist. Es wirkt vielleicht so, aber wenn man in die Tiefe geht, sieht es häufig anders aus.

Ein sehr wichtiger Schlüssel, um sein Leben zu verändern und in die *Enjoy this Life*®-Persönlichkeit zu gehen, ist das Beobachten des inneren Kritikers. Ich weiß, mein lieber Leser, wenn ich dir jetzt sage: »Bitte beende nun das Lesen und mache dir mal einen Tag lang deinen inneren Kritiker bewusst, höre mal ganz bewusst immer wieder auf deine Gedankenstimme und beobachte, ob der Kritiker in den unterschiedlichsten Situationen eher positiv ist oder eher negativ/destruktiv«, dann wirst du dies wohl kaum tun. Ideal wäre es, doch für alle, die jetzt weiterlesen: Mache dir zumindest eine Notiz, damit du, wenn du mit der Lektüre fertig bist, dich noch an die Übungen erinnern kannst. Nimm mindestens einen Tag lang deinen inneren Kritiker unter die Lupe und achte darauf, was er alles so erzählt, bewertet, beurteilt, verurteilt und vor allem auch, was er dir selbst immer wieder einflüstert.

Wie schon gesagt, ist diese Gedankenstimme mit deinem Unterbewusstsein verknüpft und sie wird von dort gespeist. Leider halten viele Leute diese Gedankenstimme für die Stimme vom Höheren Selbst, Engel, Geistführer, Meister oder Ähnlichem. Doch diese Stimme kommt nicht aus der geistigen Welt, sondern von unserem Unterbewusstsein. Deswegen ist sie für die *Enjoy this Life*®-Methode so wichtig, denn viele Methoden arbeiten nur mit dem aktiven Denken, vernachlässigen aber das »passive« Denken. Wenn wir uns allerdings mal bewusstmachen, dass 95 Prozent der Gedanken und Handlungen vom Unterbewusstsein gelenkt werden, wie neueste Forschungsergebnisse nahelegen, dann wird schnell klar, dass wir uns mehr auf das passive Denken konzentrieren sollten. Es lohnt sich also definitiv, dem inneren Kritiker mehr Aufmerksamkeit zu schenken. Für mich ist er wie eine Tür ins Unterbewusstsein, er verrät mir nämlich, wie ich wirklich denke. Er zeigt mir, ob ich eher ein positiver oder ein destruktiver Mensch bin. Wenn du, lieber Leser, beispielsweise merkst, dass dieser Kritiker oft ver- und beurteilt, stänkert, besserwisserisch, rechthaberisch, selbstzerstörerisch, ironisch – gegen dich oder andere – ist, dann weißt du sehr schnell, dass du dringend handeln musst. Ist dein innerer Kritiker dagegen eher positiv, wohlwollend, ehrlich, aufbauend, freundlich, motivierend, freudig, dann weißt du, dass du schon auf einem sehr guten Weg bist.

Lieber Leser, es ist nun sehr wichtig, dass du gnadenlos ehrlich zu dir bist, wenn du deinen inneren Kritiker einschätzt. Denn nur wenn wir erkennen, wie es um unser Unterbewusstsein steht, können wir dies auch verändern. Stell dir mal vor, wir können gemeinsam 95 Prozent deiner Gedanken auf Erfolg ausrichten, dann bleiben lediglich 5 Prozent, die eventuell dagegen arbeiten können. Bereits im nächsten Kapitel beginnen wir damit, dein Unterbewusstsein umzuprogrammieren, dass es immer mehr zu einem positiven Motivator wird. Um möglichst viel persönliche Veränderung aus dieser Lektüre herauszuziehen, lege jetzt das Buch zur Seite und lies erst weiter, wenn du genau weißt, was ich mit dem inneren Kritiker meine, und wenn du deinen kennengelernt hast.

Hm, na gut, wie ich sehe, hast du das Buch nicht weggelegt. Du kleiner Besserwisser ;-) Sage aber nicht, ich hätte es dir nicht geraten.

Sicher ist dir schon aufgefallen, dass ich das Wort Erfolg verwendet habe. Damit meine ich nicht nur den finanziellen, sondern Erfolg auf allen Ebenen. Meine knappe Definition von einem erfolgreichen Menschen lautet: »Jemand, der seine Berufung lebt, Spaß und Freude am Leben hat, sich selbst und andere Menschen liebt, eine harmonische Beziehung lebt, gesund ist, glücklich, zufrieden, seine Ziele kennt und diese auch verwirklicht, kurz: jemand, der wirklich lebt und sein Leben in vollen Zügen genießt.«

ÜBUNG

Eine sinnvolle Übung könnte sein, dass du kurz aufschreibst, was für dich Erfolg noch bedeuten könnte, jetzt und in der Zukunft, wenn du wieder zum Schöpfer deines Lebens wirst. Erfolg heißt ja nur, dass etwas er-folgt. Wir können also gar nicht erfolglos sein. Aber wir können unsere passive Haltung aufgeben und ins Schöpferbewusstsein wechseln. Das erfordert zwar Mut, denn damit sind wir verantwortlich für unser Leben und unser Umfeld und es gibt niemanden, den wir für destruktive Situationen in unserem Leben verantwortlich machen können außer uns selbst. Doch diese Erkenntnis gab mir damals die Freiheit und die Einsicht, dass ich mein Leben so gestalten kann, wie ich es möchte. Willst du das auch? Was sagte dein innerer Kritiker bei den letzten Sätzen? Hast du ihn beobachtet?

Was ist normal?

Sicher kennst du auch folgende Aussage: »Das ist normal, das macht man in einer Beziehung/Familie/bei einem Geschäft so.« Oder ähnlich lautende Sätze. Da man solche Formulierungen oft hört und oft auch selbst denkt, möchte ich ganz kurz einen Ausflug machen. Denn was ist schon normal?

Normal ist für uns selbst immer das, was wir schon immer so getan haben oder was uns schon immer so vorgelebt wurde. Je nachdem, welche Werte dir deine Eltern mitgegeben haben – und natürlich auch dein Freundeskreis sowie dein übriges Umfeld –, betrachtest du gewisse Dinge als völlig normal; sobald jemand dann nicht so denkt oder handelt, wie du es gewohnt bist, findest du dies abnormal. Seit mir bewusst wurde, dass ich die Dinge als normal betrachte, die ich auf eine bestimmte Art und Weise gelernt und vorgelebt bekommen habe, bin ich viel offener und toleranter geworden, falls jemand eine andere Ansicht hat und nicht so handelt, wie ich es erwarten würde.

So gibt es zum Beispiel Menschen, die fest darauf vertrauen, dass alles im Leben schlussendlich doch gut wird, mag es gerade auch noch so schwer sein. Andere wiederum finden es normal, dass das Leben schwer, hart und ungerecht ist. Auch hier spielen unsere Prägungen aus der Vergangenheit eine wichtige Rolle, denn als Kind nehmen wir unsere Eltern oder unsere Erziehungsberechtigten als Vorbild, wir lernen durch Nachahmen: Was haben unsere Eltern uns vorgelebt? Wie sind sie mit problematischen Situationen umgegangen? Wie war ihre Einstellung zu Geld und Wohlstand? Zum Beruf? Liebe? Partnerschaft? Gesundheit? Wir dürfen nie vergessen, dass wir diese Glaubenssätze tief verinnerlicht haben.

Die Hirnentwicklung eines Kindes oder Jugendlichen unterscheidet sich außerdem von der eines Erwachsenen, das heißt, sie speichern fast alles Erlebte und Gelernte ins Unterbewusstsein ab, da die aktiven Beta-Wellen im Gehirn noch nicht vorhanden sind. Beta-Wellen sind die Hirnwellen des normalen Wachbewusstseins, der nach außen gerichteten Aufmerksamkeit, des logischen, prüfenden und bewussten Denkens. Deswegen analysieren wir als Kind die Handlungen unserer Eltern oder unseres Umfelds kaum bis gar nicht. Aus diesem Grund empfehle ich dir auch, einfach mal kurz innezuhalten und darüber nachzudenken, welche Dinge du als normal erachtest, weil du es so vorgelebt bekommen hast.

Wenn wir mit Menschen aus anderen Ländern zusammentreffen, kommt es schnell zu Missverständnissen, weil wir gewisse Dinge als anormal ansehen, die in anderen Ländern als völlig normal gelten. So ist beispielsweise lautes Aufstoßen bei einem Essen in China angemessen, doch mach das mal bei uns in einem netten Restaurant! Da wirst du ziemlich schnell merken, dass dies in unseren Breitengraden als nicht normal gilt. Wer es mir nicht glaubt, probiere es mal aus. Viele Chinesen spucken auch auf der Straße aus, was bei uns als schlechtes Benehmen und Unart empfunden wird oder, wenn man jemandem vor die Füße spuckt, eine ziemliche Beleidigung darstellt. So aber nicht in China, dort ist Ausspucken normal und wird als sehr gesund angesehen. In Vietnam darf man sich in der Öffentlichkeit nicht die Nase putzen, was bei uns kein Problem ist. In Russland muss man als Gast unbedingt trinkfest sein – wer nicht mittrinkt, ist unhöflich. Komasaufen, als Ritus der Höflichkeit, gehört dort zum guten Ton. Hier wohl eher weniger. Auch in Indien ist lautes Rülpsen, Ausspucken und sogar Naseputzen bei Tisch erlaubt und es stört sich niemand daran. Wer dies so vorgelebt bekommen hat, für den ist ein derartiges Verhalten völlig normal.

Was ich dir mit diesem Kapitel zeigen wollte, ist, dass es so etwas wie »normal« nicht gibt. Ich empfehle dir, mal bewusst darüber nachzudenken und dein Normalsein zu hinterfragen und toleranter zu werden. Vielleicht dich auch von gewissen Normen aus deiner Vergangenheit zu verabschieden und umzudenken. Ich selbst habe mich entschieden, nicht mehr normal zu sein, sondern glücklich. Bist du dabei?

Positives Denken, aber richtig

Bestimmt hast du auch schon gehört, man müsse nur positiv denken, dann würde alles gut werden. Sicher ist positives Denken sehr wichtig, doch wenn ich mich so umschaue, fällt mir immer wieder auf, dass das positive Denken falsch praktiziert wird. Ich habe schon einmal darüber geschrieben, aber da es einfach zum Thema von »Enjoy this Life« gehört, will ich es hier noch mal aufgreifen und vertiefen. Ich behaupte, dass falsch angewendetes positives Denken sogar kontraproduktiv ist und dann genau das Gegenteil bewirkt.

Wie wird positives Denken oft praktiziert? Nun, im Grunde soll man sich Dinge positiv einreden, die noch nicht ideal sind. Wenn zum Beispiel deine Gesundheit verbessert werden könnte, sollst du folgende Sätze sprechen: »Ich bin gesund und meine Selbstheilungskraft ist aktiviert. Ich bin frei von Schmerzen. Mit jedem Tag bin ich vitaler und gesünder.« Doch das ist aus meiner Erfahrung leider ein Trugschluss.

Ich möchte dir dazu ein Beispiel aus meinem Leben erzählen. Es gab eine Zeit, da war ich sehr unglücklich mit meinem Bauch. Bei einem Event sprach ich darüber, dass wir mit unseren Gedanken alles erreichen können. Da kam plötzlich meine Assistentin auf die Bühne, tätschelte mir den Bauch und sagte: »Dann manifestiere dir doch mit deinen Gedanken ein Sixpack!« Ich war in dem Moment gerade überfordert, ich wusste, meine Assistentin meinte es nicht böse und dennoch fand ich es nicht so toll. Du kannst sicher nachvollziehen, wie unangenehm mir die Situation war, vor allem, da etwa 300 Leute im Publikum saßen. Aber dieser Vorfall war genau das, was ich brauchte, weil ich dank ihr und der Situation später verstand, wie positives Denken wirklich funktioniert. Ich war damals noch der Überzeugung, dass ich mir gewisse Dinge nur richtig vorstellen und einreden muss, und dann kann ein Mangel auch behoben werden. So dachte ich: »Im Grunde muss es möglich sein, sich mittels positiver Gedanken ein Sixpack herbeizudenken.«

Also ging ich nach Hause, stellte mich mit freiem Oberkörper vor einen Spiegel, lächelte mich an und sagte: »Ich bin toll, mein Bauch ist flach, ich habe ein Sixpack ...« Doch was sagte mein innerer Kritiker? »Du bist gar nicht toll, du bist fett, Pascal, siehst du das nicht? Schau hin, hier ist kein Sixpack, das ist höchstens ein ganzes Bierfass! Also hör auf, so einen Mist zu reden!« Als ich so meinem inneren Kritiker lauschte, wusste ich, dass ich mit positivem Denken nicht ans Ziel gelange. Mir wurde in dem Moment klar, dass mein innerer Kritiker ja von meinem Unterbewusstsein gesteuert wird, also dass er 95 Prozent meines Ich ausmacht und mein Bewusstsein, mein aktives positives Denken gerade mal 5 Prozent. Zu allem Elend richtete ich währenddessen meine ganze Aufmerksamkeit sogar auf meinen Mangel und fütterte ihn im Grunde nur noch mehr – denn Energie folgt immer der Aufmerksamkeit –, statt meinen Mangel zu verkleinern. Das war für mich ein richtiges Aha-Erlebnis und deswegen bin ich meiner Assistentin unglaublich dankbar, dass sie mich in diese Situation brachte. Es war für mich wie ein fehlender Schlüssel.

Wie kannst du nun aber mit positiven Leitsätzen dennoch etwas erreichen? Indem du deine Aufmerksamkeit auf Dinge richtest, die du schon gut oder sogar toll findest. Wenn du auch unglücklich mit deinem Körper bist, suchst du dir Bereiche, die du an deinem Körper schön findest, die du magst, die dir gefallen. Solltest du unglücklich über dein Gewicht sein, überlege mal, was an deinem Äußeren positiv ist, und sage dir beispielsweise: »Ich habe schöne Augen, tolle Haare, mir gefallen meine langen Beine, ich liebe meine Füße, ich mag meine Fingernägel, ich liebe meine Lachfalten.«

Nun kommt der Trick dabei: Wenn die Aussagen zutreffend sind, findet dein innerer Kritiker auch keine Gegenargumente, sondern wird dir zustimmen. Dann arbeiten 100 Prozent für dich. Du denkst jetzt vermutlich: »Und davon soll mein Bauch verschwinden?« Nein, das vielleicht nicht, doch du wirst dich selbst und deinen Körper immer mehr annehmen und lieben lernen. Das ist viel wichtiger. Häufig schenken wir unseren Mängeln so viel Aufmerksamkeit, dass wir gar nicht mehr erkennen, was alles gut in unserem Leben ist. Je mehr du dir Aspekte bewusstmachst, die dich erfüllen, die jetzt schon toll sind, die du lieben kannst, umso positiver wird dein Leben. Denn unserem inneren Kritiker/Unterbewusstsein ist es egal, ob es große Dinge sind oder kleine, für ihn ist alles groß. Wenn du zum Beispiel nicht ganz gesund bist, also ein Symptom hast – nehmen wir mal an, du hast Rückenprobleme –, dann rede dir nicht ein: »Mein Rücken ist gesund, er ist kräftig und schmerzfrei.« Sondern sage: »Ich kann meine Hände bewegen, ich habe gesunde Füße, Beine, Arme, Nacken, Augen, Lungen, Herz etc.« Dadurch stärkst du deinen Körper und er kann seine Selbstheilungskraft aktivieren. Suche nicht immer nach Lösungen, um symptomfrei zu werden, denn so lenkst du deine Energie immer wieder auf deinen Mangel, sondern verbringe vor allem viel Zeit damit, dir bewusstzumachen, welche Aspekte deines Lebens gut sind trotz der Symptome. Nähre und stärke die positiven Aspekte, richte die Energie auf das Schöne und Gute, dann lösen sich mit der Zeit auch Muster, Blockaden und Symptome auf. Das geschieht leider nicht von heute auf morgen, da wir ja die meisten Schwachstellen auch über Monate oder gar Jahre herangezüchtet haben.

Ich weiß, deine innere Stimme sagt jetzt vielleicht: »Das hört sich ja toll an und einen Bauch zu haben ist ja kein Problem, aber bei mir ist das nicht so einfach.« Doch bedenke, dass allein deine Einschätzung – »es ist nicht einfach« oder »bei mir funktioniert das nicht« – schon einer Entscheidung gleichkommt und du deine Energie gerade darauf fokussierst, dass es bei dir nicht funktioniert.

Ich möchte dir hier noch ein Beispiel aus meinem Leben erzählen, weshalb ich von der Methode absolut überzeugt bin und auch sicher weiß, dass sie funktioniert. Ich kürze die Geschichte auf das Wesentliche ab, da ich dir damit nur zeigen möchte, dass man vieles schaffen kann:

Im Jahr 2014 konnte ich auf einmal meine Beine nicht mehr spüren, sie waren taub und wie gelähmt, ich hatte keine Kraft mehr und kam ins Krankenhaus. Trotz langwieriger Untersuchungen konnten die Ärzte die Ursache nicht finden, mein Arzt meinte nur: »Wenn die Lähmung weiter steigt, kann es auf die Lungen und das Herz gehen, dann überleben Sie diese Nacht nicht.« Für mich brach eine Welt zusammen, ich konnte es nicht verstehen, zwei Tage vorher war ich noch total gesund und jetzt wusste ich nicht mal mehr, ob ich die Nacht überlebe. Ich gebe es hier offen und ehrlich zu, in dieser Nacht war nichts mit positiv denken, ich hatte Angst und meine ganze Aufmerksamkeit war nur darauf gerichtet, ob meine Lähmung steigt und sich verschlimmert oder verbessert.

Am nächsten Morgen kam mein bester Freund zu Besuch, er schaute mich an und meinte: »Du siehst ja richtig scheiße aus!« Ich blickte ihn genervt an und meinte: »Wie würdest du aussehen, wenn du nicht weißt, wie lange du noch lebst!« »Wo ist dein Problem?«, fragte er mich. »Alter, ich weiß nicht, ob ich das hier überlebe, das ist mein Problem!« »Ah, okay, aber noch lebst du, also hör auf, so zu tun, als wäre es schon das Ende! Du kannst deine Beine nicht bewegen, richtig?« »Ja, richtig.« »Gut, du bist Autor, also brauchst du nur deine Hände zum Schreiben. Vorträge und Events kannst du auch ohne Beine machen. Siehst du noch die Verstorbenen und Auren?« »Ja, seh ich.« »Gut, und was ist jetzt dein Problem? Du kannst noch alles machen, was dir wichtig ist, du kannst reden, du hast noch gesunde Arme, du hast noch deine außersinnliche Wahrnehmung, alles ist noch da, nur deine Beine funktionieren nicht. Also, bist du deine Beine oder bist du nicht mehr als deine Beine?« Ich musste ihm recht geben, auch wenn es in der Situation schwer war. Wir kennen uns seit 26 Jahren und wissen genau, wie der andere tickt. Er wusste, er darf mich nicht bemitleiden.

Wir beschlossen dann, das Leben, das mir noch bliebe, so gut es geht zu genießen. Ich wusste zu diesem Zeitpunkt immer noch nicht, ob die Lähmung weiter steigt oder wieder zurückgeht, mein Zustand war unverändert. Doch meine Philosophie war schon damals: Lebe das Leben, nicht dass du dann beim Sterben bemerkst, dass du vieles verpasst hast.

Er fragte mich: »Was würdest du gern noch machen, bevor du stirbst?« Mir ging einiges durch den Kopf, weil ich vor einem Jahr erst Vater geworden war, und auch sonst hatte ich noch viele Wünsche. Doch es waren alles Wünsche, die auf die Zukunft gerichtet waren, und ich wusste nicht, ob ich überhaupt eine Zukunft haben würde, also sagte ich ganz einfach: »Ich würde so gern eine Zigarette rauchen gehen!« Damals war ich noch starker Raucher. »Gut, dann machen wir das.« Er hat es irgendwie hinbekommen, dass die Ärzte mich wirklich mit ihm zusammen und im Rollstuhl eine Zigarette rauchen ließen. So schob er mich im Spitalnachthemd zum Fahrstuhl und erzählte mir dabei, wie lustig ich aussehe mit den Schläuchen und dem stylischen Nachthemd, und er wünsche mir, dass ich ein paar Fans treffe und mit denen noch Abschiedsfotos machen könne.

Es hört sich für dich vielleicht krass an, doch er tat an dem Tag genau das Richtige: Er schenkte mir kein Mitleid, sondern wollte mit mir noch einmal Spaß haben.

Als wir dann aus dem Fahrstuhl kamen, erkannte mich tatsächlich eine Frau, die meine Sendung »Das MEDIUM« im Schweizer Fernsehen verfolgt hatte, und wollte ein Foto mit mir machen. Als sie mich fragte, mussten mein Freund und ich so lachen, dass mir die Frau schon leidtat. Ich sagte ihr: »Heute ist ein schlechter Zeitpunkt für Fotos! Ein anderes Mal gern!« Ich war ungeduscht, ungekämmt, mit Dreitagebart, meinem neckischen Nachthemd und überall waren Schläuche. Sonst bin ich ja immer bereit für Fotos, aber nicht an meinem vielleicht letzten Tag. So gingen wir nach draußen und ich rauchte eine Zigarette. Die Begegnung am Fahrstuhl war für uns so komisch, dass wir uns halb totlachen mussten. Das tat wirklich gut und ich vergaß einen Moment lang meine Situation. Als wir zu Ende geraucht hatten, hatte mein bester Freund keine Zigaretten mehr, doch ich wollte noch eine weitere rauchen, daher kamen wir auf die glorreiche Idee, so, wie ich war, an die nächste Tankstelle zu fahren. Mein Freund meinte: »Komm, mach noch was Verrücktes, geh mit dem Rollstuhl und dem ganzen Rest in die Tanke und kauf dir selbst ein Päckchen.« Lange Rede, kurzer Sinn, ich rollte so hinein und der Verkäufer musste lachen und meinte: »Na, vom Krankenhaus abgehauen?« »Nicht ganz, brauche nur ein paar Zigaretten.« »Wenn es hilft, gesund zu werden!« Die Blicke waren irre komisch und auf der gesamten Rückfahrt ins Krankenhaus haben wir uns einfach nur königlich amüsiert. Da ging mir folgender Satz durch den Kopf: »Auch wenn ich zurzeit nicht laufen kann, kann ich doch immer noch Spaß haben und mein Leben genießen.«

Hört sich vielleicht verrückt an, aber bei dieser Erkenntnis spürte ich auf einmal wieder mehr Leben in meinen Beinen, bereits ein paar Stunden später bildete sich das Taubheitsgefühl bis zu den Knien zurück und ich musste keine Angst mehr haben, dass es mir auf die Lungen oder auf mein Herz geht. Drei Tage später konnte ich wieder laufen, es war zwar alles noch taub und gefühllos, doch ich hatte wieder Kraft in den Beinen.

Von dem Tag an hielt ich bewusst die Augen offen und notierte mir auch jeden Tag Dinge, für die ich dankbar bin. Du kannst dir nicht vorstellen, wie dankbar ich war, als ich mich wieder allein anziehen konnte, allein duschen, ohne fremde Hilfe meine Schnürsenkel zubinden. Normale Abläufe, die ich vorher nicht genügend wertgeschätzt habe.

So lernte ich wahres positives Denken kennen. Nicht die Aufmerksamkeit auf den Mangel richten und mir etwas schönreden, sondern echte Dinge suchen, die mich mit Dankbarkeit erfüllen. Natürlich habe ich mich auch gefragt, warum ich diese Symptome überhaupt bekommen habe. Die waren ja nicht einfach so da. Noch dazu gab es keinen medizinischen Grund. Ich werde zu einem späteren Zeitpunkt, beim Kapitel »Muster und Blockaden erkennen und auflösen«, nochmals darauf eingehen.

ÜBUNG

Erstelle eine Liste mit Dingen, die du gern positiver gestalten möchtest. Dann überlege dir zu jeder Sache, die noch nicht ideal ist, mindestens 5, besser 10 Punkte, die dort schon in Ordnung sind. So kannst du die Situation mit positivem Denken beeinflussen und wirst erkennen, dass einiges daran bereits gut ist. Diese Übung kann am Anfang, je nach Situation, auch ein paar Tage in Anspruch nehmen.

Beispiel: Deine finanzielle Situation ist noch nicht so, wie du es dir wünschst.

1. Doch du hast genügend Geld, um dich zu ernähren.
2. Du kannst einen Teil deiner Rechnungen ohne Probleme bezahlen.
3. Du hast ein Dach über dem Kopf.
4. Du hast Kleidung.
5. Du kannst dir ab und zu mal einen Urlaub gönnen.
6. Du kannst ab heute deinen Geldfluss aktivieren.

Dankbarkeit

Wie du vielleicht auch schon anhand des letzten Kapitels erkennen konntest, halte ich Dankbarkeit für eine sehr wichtige Übung, da echtes positives Denken eng mit Dankbarkeit verwandt ist. Mit der Dankbarkeitsübung lässt sich unser Unterbewusstsein ganz leicht immer mehr mit positiven Dingen füllen. Denn wie gesagt, wenn dein innerer Kritiker eher destruktiv ist, dann weil in deinem Unterbewusstsein zu viele negative Erlebnisse aus der Vergangenheit abgespeichert sind, etwa wie dein Umfeld vor allem in deiner Kindheit und Jugend gedacht und gehandelt hat und was du als normal empfunden hast. Du kannst also nicht viel dafür, ob du eher ein positiv denkender Mensch bist oder nicht.

Doch eine sehr einfache Übung, um dein Unterbewusstsein umzupolen und mit jedem Tag mehr und mehr mit positiven Aspekten zu füllen und so quasi das Negative zu überschreiben, ist die Dankbarkeitsübung. Denn fürs Unterbewusstsein spielt es keine Rolle, ob dies große oder eher nebensächliche Dinge sind, für die du dankbar bist – es geht nur um die Emotion, die du dabei empfindest. Du wirst merken, je mehr du Kleinigkeiten wertschätzt und öfter auch im Stillen Danke sagst, desto mehr wird dir auffallen, wofür du alles dankbar sein kannst, und desto schneller wird dein Unterbewusstsein umgepolt. Dein innerer Kritiker wird immer mehr zu deinem Freund, Mentor, gut Zuredenden und Mutmacher. Achte am Anfang wirklich auch auf jede Kleinigkeit, denn je nach Situation, in der du gerade bist, fällt es dir vielleicht schwer, für größere Dinge Dankbarkeit zu empfinden.

Beginne zum Beispiel schon am Morgen beim Aufwachen und sei dankbar, dass du noch lebst. Ich sage dies oft laut oder in Gedanken. Dann mache dir bewusst, was alles an deinem Körper gut funktioniert. Oft freue ich mich einfach, dass ich meine Hände und meine Füße bewegen kann, dass mein Herz schlägt, mein Atem geht oder dass ich ohne Probleme am Morgen pinkeln kann. Es hört sich vielleicht komisch an, aber jeder, der schon mal nicht so gut Wasser lassen konnte oder Stuhlgangprobleme hatte, der weiß, wie dankbar man ist, wenn alles wieder klappt.

Als Nächstes gehst du vielleicht unter die Dusche, sei also dankbar, dass du Wasser hast, dass wir nur einen Hahn aufzudrehen brauchen, und schon fließt das Wasser. Wir müssen nicht kilometerweit laufen und Eimer schleppen, wir haben warmes Wasser, das aus der Leitung kommt, und dafür können wir dankbar sein. Jeder, der schon mal auf dieses für uns oft nebensächliche, nicht genügend wertgeschätzte Gut verzichten musste, kann auch dieses Beispiel wieder besser nachempfinden.

Geh mal Schritt für Schritt im Geiste deinen Tag durch und mache dir immer wieder Situationen bewusst, die zeigen, wie gut du es eigentlich hast. Egal, wie dein Leben im Moment aussieht, auch du findest unzählige Dinge, für die du dankbar sein kannst. Doch was machen wir meistens? Wir jammern über jede Kleinigkeit. Weil wir einfach oft den Fokus nur noch auf das Destruktive gerichtet haben.

Ein Tipp noch, um dein Unterbewusstsein umzupolen: Verbanne mal alle Nachrichten im Fernsehen, Zeitung, Radio aus deinem Leben. Mindestens für drei Monate. Du wirst sehen, wenn du diese tägliche negative Propaganda aus deinem Leben streichst, dass du sehr schnell schon wieder ein ganz anderes Denken bekommst. Information ist wichtig, doch nicht so, wie sie von den Medien vermittelt wird. Deren Vorgehensweise ist aus meiner Sicht wirklich nicht ideal für uns.

Befestige vielleicht auch Notizzettel an diversen Stellen deiner Wohnung, auf die du das Wort »Dankbarkeit« draufschreibst, sodass du es tagsüber nicht zu praktizieren vergisst. Du wirst merken, wenn du diese Übung zu deinem täglichen Ritual machst, wird sich sehr schnell vieles an deinem Denken verändern, dein Unterbewusstsein wird umgepolt und auch im Außen werden plötzlich immer mehr Situationen auf dich zukommen, für die du wirklich dankbar sein kannst. Denk daran, es gibt das Resonanzgesetz: Je dankbarer du bist, umso mehr Dinge musst du in dein Leben ziehen, für die du noch dankbarer sein kannst. Probiere es einfach mal aus.

ÜBUNG

Eine Dankbarkeitsübung kennst du jetzt bereits; diese kann ich dir wirklich sehr empfehlen. Eine Erweiterung der Übung sieht so aus: Nimm einen Block oder ein Heft und schreibe dir jeden Abend mehrere Punkte auf, für die du dankbar bist; diese können sich auch wiederholen, es müssen nicht täglich neue sein. Und du wirst merken, wenn du zusätzlich alle Dinge, für die du dich schon im Stillen oder auch laut bedankt hast, auch schriftlich fixierst, wird sich das Ganze noch tiefer in dir verwurzeln. Es kostet nicht viel Zeit, sehr schnell hat man ein bis zwei DIN-A4-Seiten geschrieben. Durch das Festhalten auf Papier ist diese Übung noch effektiver und ich empfehle dir, es so oft wie möglich zu machen, am besten täglich.

Achte auf deine Worte

Sicher hast du auch schon ein paarmal von spirituellen Menschen gehört oder in Ratgebern zu mehr Erfolg gelesen, dass man gewisse Worte nicht benutzen soll. Ich habe mir lange darüber Gedanken gemacht und bin zu der Einsicht gekommen, dass die einzelnen Worte gar nicht so entscheidend sind, weil die meisten von ihnen aus dem aktiven Bewusstsein kommen und somit gerade mal eine Kraft von 5 Prozent innehaben. Deswegen sollten wir uns nicht über Worte oder gar Sätze den Kopf zerbrechen. Viel wichtiger sind deine Empfindungen beim Sprechen, also wieder einmal ist die Emotion ausschlaggebend.

Ein Klassiker ist das Wort »Scheiße«; viele Menschen benutzen es als Lückenfüller. Ich sage nicht, dass dieses Wort schön ist, doch sollte man keine Angst davor haben, es mal zu verwenden. Denn hier bei diesem Wort sieht man sehr deutlich, wie entscheidend die Emotion ist. Wenn du zum Beispiel ziemlich wütend bist und aggressiv und dann sagst: »So einen Scheiß lass ich mir nicht mehr bieten«, dann ist das Wort an sich gar nicht das Tragische, sondern dass deine emotionale Welt nicht im Gleichgewicht ist und es da eine Situation gibt, die man so schnell wie möglich bereinigen sollte. Solche Situationen gilt es zu vermeiden. Doch der Kraftausdruck zeigt nur, dass die Gesamtsituation dich auf Dauer energetisch und natürlich dann auch physisch aus der Balance bringt. Wenn diese Emotion hingegen einfach nur kurz und heftig hochkocht und nach ein paar Minuten deine Welt wieder in Ordnung ist, brauchst du dich nicht darum zu kümmern.

Beim *Enjoy this Life*®-Konzept geht es nicht darum, alle destruktiven Situationen zu beseitigen und nur noch lächelnd und halb verklärt durch die Gegend zu laufen, sondern darum zu leben, wirklich im Leben zu stehen und als Mensch hier auf der Erde Spaß und Freude zu empfinden. Denn solange wir Menschen sind, werden wir immer wieder auch mal Situationen erleben, die uns traurig, wütend, böse, enttäuscht machen, wir dürfen uns nur nicht in den Strudel von destruktiven Emotionen ziehen lassen und uns fast selbstzerstörerisch darin suhlen. Das *Enjoy this Life*®-Prinzip soll dabei helfen, diese Situationen zu erkennen, anzunehmen und dann aufzulösen, und zwar so schnell es geht. Damit sie uns auf Dauer keine Energie rauben.

Doch zurück zum Wort »Scheiße«. Ich verwende es zum Beispiel oft, wenn mich etwas sprachlos macht, sei es vor Freude oder auch vor Überraschung. Das ist nicht schön, ja, da gebe ich dir recht, doch irgendwo in mir lebt noch der Hip-Hopper von früher. Den mag ich schon sehr an mir und deswegen darf er auch bleiben. In solchen Momenten, wo ein Schimpfwort so ausgesprochen und empfunden wird, hat es keinen destruktiven Einfluss auf uns. Wie gesagt, entscheidend ist nicht das Wort, der Satz oder die Aussage, sondern die jeweilige Situation und was wir emotional damit verbinden.

Ein tolles Wort ist auch das Wort »Sex«! Ja, du hast richtig gelesen: Sex. Wenn ich dieses Wort höre oder lese, habe ich tolle Verknüpfungen zu ihm. Doch du glaubst gar nicht, wie viele Menschen damit ein Problem haben. Wenn ich manchmal auf der Bühne in einem Vortrag beginne, über Sex zu reden, ist es schon schockierend für mich, wie viele Menschen sofort auf den Boden schauen, rot werden oder sich peinlich berührt fühlen. Das zeigt, dass ganz viele mit diesem Wort ein Problem haben, und wenn ich das merke, dass sich viele förmlich winden, dann liebe ich es, meinen Vortrag über Sex noch zu erweitern. Zugegeben, manchmal treibe ich es fast schon etwas zu sehr auf die Spitze, doch ich mag es, den Menschen einen Spiegel vorzuhalten. Im Grunde müsste jemand dankbar sein, wenn er erkennt, dass er peinlich berührt ist, denn es sagt ihm, dass er mit dem Wort oder gar mit dem Akt an sich ein größeres Problem hat. Ein paar erkennen dies und für ein paar bin ich der ungezogene Spirituelle mit den bösen Worten. Ich bin gern der Bad Boy der spirituellen Szene, weil ich den Menschen wieder beibringen will, das Leben zu genießen, Spaß zu haben, glücklich zu werden und nicht in spirituellen Dogmen verhaftet zu bleiben und von all den Regeln und Vorschriften eingeengt zu werden. Außerdem sehen wir gerade beim Wort »Sex«, dass es kein »böses« Wort ist, denn Sex macht ja einfach nur Spaß und Sex bringt Leben hervor. Wie können wir einen Akt ablehnen, aus dem wir alle entstanden sind? Zu 99 Prozent hatten deine Eltern ein paar Minuten Spaß und daraus bist du, mein lieber Leser, hervorgegangen. Das allein sollte Grund genug für dich sein, dieses Wort zu lieben. Oder nicht?

Horche mal in dich hinein: Was haben die letzten Sätze bei dir ausgelöst? Warst du entspannt oder bist du froh, dass dieses Kapitel bald zu Ende ist? Dann ist das ein Thema, das du anschauen könntest. Was ich dir mit diesem Kapitel zeigen wollte? Die Worte selbst sind neutral, deine Verknüpfungen/dein Erlebtes geben den einzelnen Wörtern oder Sätzen eine positive oder negative Bedeutung. Mir geht es nicht darum, Kraftausdrücke schönzureden oder zu sagen, dass es gut ist, sie zu verwenden. Vielmehr möchte ich dir bewusstmachen, dass du, wenn du bei gewissen Worten schlucken musst, hinschaust und dich fragst: »Warum löst dieses Wort ein solches Gefühl bei mir aus?« Dass du es analysierst und dann für dich anschaust und mit der Zeit auch auflösen kannst. Ich möchte dir den gesellschaftlichen Druck nehmen, dass man gewisse Worte nicht mehr benutzen darf und soll. Lass es nur dann bleiben, wenn du persönlich es so wünschst, weil du es nicht als sinnvoll betrachtest.

Auch wird immer wieder gesagt, Worte wie »nein«, »aber«, »eigentlich« oder »nicht« sollte man nicht verwenden. Doch ich persönlich finde, dass in einem vernünftigen zwischenmenschlichen Gespräch, bei dem man sich einfach nur ungezwungen unterhalten möchte, es doch fast normal (normal aus meiner Sicht) ist, dass wir solche Worte benutzen. Wenn ich jedes Mal darauf aufmerksam gemacht werde, dass ich gerade »aber« oder »eigentlich« gesagt habe, dann ist eine normale Kommunikation nicht möglich. Damit wir uns richtig verstehen, natürlich darfst du in deinen Gesprächen sogenannte Lückenfüller, Kraftausdrücke und so weiter austauschen und durch andere ersetzen. Wenn dir das Spaß macht und es dir Freude bereitet, dann ist das absolut okay. Es ist sicher auch schön, einem Menschen zuzuhören, der kaum Schimpfwörter benutzt, der eine bejahende Sprache hat. Doch wenn du ein paar Kraftausdrücke in deinem aktiven Wortschatz hast, dann ist das auch in Ordnung. Du solltest es erst ändern und anschauen, wenn die destruktiven Emotionen dabei überhandnehmen. Wenn dich Wörter oder Aussagen von anderen peinlich berühren, du aggressiv reagierst, Angst bekommst oder Ablehnung empfindest, dann solltest du genauer hinsehen. Das gilt natürlich auch für deine eigenen Worte.

ÜBUNG

Achte heute mal auf deine Sprache: Benutzt du viele Schimpfwörter? Wie fühlst du dich dabei, wenn du diese benutzt? Welche Emotion begleitet diese Worte? Achte auch darauf, welche Worte/Sätze deiner Mitmenschen Unbehagen oder eine destruktive Emotion bei dir hervorrufen. Analysiere, woher dies kommt, welches Muster dahintersteckt, und versuche es zu erkennen, damit es dich in Zukunft nicht mehr negativ berührt. Denn deine Mitmenschen kannst du nicht verändern, du kannst nur deine Einstellung verändern, sodass diese Worte und Sätze bei dir keine destruktiven Gefühle mehr auslösen. Sei sehr aufmerksam heute und viel Spaß dabei.

Visitenkarten

Wir alle verteilen täglich Visitenkarten. Was genau meine ich damit? Ich denke dabei nicht an unsere Business-Visitenkarten, die wir verteilen, sondern den Eindruck, den wir bei Menschen hinterlassen. Visitenkarten, die wir durch das, was wir anderen über uns selbst erzählen, weitergeben.

Bestimmt kennst du auch Menschen, bei denen man jedes Mal, wenn man sie trifft, schon genau weiß, dass jetzt gleich das Gejammere wieder losgeht oder dass diese Person immer lästert. Gerade wenn man auf dem Land wohnt, haben die Dorfbewohner häufig »Über-Namen« bekommen, wie: Frau/Herr Jammerlappen, Frau/Herr Miesepeter, Frau/Herr Rückenschmerzen, Frau/Herr Ich habe ja immer Pech, Niemand mag mich, Ich kann das nicht und so weiter.

Ich finde es oft ein wenig erschreckend, wenn mir zum Beispiel in einem Seminar oder bei einem Treffen die Menschen erzählen, was alles schiefläuft in ihrem Leben – und das, obwohl ich sie kaum kenne. Das Blöde dabei ist, dass in meinem Bewusstsein dies jetzt nicht mehr Frau X ist, sondern: »Oh, das ist die mit den Eheproblemen oder die mit den Hühneraugen.«

Lieber Leser, ich hoffe, du verstehst, wie ich das meine. Mache dir also bewusst, wie du andere Leute mit deiner Selbsteinschätzung und Anekdoten aus deinem Leben beeinflusst. Sie sehen dich so, wie du dich beschreibst. Wenn du jedem deine Mangelgedanken einpflanzt, wird dich auch jeder als minderwertig ansehen und früher oder später wirst du von deinem Umfeld entsprechend behandelt. Das heißt nicht, dass man nicht auch mal etwas Negatives erzählen soll oder, wenn man wirklich gerade Kopfschmerzen hat, das nicht ansprechen soll. Doch auch hier ist wieder die Energie entscheidend, mit der du das machst. Erzählst du es als Opfer oder gibst du diese Information weiter, weil es einen Grund gibt?

Beispiel: Wenn ich Kopfschmerzen habe, erzähle ich das nie, außer wenn ich ein Meeting habe oder etwas Ähnliches und ich merke, meine Kopfschmerzen beeinträchtigen mich so sehr, dass ich schlecht zuhören kann oder gar gereizt bin, dann teile ich dies meinem Gegenüber mit. Ich sage etwa: »Lieber Herr/Frau X, Sie sollten wissen, dass ich gerade Kopfschmerzen habe und vielleicht deswegen nicht ganz so aufmerksam wirke, doch es hat nichts mit Ihnen oder dem Thema zu tun, sondern es fällt mir nur gerade schwer, mich zu konzentrieren.«

Den »Mangel« sollte man nur mitteilen, wenn es wirklich auch Sinn ergibt. Das ist für mich der Unterschied. Wenn wir beispielsweise jedem erzählen, was wir alles nicht können, was alles nicht gut an uns ist, müssen wir uns darüber im Klaren sein, dass wir dies selbst immer mehr zu glauben beginnen. Es bilden sich Glaubenssätze, und die verankern sich tief in unserem Unterbewusstsein. Das heißt, der Mangel wird dann immer mehr zu unserer Realität. Da wir unserem Umfeld auch noch ständig unsere Mängelliste vorbeten, werden wir in deren Augen auch immer mehr zum Mängelexemplar und schlussendlich wird es dann tatsächlich so. Denn auch die Energien unseres Umfelds beeinflussen uns natürlich, vor allem wenn wir in uns nicht stabil sind.

Was mir sehr geholfen hat, ist, Menschen zu beobachten, ihnen wirklich zuzuhören und zu schauen, welchen Eindruck sie bei mir hinterlassen. So habe ich gelernt, wie viele destruktive Visitenkarten wir unbewusst verteilen, die weder förderlich sind noch zu irgendetwas dienen. Deswegen finde ich es besonders wichtig, wenn du deine neue *Enjoy this Life®*-Persönlichkeit leben willst, dass du dir auch wirklich bewusstmachst, welche Visitenkarten du verteilst, und zwar an Fremde, Freunde und auch in der Familie. Achte mal gezielt darauf, und wenn du merkst, dass du viele unvorteilhafte Karten verteilst, dann ändere das. Entwirf neue Visitenkarten – allerdings sollten sie der Wahrheit entsprechen!

Was ich dir mit diesem Kapitel vermitteln möchte: Falls dich dein Umfeld nicht so wahrnimmt, wie du bist oder du dich fühlst, liegt es wohl daran, dass du die falschen Visitenkarten über dich verteilst. Wenn du diese änderst, wirst du sehen, dass schon nach kurzer Zeit auch dein Umfeld dich anders wahrnehmen wird. Doch wir haben oft ein großes Problem damit, den Menschen auch zu zeigen, dass es uns gut geht, dass wir zufrieden sind, mit unserem Job, der finanziellen Situation, Beziehungen, Familie und so weiter. Weil wir Angst haben, wir könnten Neid und Missgunst erwecken oder es würde über uns geredet oder Ähnliches. Deswegen haben viele schon unbewusst die Taktik entwickelt, sich selbst und ihr Leben klein und bescheiden zu halten oder zu zeigen, um nur ja keine Aufmerksamkeit zu erregen. Dieses Denken und Handeln habe ich selbst auch lange praktiziert. Was war das Resultat? Wenig Lebensfreude, ich war oft gestresst, oft krank und hatte oft finanzielle Probleme.

Als ich anfing, meine *Enjoy this Life®*-Persönlichkeit zu leben, war natürlich zunächst wirklich das Resultat, dass noch mehr geredet wurde. Doch ich sagte mir dann: »Geredet wird immer, solange sie über mich reden, bin ich scheinbar interessanter als ihr eigenes Leben. Man redet nur über Menschen, die etwas erreicht haben.« Vor allem realisierte ich mit der Zeit, dass mich nie Menschen schlechtmachten, die selbst glücklich, zufrieden waren oder etwas in ihrem Leben erreicht hatten. Es waren immer Menschen, die selbst nichts oder nur wenig Zufriedenheit erlangt hatten. Als ich erkannte, dass ich oft der »böse« Spiegel für sie war, der ihnen im Grunde ihre eigene Unzufriedenheit aufzeigte, konnte ich all diese Menschen verstehen. Ich konnte ihnen auch verzeihen und lasse mich kaum noch von ihnen irritieren. Denn ich weiß, ihre destruktiven Gedanken sind gar nicht auf mich gerichtet, ich bin nur der Auslöser und letztlich richtet sich ihr Frust gegen sich selbst.

Mein lieber Leser, warum formuliere ich das hier so klar und vielleicht auch so hart? Weil ich nicht möchte, dass du durch die Angst, dich könnten andere verurteilen, schlecht über dich reden oder denken, dich deines Glückes und deines Erfolges beschneidest. Mache dir bewusst, es gibt immer Menschen, die dich doof finden, ob du erfolgreich und glücklich bist oder nicht. Es wird immer über dich geredet, solange es Menschen gibt. Wenn es so oder so der Fall sein wird, dann sei wenigstens selbst glücklich und erfolgreich, und du wirst merken, dein Umfeld verändert sich und die Miesepeter werden kleiner und weniger und ab und zu nur noch kreuzt einer deinen Weg. Dann segne ihn und wünsche ihm, dass er eines Tages auch seine *Enjoy this Life*®-Persönlichkeit finden und leben kann. Das ist das Sinnvollste, was du tun kannst. Hör auf, dich vor anderen und dir selbst zu rechtfertigen, denn Rechtfertigung ist Mangelbewusstsein.

> **ÜBUNG**
>
> Achte darauf, welche Visitenkarten du verteilst, sowohl Fremden gegenüber als auch Freunden, Bekannten, Mitarbeitern und Familie. Welche gilt es zu ändern? Welche könnte man noch optimieren? Wie könnten deine neuen Visitenkarten aussehen, sodass es für dich stimmig und echt ist?

Diese Übung macht wirklich Spaß, einfach mal bewusst keine destruktiven Karten verteilen, du wirst merken, dein Umfeld ist oft irritiert.

Kreiere deine
Enjoy this Life®-Persönlichkeit

Ich hoffe, dass du die letzten Übungen ausprobiert hast und auch umsetzen konntest. Jetzt gehen wir zu einer der wichtigsten Übungen; die anderen Übungen waren als Vorbereitung gedacht und um es dir zu erleichtern, deine persönliche *Enjoy this Life®*-Persönlichkeit zu entwickeln und zu kreieren. Ich habe diese Übung schon einmal in meinem Buch »Zünde dein inneres Licht an« vorgestellt, dort habe ich auch ganz genau erklärt, wie ich die Wirkung dieser Übung herausgefunden und sie dann entwickelt habe. Deswegen werde ich das hier nicht mehr im Detail wiederholen, weil es auch nicht wirklich wichtig ist für die Übung an und für sich. Doch diese Übung ist der ganze Schlüssel zu der *Enjoy this Life®*-Persönlichkeit und somit der zentrale Kern des ganzen Buchs. Bitte lies dir diesen Abschnitt daher sorgfältig durch, damit du auch alles gut verstanden hast.

Vorab möchte ich dennoch kurz auf die Entstehung eingehen und wie ich auf diese Übung kam. Ich war ja früher Schauspieler und stand nach der Schauspielausbildung auch eine Zeit lang auf der Bühne und vor der Kamera, und wie ich im Vorwort schon erklärt habe, bin ich aurasichtig. Das heißt, ich kann die Aura von Mitmenschen sehen und habe in den letzten Jahren auch gelernt, die Aura zu lesen und zu interpretieren. Während meiner Ausbildung zum Schauspieler habe ich viele Menschen immer wieder in den verschiedensten Situationen beobachtet, habe geschaut, wie sie sich bewegen, wie sie sprechen, und dabei ist mir aufgefallen, dass sich je nach Situation auch die Energie, also das Aurafeld verändert. So habe ich zum Beispiel bemerkt, dass Menschen, die glücklich, zufrieden, erfolgreich waren und sich einfach wohlfühlten, sich auch oft körperlich »groß« machten und auch ihre Aura groß und breit war. Dass die Energie sich leicht und schnell schwingend anfühlte. Wohingegen Menschen, die Angst hatten, unsicher waren, scheu oder viel Pech im Leben hatten, sich oft körperlich »eng« machten und auch die Aura viel näher um den Körper herumging. Das war für mich schon mal sehr spannend, und wenn du so an dein Leben denkst, kennst du bestimmt auch Menschen, bei denen man, wenn sie einen Ort oder Raum betreten, sofort das Gefühl hat, dass sie sehr viel Energie mitbringen oder eine Aura haben, die man auf der Stelle wahrnehmen kann.

Wenn wir uns das Resonanzgesetz, das Gesetz der Anziehung, mal bewusstmachen, besagt es: Je mehr Energie vorhanden ist, desto mehr Energie wird von außen angezogen. Je weniger Energie vorhanden, umso weniger Energie wird angezogen. Für mich als Aura-Sichtiger ist schon lange klar, dass letztlich alles Energie ist, selbst das, was wir als feste Materie betrachten. Das ist auch der Grund, warum zum Beispiel Reiche immer reicher werden und Arme immer ärmer. Denn Geld ist, wenn man es auf den Punkt bringt, nichts anderes als Energie und fließt dorthin, wo schon viel Energie ist.

Ich empfehle dir, beginne damit, Menschen zu beobachten, wie sie sich in unterschiedlichsten Situationen verhalten. Für mich war das unglaublich hilfreich und hat zu einem besseren Verständnis beigetragen. Auch wenn du nicht aurasichtig bist, wirst du feststellen, dass es Menschen gibt, die einfach mehr Energie mitbringen und diese auch ausstrahlen.

Doch zurück zur Geschichte und noch weiter ins Detail: Schon während meiner Schauspielausbildung fiel mir auf, dass die jeweilige Rolle oft zur Realität wurde. So hatten wir in jedem Ausbildungssemester immer ein anderes Thema. Dieses Thema, beziehungsweise diese Rolle, die wir spielten, hatte wiederum eine Auswirkung auf unser Privatleben. Wir hatten ein Semester lang das Thema Komödien. Was ist geschehen? Wir wurden alle viel humorvoller, machten mehr Witze, lachten viel, und das nicht nur auf der Bühne, sondern auch privat. Ein anderes Semester hatten wir »Jugendliche Helden« zum Thema, also behandelten wir vor allem Stücke wie »Romeo und Julia«, wo es um Liebe geht und Verlieben, große romantische Gefühle. Was ist geschehen? Wir waren sowohl auf der Bühne und im Training ständig »in Liebe« und auch privat hatten sich auf einmal viele meiner Kollegen verliebt und waren in einer Partnerschaft. Sie benahmen sich oft wie total verliebte Teenager. Dann hatten wir das »Russen«-Semester, dort spielten wir sehr viele ernste, depressive, schwere Stücke. Bei den Russen-Stücken war es normal, dass sehr viel Wodka getrunken wurde. Natürlich war es im Training und auf der Bühne nur Wasser, doch privat haben wir alle viel mehr Alkohol konsumiert, viele haben sogar plötzlich Wodka getrunken. Alkohol war vorher bei uns in der Klasse nur ein kleines bis gar kein Thema, weil wir körperlich alle sehr fit sein mussten und eigentlich während der Aufführungszeiten keinen Alkohol trinken durften. Für mich persönlich war das damals schon extrem spannend zu sehen, wie wir unsere Bühnenrollen auch im Alltag auslebten. Wie sich Persönlichkeiten innerhalb kürzester Zeit verändert haben und auch unser privates Umfeld.

Als ich gegen Ende meiner Ausbildung die Chance bekam, in einem großen Film eine Hauptrolle zu spielen, habe ich eigentlich den Grundstein entdeckt für die *Enjoy this Life*®-Persönlichkeit. Ich spielte damals einen Manisch-Depressiven, der so ein richtiger Loser war, alles in seinem Leben ging schief: Er verlor den Job, die Freundin, war finanziell abgebrannt und ständig nur unglücklich und unzufrieden. Nach sechs Wochen Dreharbeiten habe ich plötzlich festgestellt, dass mein privates Leben fast eins zu eins mit meiner Rolle übereinstimmte. Ich hatte ähnliche und zum Teil sogar völlig identische Probleme wie meine Filmrolle »Roland«. Also ich dann an einem Drehtag im Badezimmer des Hauses stand, in dem ich während der Drehzeit untergebracht war, und ich meine Aura im Badezimmerspiegel studierte, war ich erschrocken, wie wenig Energie, wie wenig Ausstrahlung meine Aura noch hatte. Ich hatte wirklich depressive Züge in der Aura und fühlte mich in der Zeit auch gar nicht mehr gut. Für meine Rolle war das zwar perfekt, weil ich nahezu deckungsgleich das erlebte, was ich darstellen musste, doch für mich als Mensch natürlich alles andere als ideal. Dennoch war es eins der wichtigsten Erlebnisse für mich, weil es mir bewusstmachte, wie wir unser Leben komplett verändern können. Ich verstand auf einmal, wie wir unser Leben als Schöpfer leben konnten und auch, warum dies geschah. Ich machte mir an dem Tag bewusst, warum die Rolle eines »guten« Schauspielers oft zu dessen Realität wird.

Zum besseren Verständnis: Ein ausgebildeter Schauspieler spielt im Grunde eine Rolle nicht, sondern er empfindet und lebt die Rolle. Was meine ich damit? Wenn du zum Beispiel den Romeo spielst, dann tust du nicht nur so, als würdest du Julia lieben, sondern für die zwei Stunden, die du auf der Bühne bist, liebst du die Julia wirklich, du empfindest es. Wenn du die Julia siehst, bekommst du Herzklopfen, Schmetterlinge im Bauch und das wirkliche Bedürfnis, mit ihr zusammen zu sein. Du bist Romeo, du spielst es nicht nur. Natürlich solltest du aus der Rolle sofort wieder aussteigen können. Doch gerade wenn du ein Stück mehrmals am Tag aufführst, und dies täglich, oder bei einem Dreh kann es gut sein, dass du 6- bis 12-Stunden-Drehs hast und möglichst die ganze Zeit in der Rolle bleibst. Da du dich so fühlst und auch bewegst, gekleidet bist, verhältst, sprichst und so weiter, verändert sich deine Energie, deine Aura und durch das Resonanzgesetz ziehst du auch diese Energie immer mehr in dein Leben. Dies hilft dir zwar immer mehr und besser, deine Rolle zu spielen, doch es verändert wie gesagt natürlich auch dein ganzes Privatleben.

Als ich das erkannte, hatte ich den Missing Link zu vielen Erfolgskonzepten gefunden. Ich habe mich später mit diversen Erfolgskonzepten beschäftigt und immer fehlte da meiner Meinung nach etwas, weil viele Konzepte oft nur eine oberflächliche Veränderung herbeiführten, doch selten wirklich von innen heraus.

Ich möchte an dieser Stelle keine anderen Konzepte schlechtmachen oder sagen, das *Enjoy this Life*®-Konzept sei das einzige, das funktioniert, oder das einzig Wahre. Aus meiner Sicht schon, sonst würde ich nicht darüber Seminare halten und Bücher schreiben. Doch es ist eben nur meine Sicht. Allerdings bin ich überzeugt davon, dass es auch für dich der Missing Link sein kann für dein neues Leben.

Aber bevor wir weitermachen, möchte ich zuerst eine kurze Übung mit dir durchführen, die sehr wichtig ist. Also bitte nicht weiterlesen. Wir brauchen nicht lang dafür. Entscheidend ist, dass du das, was ich schreibe, wirklich zu fühlen versuchst und nicht nur vom Kopf her so tust als ob. Wir beginnen jetzt mit der Übung. Lies zunächst nur den ersten Abschnitt durch, den zweiten bitte noch nicht. Wenn du ihn zu Ende gelesen hast, praktiziere kurz diese Übung für dich. Ideal sind etwa 3–5 Minuten.

ÜBUNG

Schließe zuerst die Augen, nimm dir einen Moment Zeit und komm zur Ruhe. Nimm einfach ein paar tiefe Atemzüge. Jetzt fühle in dich hinein. Frage dich dann selbst: Bin ich wirklich glücklich? Fühle ich mich erfolgreich? Spüre, wie dein Körper auf diese Fragen reagiert. Wie geht es dir dabei, was meint dein innerer Kritiker, wie fühlt sich dein Körper dabei an? Lasse die Worte einfach möglichst ohne Erwartung auf dich wirken. Wenn du das Gefühl hast, du konntest es gut wahrnehmen, kehre wieder zurück, öffne deine Augen und lies dann erst den zweiten Abschnitt.

Schließe jetzt nochmals die Augen, komm wieder zur Ruhe, doch diesmal stellst du dir vor, du seist überglücklich und unglaublich erfolgreich. Alles in deinem Leben ist so, wie du es dir wünschst. Versuche eine entsprechende Emotion in dir wachzurufen, es nicht nur zu denken. Stelle dir den Idealzustand vor. Spüre nun nochmals in deinen Körper und achte darauf, wie sich das anfühlt.

Öffne deine Augen nun langsam wieder.

Wie war das für dich? Konntest du den Unterschied spüren? Dann nimm dir kurz Zeit, um für dich zu analysieren, worin für dich der Unterschied bestand. Lies erst dann weiter, wenn du ungefähr weißt, wie der Unterschied für dich war. Bei jedem fällt die Reaktion allerdings ein bisschen anders aus, wichtig ist nur, dass du einen Unterschied gespürt hast, weil sonst alles, was nun folgt, für dich bloße Theorie ist. Doch falls du keinen Unterschied wahrnehmen konntest, empfehle ich dir, nicht weiterzulesen, sondern diese Übung nochmals zu machen, dir vielleicht ein bisschen mehr Zeit zu lassen. Wenn es nicht funktioniert, liegt es häufig nur daran, dass du zu viel Erwartungsdruck aufgebaut hast oder gestresst bist. Falls es geklappt hat, analysieren wir diese Übung kurz zusammen. Das ist natürlich jetzt sehr allgemein gehalten und bei jedem ist es individuell anders. Hast du bei der zweiten Situation den Impuls gespürt, dich größer zu machen, dich auszudehnen? Viele bekommen den Impuls, sich mehr aufzurichten. Ich nenne dieses Gefühl den Erfolgskick. Als *Enjoy this Life*®-Persönlichkeit suchen wir genau dieses Gefühl. Dieses Gefühl ist unser Kontrollimpuls: Wenn wir ihn spüren, wissen wir, dass wir in unserem *Enjoy this Life*®-Zustand sind. Ich hoffe, du konntest diesen Impuls spüren oder wahrnehmen. Denn jetzt geht es darum, zu diesem Impuls, dem Erfolgskick die richtigen Verknüpfungen hinzuzufügen, damit nachher deine *Enjoy this Life*®-Persönlichkeit richtig kreiert ist und es im Anschluss relativ leicht sein wird, dein Leben komplett zu verändern.

Als ich das Ganze erkannt hatte, habe ich angefangen, wie ein Drehbuchautor meine Rolle (mein Leben) neu zu definieren. Ich setzte mich nach dem Zähneputzen auf mein Bett und begann, Pascal Voggenhuber neu zu erfinden. Ich überlegte mir, so wie ich es sonst beim Rollenstudium überlegte: Wer ist dieser Pascal Voggenhuber, wie müsste er sein, wenn er eine erfolgreiche Persönlichkeit wäre? Ich fragte mich: Wie würde ich gern sein? Wie würde ich gern leben? Wie würde ich gern von anderen wahrgenommen werden? Was macht mich glücklich?

Wie wäre mein Charakter? Welche Eigenschaften würde ich gern leben? Ich schrieb alles auf. Oft hörte ich meinen inneren Kritiker: »Das geht nicht, weil deine Mutter, Freundin, Freunde, Lehrer, Umfeld erwarten etwas anderes.« Ich stellte fest, dass ich vieles nicht lebte, weil es andere nicht wollten oder weil ich dachte, wenn ich dieses oder jenes mache, dann werde ich vielleicht nicht akzeptiert oder nicht geliebt. Ich schrieb aber alles auf, ohne mir darüber den Kopf zu zerbrechen, denn es war ja fürs Erste nur ein Rollenprofil von Pascal Voggenhuber, der seine *Enjoy this Life*®-Persönlichkeit kreierte. Ich fragte mich auch, was Erfolg für mich bedeutet. Schnell war mir klar, dass ich bei dem Wort Erfolg immer an Geld dachte und somit auch: kein Geld, kein Erfolg. Ich bemerkte auch, dass immer, wenn mich jemand nach meinem Geschäft fragte (ich war größtenteils selbstständig), mein Fokus sich sofort auf das Geld richtete. War auf dem Bankauszug ein Plus, war ich erfolgreich, aber da mein Konto zu der Zeit eher im Minus war, fühlte ich mich nicht erfolgreich.

Doch als ich es mir so recht überlegte, war Geld nur ein kleiner Teil dessen, was für mich einen erfolgreichen Menschen ausmachte. Ein wirklich erfolgreicher Mensch hat auch eine enorme positive Ausstrahlung, er ist gesund, führt harmonische Beziehungen zu Mitmenschen, Partnern, Freunden. Er lebt seine Berufung, hat Spaß im Leben, kann Liebe empfinden und mit anderen teilen, hat Zeit für sich selbst, er ist erfüllt vom Leben, hilfsbereit, ohne sich ausgenützt zu fühlen. Er ist optimistisch, liebevoll zu sich und seinen Mitmenschen, ist unterstützend und fördernd und hat die Freiheit, sein Leben so zu gestalten, wie er es für richtig empfindet und wie es ihn erfüllt. Und alles, was ich da neu entdeckte, schrieb ich auf.

Daher fordere ich dich jetzt auch auf, lass uns jetzt gleich deine *Enjoy this Life*®-Persönlichkeit kreieren. Notiere dir alles, was dir zu deiner Rolle in der Zukunft einfällt. Schreibe so viel wie möglich und erfinde dich neu. Aber mach dir keinen Stress, du kannst deine neue Identität jeden Tag erweitern, Dinge streichen, verändern und hinzufügen; deine neue lichtvolle, erfolgreiche Rolle wird sich immer entwickeln und verändern. Als Inspiration kannst du auch Schauspieler nehmen, Filmrollen, Dichter, Personen, die du kennst, oder einfach Menschen, die du bewunderst. Achte auf die Eigenschaften, die dir gefallen, die für dich diese Person so anziehend machen, und schreibe dir diese Eigenschaften auch in dein Rollenprofil. Damals notierte ich Dinge, die für mich heute nicht mehr wichtig sind oder die ich heute anders sehe. Mein Rollenprofil ist heute komplett überarbeitet und in vielen Bereichen anders, doch damals war es für mich stimmig, und nur das ist entscheidend. Nimm dir mindestens eine Stunde Zeit, um deine *Enjoy this Life*®-Persönlichkeit zu kreieren, und lies erst dann weiter.

ÜBUNG

Schreibe wie im Textbeispiel auf, wie du dich als *Enjoy this Life*®-Persönlichkeit in der Zukunft siehst und du leben möchtest. Dabei spielt es keine Rolle, ob das zurzeit möglich ist oder nicht, es geht nur darum, alles so zu definieren, wie du es gern haben möchtest. Die folgende Liste kann dir helfen, dir über so viele Lebensbereiche wie möglich Gedanken zu machen.

Wie ist deine *Enjoy this Life*®-Persönlichkeit in folgenden Bereichen?

Beruf/Berufung
Partnerschaft
Familie

Kinder
Freundeskreis
Fremden gegenüber
Finanzen
Gesundheit
Wohnsituation
Talente/Eigenschaften
Wie spricht sie?
Wie ist der psychische Zustand?
Wie denkt sie?
Welche Ausstrahlung besitzt sie?
Wie wirkt sie auf andere Menschen?
Wie handelt sie in ungerechten Situationen?
Wie handelt sie in schwierigen/stressigen Situationen?
Was ist ihr wichtig?
Was sind deine Wünsche, die als *Enjoy this Life*®-Persönlichkeit in Erfüllung gehen?

Falls du Muster und Blockaden hast, schreibe sie gar nicht erst auf, sondern verkehre sie in deinem Drehbuch für deine *Enjoy this Life*®-Persönlichkeit ins Gegenteil.
Beispiel: Du hast Ängste, dann schreibe: Als *ETL*®-Persönlichkeit bin ich mutig und selbstbewusst.
Schreibe wirklich alles nieder, was für dich von Bedeutung ist.

Du kannst diese Liste natürlich endlos erweitern, je mehr und detaillierter, umso besser. Achte aber darauf, dass du es möglichst immer positiv formulierst, du also keine Verneinungen beziehungsweise »nicht« verwendest.

Hier noch ein paar zusätzliche Input-Fragen, die dir helfen können. Versuche mal, sie zu beantworten:

1. Stelle dir einen Menschen vor, den du als ideal bezeichnen könntest. Dieser Mensch kann entweder komplett erfunden sein oder du nimmst einzelne Eigenschaften, die du an anderen bewunderst, und baust dir daraus einen neuen Menschen zusammen. Nun lass diesen Menschen in deiner Fantasie Wirklichkeit werden. Schaue diese Person in deiner Vorstellung nun so an, als würdest du sie durch eine Scheibe betrachten. Stell sie dir in verschiedenen Situationen vor und beobachte diese Szenen genau.
Was macht diesen Menschen aus? Wie ist dieser Mensch und was macht diese Person so besonders für dich? Fallen dir vielleicht besondere Bewegungen auf? Verwendet diese Person besondere Wörter? Handelt sie auf bestimmte Weise? Was auch immer dir positiv auffällt, notiere es!

2. Stelle dir vor, dass du alle Punkte, die du schon aufgeschrieben hast, bereits lebst und umsetzt. Beobachte dich in der neuen Situation mit deiner neuen *Enjoy this Life*®-Persönlichkeit. Nun imitiere diese Person in deinem realen Körper. Stehe auf und bewege dich wie diese Person. Gehe und sprich, ja denke sogar wie diese. Was empfindest du dabei? Kannst du den Impuls, dich ausdehnen zu wollen, spüren? Notiere deine Empfindungen.

3. Wie wärst du, wenn es keinerlei Beschränkungen in deinem Leben gäbe? Wenn weder Geld noch Verpflichtungen und auch sonst nichts, was dich in deinem Leben einschränkt, dich zurückhalten könnte? Was würdest du als Erstes tun?
Wie würdest du gern auf andere Menschen wirken? Wie sollen dich die anderen sehen? Was soll ihnen auffallen, wenn sie dich treffen? Mit welchen Worten sollen sie dich

beschreiben und welche Bilder sollen ihnen in den Sinn kommen? Was sollen die Leute an dir schätzen und was würden sie gern von dir übernehmen?

4. Wie reagierst du, wenn dich jemand anspricht?

Nun hast du eine Idee, wie deine *Enjoy this Life*®-Persönlichkeit ist. Selbstverständlich kannst du nicht jede erdenkliche Situation im Voraus beschreiben und dir überlegen, wie du als *Enjoy this Life*®-Persönlichkeit reagieren würdest. Integriere diese Übung aber so oft wie möglich in deinen Alltag. Du wirst erkennen, dass deine *Enjoy this Life*®-Persönlichkeit wie jede andere Person von Tag zu Tag wächst, gedeiht und reift.

Solltest du jetzt weiterlesen, dann hoffentlich nur, wenn du dir vorher Zeit genommen und alles aufgeschrieben hast.
    Nun, wie ging es weiter? Als ich fertig damit war, mein eigenes Rollenprofil zu kreieren, und eine lange Liste von Traumvorstellungen von mir in der Zukunft verfasst hatte, meldete sich sofort wieder mein innerer Kritiker: »Das ist nur eine Rolle, willst du jetzt allen etwas vorspielen? Willst du jetzt dein Leben lang eine Rolle spielen? Wie dämlich bist du eigentlich?« Doch sofort kam mein Geistführer und meinte: »Lass dich nicht irritieren. Da du dir wirklich Gedanken gemacht hast, wie du gern wärst, was für dich wichtig ist, welche deine Wünsche und deine Ziele sind, bist du viel echter, als wenn du dein Leben nach den Umständen und Wünschen der anderen leben würdest oder einfach ›unbewusst‹ dein Leben lebst. Es ist keine Rolle, du wirst im Gegenteil immer echter werden und immer mehr deine Bedürfnisse und Wünsche leben.«
    Eine Zeit lang machte ich mir darüber noch Gedanken und kam zu dem Entschluss, dass es richtig ist, dass ich so viel mehr

mein Leben lebe und viel echter bin, als wenn ich es unterlasse. Ich fühlte, dass ich durch diese Übung der »Kapitän« meines Lebens werde. Und dass ich dadurch ins Schöpferbewusstsein komme.

Wie wende ich die neue *Enjoy this Life®*-Persönlichkeit an?

Warum ist es so wichtig für dich, die vorangegangene Übung schriftlich zu machen, bevor du weiterliest? Schon das Schreiben allein ist die erste Manifestation, denke es nicht nur, sondern bringe es wirklich zu Papier. Dann kannst du schon ab heute deine *Enjoy this Life®*-Persönlichkeit zu leben beginnen, und das, ohne dass du zusätzlich viele Suggestionen benötigst, bewusst positiv denken oder Muster und Blockaden auflösen musst. Der Kernpunkt der ganzen Methode besteht darin, die Persönlichkeit klar definiert zu haben und diese dann aktiv zu leben. Du wirst merken, dass vieles bereits nach sehr kurzer Zeit schon zu deiner neuen Realität wird.

Doch wie genau sollst du jetzt damit anfangen, die Persönlichkeit zu leben, damit es auch glaubhaft für dich und deinen inneren Kritiker ist? Wichtig ist dabei, dass du nicht mehr die einzelnen Punkte, die du verbessern möchtest, oder wie du gern sein möchtest, aktiv im Bewusstsein hast, sondern dir vorstellst, deine *Enjoy this Life®*-Persönlichkeit ist eine neue »Rolle«, in die du einfach hineinschlüpfen kannst. Und wenn du sie angenommen hast, also diese Rolle lebst, dann bist du auch in deiner absoluten perfekten Schöpferform. Du spielst es nicht nur, sondern du bist es. Das ist der große Unterschied. Du kannst die Rolle aber jederzeit noch mehr optimieren oder anpassen.

Und wie gelingt dir dies ohne großen Aufwand und wie kannst du das in deinem Alltag erreichen? Im Grunde ist es ganz leicht, du lebst dein Leben ab heute einfach in deiner neuen Rolle. Wie bin ich damals vorgegangen? Ich habe zunächst einmal gar nichts in meinem Leben aktiv geändert, sondern ich habe meinen Alltag genauso weitergelebt wie vorher, mit einem Unterschied: Ich habe mich am nächsten Morgen beim Aufwachen als Erstes gefragt: »Wie würde eine erfolgreiche *Enjoy this Life*®-Persönlichkeit aufstehen?« Ich ging in das Gefühl rein, bis ich die Weite in meiner Brust spürte und das leichte Aufrichten meiner Wirbelsäule. Dann bin ich viel bewusster als sonst aus dem Bett aufgestanden, habe viel schwungvoller meine Bettdecke zurückgeschlagen und auch meine Körperhaltung war eine andere. Ich lief aufrecht ins Badezimmer und fragte mich: »Wie würde eine *Enjoy this Life*®-Persönlichkeit duschen?« Mir fiel auf, dass ich mich viel bewusster einseifte. Vorher war das immer ein sehr schneller Akt, bei dem ich wenig liebevoll mit mir umging und meinen Körper eher abschrubbte. Oft hatte ich dabei sogar eine Zigarette im Mund, während ich den Po unter die Dusche streckte und vorne rausrauchte. An diesem Tag als *ETL*®-Persönlichkeit seifte ich mich bewusst ein, ich hatte sogar das Gefühl, Stellen an meinem Körper zu finden, die zuvor noch nie Seife gesehen hatten oder das letzte Mal, als mich meine Mutter noch als Baby gewaschen hat. Das Duschen war plötzlich sehr energetisierend und ich schenkte mir und meinem Körper sehr viel Aufmerksamkeit. Auch das Abtrocknen und Anziehen war ein total neues Gefühl. So verfuhr ich dann den restlichen Tag, an dem für mich vieles ungewohnt war. Menschen behandelten mich anders, weil meine Körperhaltung aufrechter war, ich war mit mir selbst viel zufriedener, wobei alles, was ich tat, Dinge waren, die ich vorher auch schon getan hatte, nur mit dem Unterschied, dass ich mich kurz davor jedes Mal fragte: »Wie würde eine *ETL*®-Persönlichkeit einen Kaffee einschenken oder bestellen, wie würde sie reden, wie würde sie in der Situation reagieren, essen, trinken, Zähne putzen, kämmen, kochen, Auto fahren, reden, lachen, fernsehen …?«

Es war leicht für mich, anfangs kam ich mir ab und zu komisch vor und hin und wieder habe ich es auch vergessen, doch ich habe mir viele Hilfstools geschaffen, die ich dir im Verlauf dieses Buches auch noch erklären werde. Ich will dir jetzt nicht zu viel von mir erzählen und was alles Tolles geschehen ist, nur so viel: Es hat sich gelohnt! Ich bin von dieser Methode absolut überzeugt und ich sehe es auch immer wieder an meinen Kursteilnehmern, wie schnell sich vieles verändern kann, ohne dass sie ihr ganzes Leben auf den Kopf stellen, sondern indem sie beginnen, als neue Persönlichkeit die alltäglichsten Dinge zu erledigen. Doch ich kann viel erzählen und Papier ist geduldig, am besten probierst du es gleich selbst aus.

Das Einzige, was du tun musst, ist, dich vor allen Handlungen kurz zu fragen: »Wie mache ich das als *ETL*®-Persönlichkeit?« Dann spüren, wie sich der Erfolgskick einstellt, und sobald du diesen bemerkst, geht das von Mal zu Mal schneller, dann handle in deiner neuen Persönlichkeit. Falls es dir noch nicht ganz gelingt, dir dein neues Ich vorzustellen, habe ich für dich hier noch eine Meditationsübung, die du vorher machen und beliebig oft wiederholen kannst.

ÜBUNG

Setze dich bequem hin und nimm dir zuerst ein bisschen Zeit, um zur Ruhe zu kommen. Versuche alles, was ich nun sage, auch zu spüren und nicht nur gedanklich zu verstehen. Atme ein paarmal tief ein und aus … Fühle, wie die Luft beim Einatmen kühler ist und beim Ausatmen wärmer. Beobachte etwa 20–30 Züge lang nur deinen Atem. Lass beim Ausatmen auch alle Anspannungen los, stell dir vor, dass alles Schwere und Belastende einfach ausgeatmet wird. Lass dir Zeit. Dann fühle in dich hinein und frage dich im Stillen: »Wie fühle ich mich gerade?« Beobachte dann wieder einen Moment lang, wie du dich fühlst, wie dein Körper reagiert. Lass dir Zeit dafür.

Stell dir nun vor, du bist in deiner Stadt oder in deinem Dorf. Laufe einfach ganz normal wie immer durch deinen Wohnort und beobachte dich dabei: Wie machst du das, wie fühlst du dich? Schlendere durch dir bekannte Straßen, Gassen und schaue dir deinen Wohnort an. Beobachte dein Gefühl dabei. Lass dir dafür Zeit.

Dann stell dir vor, du begegnest Menschen, die du aus deiner Stadt oder deinem Dorf kennst, und du kommst mit einigen ins Gespräch oder du grüßt sie einfach. Wieder beobachtest du nur dein Tun und wie du dich dabei fühlst. Lass dir auch dafür genügend Zeit.

Jetzt gehe langsam in deine *Enjoy this Life*®-Persönlichkeit, stelle dir vor, dass du voll und ganz in dein erfolgreiches Selbst wechselst. Du bist die *Enjoy this Life*®-Persönlichkeit, alle deine Wünsche sind Realität, und nun fühle, wie du dich von der Herzgegend her ausdehnst. Stelle dir vor, dass in deinem Herzen ein Licht ist, und mit jedem Einatmen wird dieses Licht immer heller und größer und mit jedem Ausatmen dehnst du dein Licht immer mehr in deinem Körper aus. Atme ein – das Licht wird heller, atme aus – du dehnst das Licht in deinem ganzen Körper aus. Nimm in deinem eigenen Tempo 20–30 Atemzüge, indem du dein Licht immer heller werden lässt und voll und ganz in deinem Körper ausdehnst. Jede Zelle deines Körpers wird durchflutet von deinem inneren Licht ... Lass dir Zeit dafür.

Lass jetzt dein Licht über deinen Körper hinausstrahlen bis in deine ganze Aura. Stelle dir vor, dass bei jedem Einatmen dein Licht heller wird und sich beim Ausatmen von deiner Herzgegend und deinem Oberkörper ausbreitet, über deinen Körper hinaus, etwa 1–2 Meter um dich herum. Du atmest ein – dein Licht wird heller und größer, du atmest aus – dein inneres Licht verteilt sich in deiner ganzen Aura. Wiederhole dies etwa 20–30 Atemzüge in deinem eigenen Tempo. Lass dir Zeit.

Spüre jetzt in deinen Körper hinein. Wie fühlst du dich? Wie geht es dir? Richte jetzt bewusst deinen Körper noch weiter auf, öffne dich vom Herzen her und stell dir nun wieder vor, dass du in deinem Wohnort bist. Bewege dich durch die Straßen und spüre, wie es diesmal ist. Geh einfach dir bekannte Wege und genieße es, als *Enjoy this Life®*-Persönlichkeit durch deinen Wohnort zu laufen. Du triffst erneut auf Bekannte: Wie ist es nun für dich? Wie fühlst du dich? Lass dir ein bisschen Zeit und genieße es, als *Enjoy this Life®*-Persönlichkeit dein Dorf/deine Stadt zu erkunden.

Jetzt mache dich langsam auf den Weg zu dir nach Hause oder an einen Ort, wo du dich sehr wohlfühlst. Suche dir dort eine Möglichkeit, wo du dich hinlegen kannst, ideal ist dein Bett oder auf dem Boden. Lege dich nun in Gedanken hin und öffne deine Arme und deinen Körper ganz weit und spüre, dass du und dein Licht den ganzen Ort einnehmt. Bitte dann in Gedanken um heilende Energie aus der geistigen Welt und fühle, wie du von der lichtvollen Energie durchflutet wirst. Lass dir Zeit dafür. Sei offen für diese lichtvolle Energie und lass es zu, dir selbst einfach etwas Gutes zu tun. Lass dies einen Moment lang geschehen und komme dann, wenn es für dich richtig und gut ist, wieder hierher zurück, bleibe aber in der *Enjoy this Life®*-Persönlichkeit. Wenn du voll und ganz zurück bist, öffne deine Augen.

Gerade am Anfang kann es dir helfen, schon am Morgen diese Übung zu machen, damit du leichter in der *Enjoy this Life*®-Persönlichkeit durch deinen Tag gehen kannst. Mit der Zeit fühlst du immer mehr, wann du in der *ETL*®-Persönlichkeit bist, und brauchst diese Übung immer weniger. Mache dir in deinem Alltag oft bewusst und achte darauf, wie deine Körperhaltung ist. Bist du offen, aufrecht oder hast du dich klein gemacht? Denk daran: Jedes Mal, wenn du dich vom Körper her klein machst, machst du dich auch von deiner Energie her klein. Deine Aura zieht sich zusammen und deine Energie fließt weniger gut. Allein wenn du in deiner *ETL*®-Persönlichkeit bist, wird deine Energie besser fließen, und das hat den zusätzlichen Vorteil, dass deine Selbstheilung besser arbeitet und aktiviert wird.

Nächtliche Suggestionen als Hilfsmittel

Zum Schluss dieses ersten Kapitels möchte ich dir noch ein zusätzliches Hilfsmittel vorstellen, das ich schon seit Jahren anwende und das schlicht genial ist. Wie ich im ersten Teil ja bereits erklärt habe, sind Affirmationen oder Suggestionen im Wachzustand ein bisschen kritisch zu sehen, weil unser aktives Bewusstsein, unser innerer Kritiker, oft diese Suggestionen hinterfragt und auch kommentiert, und dadurch können sie nicht die gewünschte Wirkung zeigen. Außer wir würden eine Affirmation 100–1000 Mal pro Tag wiederholen, doch da die wenigsten so verfahren, geschweige denn die Zeit dafür finden, ist das aus meiner Sicht leider kein wirksames Tool.

Womit ich allerdings arbeite, und das schon seit Jahren, sind nächtliche Suggestionen. Im Klartext höre ich mir jede Nacht CD- oder MP3-Suggestionen an, indem ich diese einfach im

Wiederholungsmodus abspielen lasse. Sobald ich eingeschlafen bin, »schläft« auch mein aktives Bewusstsein, das sonst die Affirmation hinterfragt. Alles, was ich nun höre, gleitet direkt ins Unterbewusstsein, und so ist es eine supertolle Übung, sein Unterbewusstsein positiv umzupolen, und das ohne großen Aufwand, da es über Nacht geschieht. Je nachdem, wie lange du pro Nacht schläfst, trainierst du dein Unterbewusstsein 5–12 Stunden wortwörtlich im Schlaf um. Dabei ist die Lautstärke nicht mal entscheidend, du kannst die CD auch ganz leise spielen, sodass die Suggestionen kaum hörbar sind. Dennoch versteht es dein Unterbewusstsein. Ich halte das für eine kinderleichte und tolle Möglichkeit, die ich jeden Tag beziehungsweise jede Nacht selbst anwende.

Du kannst dir solche CDs selbst erstellen und auf diese Weise viel Geld sparen. Du solltest dich vorher vielleicht ein bisschen in das Thema Affirmationen und Suggestionen einlesen, doch im Zeitalter des Internets ist das kostenlos möglich. Dann nimmst du einen MP3-Player oder ein ähnliches Aufnahmegerät und sprichst die von dir gewünschten Suggestionen darauf. Es können auch nur zehn Suggestionen sein, die du dann als Endlosschleife die Nacht hindurch laufen lässt. Falls dir deine Stimme unangenehm ist, bitte eine Person, deren Stimme du magst, die Suggestionen für dich zu sprechen. Der Aufwand ist minimal und mit der heutigen Technik im Grunde fast kostenlos. Falls du den Aufwand dennoch scheust oder keine Möglichkeit hast, findest du von mir auch CDs und MP3 zum Downloaden, die mit dieser Methode zu den verschiedensten Themen arbeiten. Du erkennst die CD immer am *Enjoy this Life*®-Logo. Alle CDs mit diesem Logo arbeiten mit Nachtanwendungen. Doch probiere es mal aus und stelle dir wirklich deine eigene CD zusammen, denn dann kannst du genau die Affirmationen verwenden, die für dich ideal sind oder dir am meisten zusagen.

Hier ein paar Beispiele für Affirmationen:

- Ich bin gesund und meine Selbstheilung ist aktiv.
- Ich bin erfüllt von Liebe und Geborgenheit.
- Ich bin erfolgreich und lebe in Fülle.
- Ich bin umgeben von liebevollen Mitmenschen, ich liebe und werde geliebt.
- Ich lebe meine *Enjoy this Life*®-Persönlichkeit und bin glücklich und zufrieden.
- Geld ist eine Energie, die ich im Überfluss anziehe.
- Mein Körper ist gesund und ich liebe mich selbst.
- Ich bin frei und leicht und genieße mein Leben.
- Ich bin zu jeder Zeit am richtigen Ort und ziehe das Glück magisch an.
- Ich schlafe tief und fest und fühle mich erholt, gestärkt und gesund.
- Ich bin erfüllt von Lebensfreude und das sieht man mir auch an.
- Ruhe und Liebe begleiten mich.
- Ich bin dankbar für jeden Tag.
- Ich liebe mein Leben, mein Umfeld und mich selbst.

Muster und Blockaden erkennen und auflösen

Die nun folgenden Kapitel sollen dir helfen, deine *Enjoy this Life*®-Persönlichkeit noch schneller zu leben und zu aktivieren. Doch der wichtigste Teil von diesem Buch ist, dass du ab jetzt alle normalen Handlungen in der neuen *Enjoy this Life*®-Persönlichkeit ausführst: Sobald du so zu leben beginnst, wird sich mit jedem Tag deine Aura-Energie und somit deine Resonanz verändern, sodass es dir immer leichter fällt, ein glückliches und zufriedenes Leben zu führen. Dennoch will ich dir noch mehr Inputs mit auf den Weg geben und ein paar Übungen zeigen, damit dieser Prozess noch viel schneller vonstattengeht und du schon in ein paar Tagen eine große Veränderung in deinem Leben wahrnehmen kannst.

Wichtig ist dabei zu wissen, dass, sobald sich dein Leben zu verändern beginnt, ab und an auch dein Umfeld Mühe damit haben wird.

Einige werden vielleicht sogar versuchen, dich wieder in dein altes Leben und Handlungsmuster zurückzulotsen. Betrachte solche Menschen nicht als deine Feinde und unterstelle ihnen auch nicht, dass sie es schlecht mit dir meinen, sondern erkenne, dass du dich für sie plötzlich »abnormal« verhältst, also nicht mehr so, wie sie es gewohnt sind. Das verunsichert viele und macht ihnen sogar Angst. Ich betrachte solche Menschen immer als eine Art Prüfungskommission, die mich testen, wie leicht ich mich von meinem neuen Weg abbringen lasse oder eben nicht. Gerade wenn du in einer Beziehung bist, kann es anfangs für den Partner schwer sein. Viele bekommen wirklich Angst, weil du durch deine neue positive Ausstrahlung, die immer mehr zunimmt, natürlich auch die Aufmerksamkeit von Mitmenschen auf dich ziehst. Dies kann beim einen oder anderen Verlustängste wecken. Oft bekomme ich auch, weil es einfach für viele nicht normal ist, glücklich zu sein, die Frage gestellt, ob ich in einer Sekte sei oder Drogen nehme! Es ist schon krass, aber das passiert nicht nur mir, sondern auch vielen Seminarteilnehmern, und zeigt doch, wie »abnormal« es scheinbar ist, glücklich und zufrieden zu sein. Lass dich daher von deinem Umfeld nicht irritieren, aber zeige auch Verständnis, vielleicht kannst du ja den einen oder anderen ermutigen, die Übungen mit dir zusammen zu machen, und so könnt ihr beide die *ETL*®-Persönlichkeit entwickeln. Selbst wenn du auf Ablehnung stößt und dir bis jetzt das Gelesene und Erlebte Freude gemacht hat, dann bleib dran, mache weiter, und du wirst sehen, die Nörgler verabschieden sich schon bald aus deinem Leben. Möglicherweise gehen sie tatsächlich, was aber dann nicht wirklich ein Verlust ist, weil wir, um neue Resonanzen zu schaffen, auch alte Energien loslassen müssen. Es werden dafür neue Menschen hinzukommen, die ähnlich denken und schwingen und dir letztlich sogar noch helfen werden, deine Resonanz zu verändern.

Genauso oft verändert sich zeitgleich mit dir aber auch dein Umfeld zum Positiven. Vor allem dann, wenn du sie nicht zu belehren versuchst oder ihnen sagst, dass sie ihr Leben ändern sollen. Das Beste ist, wenn du dich zu einem »Vorbild« entwickelst. Je mehr sie merken, dass du der Schöpfer deines Lebens bist, dass vieles in deinem Leben von Leichtigkeit und Erfolg geprägt ist, desto mehr werden sie von dir wissen wollen, wie du das machst und schaffst. Dann stößt du auf offene Ohren und kannst ihnen den Weg von *ETL*® erklären.

Wie gehe ich jetzt mit eigenen Mustern und Blockaden um, wie kann ich sie auflösen? Das werde ich in meinem Onlinekurs von *Enjoy this Life*® sehr oft gefragt. Ich sage dann immer etwas provokativ: »Gar nicht!« Daraufhin sind die meisten zuerst mal geschockt. Doch ich mache das mit Absicht, denn mir fällt auf, wie viele Menschen ständig ihren Fokus darauf gerichtet haben, Blockaden und Muster aufzulösen und zu analysieren, woher diese kommen. Oder ihre Vergangenheit aufarbeiten, und wenn das geschehen ist, am besten noch vergangene Leben aufarbeiten und auflösen, und dann sterben sie und haben nichts anderes gemacht, als in der Vergangenheit zu leben, statt ihr Leben zu genießen.

Ich sage nicht, dass wir unsere Muster und Blockaden nicht beachten sollten, aber meine Philosophie lautet: erkennen und verändern. Nicht ständig analysieren und aufarbeiten, anschauen, Rückführungen machen und so weiter. Warum?, fragst du dich jetzt vielleicht. Weil ich dann meine Aufmerksamkeit und somit meine Energie ständig auf den Mangel lenke. Das bedeutet dann wiederum, dass meine Resonanz mehr Blockaden anziehen muss, sie noch vertiefen muss, denn ich will ja etwas auflösen, will etwas weghaben. So muss die Resonanz mir noch mehr Probleme und Situationen bringen, damit sie meinen »Wunsch« erfüllen kann. Das ist auch aus meiner persönlichen Sicht der Grund, warum viele Menschen, die ständig alles hinterfragen und den Ursprung des Übels suchen, noch kränker sind oder noch mehr Muster und Blockaden haben, als wenn sie nichts unternommen hätten. Darin liegt ja auch eine gewisse Logik, denn die Energie folgt immer der Aufmerksamkeit. Das heißt, indem ich meinen Fokus auf Probleme lösen, Blockaden lösen, Muster durchbrechen richte, ziehe ich was an, um dies zu tun? Richtig: Probleme, Muster, Blockaden und Ähnliches. Lege ich meinen Fokus aber auf meine *Enjoy this Life*®-Persönlichkeit, auf mein neues Ich, das frei von diesen Dingen ist, was muss mir die Resonanz dann bieten? Genau das! Es ist ein einfaches Gesetz. Sicher geht es nicht von heute auf morgen, weil wir ja auch x Jahre in der »alten Persönlichkeit« gelebt haben. Also müssen wir unserem Energiesystem unserer Aura auch die Zeit geben, sich zu verändern, damit dann auch die Resonanz verändert wird. Aber keine Jahre, ich spreche hier von ein paar Wochen oder Monaten. Doch die meisten sind ungeduldig und wollen schnell vorankommen, bei jedem Rückschritt konzentrieren sie sich auf den Mangel und denken: »Da muss noch irgendwo eine Blockade sein, jetzt muss ich die noch lösen und herausfinden, woher die kommt, dann geht es wieder mit *Enjoy this Life*®.« Und genau dieses Denken wird dann zum Problem, weil der Fokus nicht mehr auf *Enjoy this Life*® ist, sondern auf dem Mangel, und das zieht wiederum Mangel an.

Aber was kann dir jetzt konkret helfen, wenn du merkst, dass du ein paar Muster und Blockaden hast (die wir im Grunde alle haben, nur bei einigen sind sie ausgeprägter als bei anderen)? Dass wir uns richtig verstehen, natürlich sollten wir sie auflösen, aber eben nicht analysieren und im Mangeldenken darangehen. Ein Muster oder eine Blockade hat immer denselben Ursprung: Dir wurde etwas verkehrt vorgelebt, du hast die falschen Erfahrungen gemacht und dadurch entsteht dann auch destruktives Denken. Erinnere dich an das Kapitel »Was ist normal?«. Wenn du die Erfahrung gemacht hast, dass dein Leben so ist, wie es ist, mit deinen Blockaden und Mustern, dann betrachtest du es als normal und dadurch ziehst du auch immer wieder solche Umstände in dein Leben. Im Grunde hast du die Blockaden und Muster nur durch dein vorheriges Denken und Handeln, somit ist die Lösung ganz einfach: Erkenne, wie du über eine Situation, ein Muster und eine Blockade denkst, was sie in dir hervorruft, was sich immer und immer wiederholt. Dann verändere dein Handeln und dein Denken, und du wirst sehen, die Muster und Blockaden lösen sich auf. Ich weiß, das hört sich einfach an, und mir ist bewusst, dass es nicht so leicht ist. Doch es ist machbar. Gehen wir dies mal Schritt für Schritt zusammen an.

ÜBUNG

Schreibe alle deine Muster und Blockaden auf, die du kennst. Lege dazu zwei Spalten an, links mit deinen Mustern und Blockaden, rechts lässt du vorerst noch frei. Jetzt beobachte dich in den nächsten Tagen, ob dir im Laufe der Zeit noch weitere Muster und Blockaden auffallen. Wichtig dabei ist: Steigere dich nicht hinein, nimm sie einfach wahr und bringe sie zu Papier. Nicht zu viel Energie darauf verwenden! Du kannst diese Übung auch die nächsten Monate oder Jahre immer wieder machen. Jetzt schreibe in die rechte Spalte deinen gewünschten Endzustand. Wie genau du das formulierst, ist dabei nicht so wichtig. Ausschlaggebend ist nur, dass du dir Gedanken darüber machst.

Beispiele:

Ich bin eifersüchtig.	Ich schätze und liebe mich selbst und freue mich für andere.
Ich habe Angst vor Spinnen.	Ich bin mutig und lasse mich von Spinnen nicht aufhalten.
Ich habe Beziehungsängste.	Ich mag mich selbst und auch meine Mitmenschen, ich stehe gern in Beziehung zu Menschen.
Bei mir geht immer alles schief.	Mir gelingt alles und mit jedem Tag wird mir dies mehr und mehr bewusst.

Das sind nur Beispiele, bewusst nicht sonderlich in die Tiefe gedacht, einfach damit du eine Vorstellung bekommst, wie es ungefähr aussehen könnte. Sei kreativ, habe Mut, aber mache keine Doktorarbeit daraus.

In einem dritten Schritt schreibst du jetzt all das in deine *Enjoy this Life*®-Persönlichkeit hinein, und zwar auf dasselbe Blatt oder in das Notizheft, in dem du bereits deine *Enjoy this Life*®-Persönlichkeit kreiert hast. Und nun versuche mal etwa drei bis sechs Wochen lang, einfach nur deine *Enjoy this Life*®-Persönlichkeit zu leben. Achte dabei nicht auf Muster durchbrechen und Blockaden lösen, sondern mache dir bewusst, dass deine *ETL*®-Persönlichkeit diese Themen nicht mehr hat. Solltest du jetzt im Alltag doch einem Muster oder einer Blockade begegnen, kannst du kurz innehalten und dich selbst fragen: »Wie würde ich als *Enjoy this Life*®-Persönlichkeit mit der Situation umgehen?« Dann achte darauf, welcher Impuls folgt, fühle die *Enjoy this Life*®-Persönlichkeit und handle so, wie der Impuls es dir vorgibt. Wenn du das so umsetzt, werden sich die meisten Muster und Blockaden auflösen, ohne dass du groß etwas dazu beiträgst. Wichtig ist nur, dass du dir dafür Zeit lässt, aber erwarte nicht die riesige Veränderung schon in den ersten paar Tagen. Hat es noch nicht geklappt oder nicht so, wie du es dir wünschst, dann machen wir noch den letzten Schritt, allerdings ist der bei den meisten häufig gar nicht nötig. Doch manchmal, bei sehr tief greifenden Mustern oder Blockaden, kommen wir nicht drum herum.

Achtung: Jetzt folgt keine esoterische Zauberformel, sondern ein ganz einfacher logischer Schritt. Aus meiner Sicht ist er das einzig Vernünftige und auch das Einzige, was wirklich funktioniert.

Wie bereits erwähnt, ist ein Muster oder eine Blockade durch ständige Wiederholung oder die Erfahrung entstanden, dass etwas immer so läuft, wie es läuft. Solltest du jetzt wirklich merken, dass es da ein Muster gibt, das du nicht durchbrechen kannst, dann musst du dich jetzt ganz bewusst dieser Situation stellen.

Wenn du beispielsweise Höhenangst hast, hast du irgendwo die Erfahrung gemacht, dass Höhe nicht angenehm für dich ist, und da du jetzt jedes Mal bei Höhe Angst bekommst, wird sich dieses Muster immer mehr verstärken. Wie kann man so etwas auflösen? Indem du dich bewusst der Höhe stellst, Schritt für Schritt, und dir bei jedem Schritt bewusstmachst, dass nichts Schlimmes passiert ist. Natürlich wird das am Anfang nicht angenehm sein, doch mit jedem Mal, wo du dich konkret der Erfahrung stellst, wird es besser. Ich weiß, es ist nicht leicht, doch es ist ein Weg und vor allem ist es ein gangbarer Weg. Du kannst die Höhe zum Beispiel schrittweise heraufsetzen, nicht übertreiben, sondern immer nur kurz an die Grenzen gehen, bis du dich an der Grenze wohlfühlst, und dann einen Schritt weiter und noch einen.

Es ist nicht wichtig, woher die Angst kommt, sondern dass du wieder positive Erfahrungen machst, und das geht manchmal eben nicht anders, als dass man sich dem Muster oder der Blockade bewusst stellt.

Noch ein Beispiel: Du fühlst dich vielleicht einsam und kommst nicht oft unter Leute? Da ist wieder deine Initiative gefragt: Werde aktiv, gehe auf Leute zu, lade andere ein und schlage ein Treffen vor. Häufig sind einsame Menschen auch einsam, weil sie immer nur darauf warten, dass jemand auf sie zukommt, und selbst aber nicht aktiv werden. Vielleicht sprichst du einfach einmal pro Tag einen bis drei Menschen an und fragst nach dem Weg oder ob sie dir ein Restaurant empfehlen können, etwas völlig Unverfängliches, einfach damit du wieder lernst, mit anderen Menschen in Kontakt zu treten.

Doch konfrontiere dich mit deinen Mustern und Blockaden erst nach etwa vier bis sechs Monaten, nachdem du die *Enjoy this Life*®-Persönlichkeit schon in deinen Alltag integriert hast.

Wenn du nach dieser Zeit merkst, dass es immer noch ein paar Muster und Blockaden gibt, die nach wie vor nicht verschwunden sind, hab etwas mehr Geduld. Die meisten Muster und Blockaden werden sich ganz von allein durch das neue Handeln auflösen, ohne dass du dich mit ihnen konkret auseinandersetzt.

Körperbewusstsein

Im ersten Kapitel ging es vor allem um unsere Gedankenwelt und jetzt will ich auf die Körperebene wechseln. Ich habe immer mal wieder festgestellt, dass gerade in der spirituellen Szene, aber auch in der Erfolgscoaching-Szene viele nur auf der geistigen und intellektuellen Ebene bleiben. Dabei klammern sie oft den Körper und das Körperbewusstsein aus oder behandeln diese nur am Rande.

Als *Enjoy this Life*®-Persönlichkeit dürfen wir jedoch unseren Körper nicht vergessen. Gerade im Alltag kann es nämlich schnell passieren, dass wir unseren Körper, unseren Tempel, vernachlässigen, dass wir die Signale des Körpers übersehen und dadurch dann nicht nur seelisch, sondern auch körperlich rasch aus dem Gleichgewicht geraten, was zu gesundheitlichen Problemen führen kann. Außerdem konnte ich oft beobachten, dass diejenigen, die ihren Körper wertschätzen, das natürlich auch ausstrahlen und dadurch zum Beispiel auch glücklicher und erfolgreicher sind. Menschen mit einem guten Körperbewusstsein können über den Körper das seelische Wohlbefinden enorm beeinflussen und damit auch die Gesundheit.

Mir ist bewusst, dass viele der Themen, die ich anschneide, wie zum Beispiel Ernährung, überaus komplex sind und ich allein dazu ein ganzes Buch verfassen könnte. Doch mir geht es nicht darum, die Themen bis ins kleinste Detail aufzuschlüsseln, sondern dir gewisse Dinge vor Augen zu führen und Anregungen zu geben, damit du, wenn du Lust dazu hast, in das eine oder andere Thema noch tiefer einsteigen kannst.

Ich habe immer wieder Seminarteilnehmer, die sagen: »Es zählen die inneren Werte und nicht das Äußere.« Das ist sicher richtig und auch gut so. Aber schauen wir es uns mal von einem anderen Standpunkt an: Deine inneren Werte sind in deinem Körper, deine Ausstrahlung, deine Energie sind ein Teil von diesem Körper, und was 99 Prozent der Menschen zuerst wahrnehmen, ist nun mal dein Äußeres. Unser Körper ist im Grunde unsere Visitenkarte, und die muss gepflegt sein.

Doch was meine ich genau mit Körperpflege und Körperbewusstsein? Keine Angst, ich will dir kein Ideal aufdrücken, wie du es aus all den Modezeitschriften kennst. Das meine ich mit dem Ganzen überhaupt nicht. Dein Aussehen muss keinem »Ideal« entsprechen, sondern du solltest deinen Körper einfach wieder wertschätzen und lieben können.

Viele wissen gar nicht, dass wir über unsere Körperhaltung und Bewegungen auch unsere Psyche beeinflussen können. Ich habe die Erfahrung gemacht, dass Menschen mit einem guten Körperbewusstsein oft auch innere Veränderungen viel schneller umsetzen können. Sie sind zudem meist flexibler und es fällt ihnen leichter, ihr Leben zu ändern. Ich zeige dir nachher eine Wahrnehmungsübung, und dann kannst du mal in deinen Körper hineinfühlen. Wahrscheinlich wirst du dabei feststellen, dass gewisse Regionen für dich ganz leicht zu spüren sind, andere wiederum unglaublich schwer und manchmal kaum. Viele Seminarteilnehmer fragen mich bei dieser Übung, was es zu bedeuten habe, wenn sie zum Beispiel ihre Beine nicht gut spüren. Es ist fürs Erste mal gar nicht so wichtig, was es bedeutet, viel wichtiger ist, dass du es ab heute überhaupt wahrnehmen kannst, gewisse Regionen noch nicht so gut zu spüren. Meistens ist es einfach ein Indiz, dass dort die Energie nicht so richtig fließt und es Stauungen im Energiefeld gibt. Viele haben Mühe, die Beine zu spüren, was man dementsprechend auch in der

Aura sieht, die in diesen Fällen unten viel kleiner ist. Nicht immer, aber doch häufig klagen die Menschen dann über kalte Füße, Wasser in den Beinen, Venenprobleme oder Ähnliches. Fest steht jedenfalls, dass die Energie in diesem Bereich nicht im Fluss ist.

Lieber Leser, damit wir uns richtig verstehen – eine Energieblockade bedeutet nicht, dass du krank bist oder etwas Schlimmes hast, es bedeutet nur, dass der Energiefluss an dieser Stelle nicht optimal ist. Doch klar ist auch, je besser unsere Energie fließt, desto gesünder fühlen wir uns. Deswegen finde ich es als *Enjoy this Life*®-Persönlichkeit enorm wichtig, dass wir uns das anschauen und verändern, denn je mehr Energie ungehindert fließen kann, umso mehr Kraft, Motivation und Energie hast du auch, um dein Leben zu leben.

Mit der folgenden Übung kannst du wahrnehmen, wo Blockaden sind, und im Anschluss gebe ich dir noch ganz einfache Tipps mit auf den Weg, wie du die Energie wieder zum Fließen bringen kannst. Es ist gar nicht so schwierig, da Energie immer der Aufmerksamkeit folgt.

ÜBUNG

Lege dich am besten bequem hin, doch mache diese Übung zu einem Zeitpunkt, wo du nicht zu müde bist, damit du nicht einschläfst. Beobachte einen Moment lang nur deinen Atem, nimm wahr, wie du einatmest und ausatmest ... Beobachte 20–30 Züge lang nur deinen Atem. Lass Stille und Ruhe in deinen Körper und deine Gedanken einkehren.

Wenn du so weit bist, lenke deine Aufmerksamkeit auf deine Füße und wandere nun aufmerksam durch deinen Körper, angefangen bei deinen Füßen, Zentimeter um Zentimeter langsam nach oben bis zu deinem Scheitel. Du kannst dir auch vorstellen, dass du von den Füßen aufwärts bis zum Scheitel durchgescannt wirst.

Achte auf die Stellen, an denen es dir schwerfällt, etwas zu spüren, oder wo dir die bloße Vorstellung schon schwerfällt oder du das Gefühl bekommst, in deiner Wahrnehmung zu springen. Beobachte dies nur, und wenn du beim Scheitel angekommen bist, wiederhole die Prozedur noch etwa dreimal. Du wirst mit größter Wahrscheinlichkeit an immer derselben Stelle Mühe haben. Dort sind dann deine Energieblockaden. Komme dann langsam in deinem Tempo wieder zurück und öffne deine Augen.

Wenn du magst, kannst du dir die Stellen in deinem Notizbuch aufschreiben oder du merkst sie dir einfach. Wie schaffen wir es jetzt, dass Energie wieder ungehindert durch diese Regionen hindurchfließen kann? Nun, das ist gar nicht so schwer. Mache dir zunächst bewusst, dass häufig dort, wo sich die Energie staut, sich mit der Zeit auch deine Lymphflüssigkeit stauen kann oder gar die Durchblutung nicht mehr so gut ist. Deswegen ist eigentlich alles empfehlenswert, was deine Durchblutung anregt und dabei hilft, wieder in Schwung zu kommen. Auf das Thema gehe ich noch speziell ein, doch sicherlich hilft mal als Erstes Bewegung.

Eine Sache, die fast ein bisschen in Vergessenheit geraten ist, aber unsere Großeltern noch gekannt haben, sind Wechselduschen. Wenn ich bei mir Stellen entdecke, die gerade mehr Aufmerksamkeit bedürfen, dann dusche ich sie oft kalt und warm im Wechsel ab. Ideal ist es, je nachdem, wie ausgeprägt die Energieblockade ist, wenn du dies ein- bis zweimal am Tag machst, und das am besten jeden Tag. Überhaupt sind Wechselduschen sehr, sehr gut für unsere Energie und auch um unseren Körper besser zu durchbluten und zu aktivieren. So oder so kann ich sie dir nur empfehlen. Na ja, ich gebe es zu, am Anfang, und gerade im Winter, kostet es ein bisschen Überwindung. Doch für unsere Gesundheit haben Wechselduschen große Vorteile.

Das gilt auch für regelmäßige Saunabesuche, die den Körper dabei unterstützen, die Energie in Fluss zu bekommen. Weniger Überwindung kostet uns eine Massage; entweder lässt du dich an der betreffenden Stelle massieren, zum Beispiel vom Partner oder von einem Profi, oder du massierst dich selbst. Es hört sich vielleicht komisch an, doch gerade wir im Westen berühren uns oft viel zu wenig. Aus zahlreichen Studien wissen wir, dass Kinder, die oft gestreichelt und berührt werden, viel gesünder sind und sich auch seelisch wohler und ausgeglichener fühlen. Falls du keinen Partner hast, dann berühre dich regelmäßig selbst. Einfach sich selbst ein bisschen zu streicheln und zu massieren aktiviert nicht nur die Selbstliebe, sondern löst Blockaden und bringt unsere Energie wieder zum Fließen.

Was ich auch sehr gern mag, das ist aber nicht jedermanns Sache, sind wärmende Cremes oder Öle. Bei mir war es früher oft so, dass ich bei Vorträgen auf der Bühne plötzlich das Gefühl hatte, so eine Art Watte im Kopf zu haben, mir war leicht schwummrig und mich zu konzentrieren kostete viel Kraft. Da ich während meiner Vorträge oft noch Jenseitskontakte herstellte, war im Grunde meine ganze Energie nach oben gerutscht. Sprich: Meine oberen Chakren waren enorm aktiv und mir fehlte schlicht die Erdung, was sich auch darin widerspiegelte, dass ich jedes Mal kalte Füße hatte und meine Beine mit der Zeit immer schlechter spüren konnte. So begann ich vor Vorträgen, mir die Beine wechselwarm abzuduschen, wenn ich die Möglichkeit dazu hatte, oder sie zu massieren, doch nicht immer ließ sich das einrichten. Da kam ich auf die Idee, »Tiger Balm« zu verwenden, ein wärmendes Öl auf Kräuterbasis, das ich vom Kampfsport her kenne und das oft zum Einsatz kommt, um die Muskeln zu entspannen oder aufzuwärmen. Das half mir enorm, denn die Wärme ließ mich die Erdung nicht vergessen und mein Bewusstsein war immer mal wieder bei den Füßen. Heute brauche ich das nur noch selten, aber ich habe jedes Mal, wenn ich auf Tour bin, eine wärmende Fußcreme dabei. Von Tiger Balm bin ich wieder abgekommen, es ist zwar genial, doch es riecht sehr intensiv nach Kampher, Menthol und Pfefferminze und mein Team, das mit mir im Tourbus oder Auto war, hat sich dann oft darüber beklagt.

Was du aber auch auf der gedanklichen Ebene machen kannst, um Energieblockaden aufzulösen, ist zum Beispiel die Scanübung auf Seite 67/68. Wiederhole sie täglich in den unterschiedlichsten Situationen, immer von den Sohlen bis zum Scheitel. Wer dies regelmäßig macht, kann allein durch die Gedanken den Energiefluss aktivieren und harmonisieren. Oder du rufst dir bestimmte Körperpartien, die du nur mit Mühe spüren kannst, immer mal wieder ins Gedächtnis, zum Beispiel beim Zähneputzen, Sitzen, Lesen, Kochen oder wenn du auf jemanden wartest. Indem du die Gedanken, also deine Aufmerksamkeit auf einen Punkt lenkst, folgt auch die Energie dorthin. Wie du siehst, gibt es eine ganze Reihe Lösungen, die im Alltag wirklich leicht anzuwenden sind und auch wenig Zeit in Anspruch nehmen.

Ernährung

Keine Sorge, ich werde dir hier nicht wirklich Ernährungstipps geben oder dir vorschreiben, wie deine ideale Ernährung aussehen sollte. Ich denke nämlich, dass es pauschal so etwas wie »die ideale Ernährung« nicht gibt, da Ernährung so individuell ist wie jeder einzelne Mensch. Dennoch bin ich überzeugt, dass wir alle ein paar Dinge bei unserer Ernährung verbessern könnten.

Nahrung ist im Grunde wie das Benzin in unserem Auto; wenn wir statt Kraftstoff nur Schadstoffe in unser Auto füllen, fährt das Auto nicht sehr weit oder gar nicht mehr. Es geht kaputt. Genauso verhält es sich mit unserem Körper, und wenn wir mal ehrlich sind, füllen die meisten Menschen ihren Bauch einfach auf gut Deutsch gesagt mit »Müll« statt mit hochwertiger Nahrung.

Ich persönlich fand Ernährung immer ein sehr spannendes Thema und war lange auf der Suche nach der idealen Ernährungsform und der gesündesten Nahrung. Dazu habe ich sehr viel gelesen, ausprobiert und studiert. Eine Zeit lang habe ich es damit übertrieben, sodass mir Essen am Ende keinen Spaß mehr bereitete. Ich drehte beim Einkaufen jedes Produkt um und studierte die Inhaltsstoffe und achtete darauf, dass auch ja nichts darin enthalten war, von dem ich wusste, dass es für unseren Körper nicht gut ist. Mal war ich Hardcore-Vegetarier, dann Veganer, dann verzichtete ich völlig auf Kohlenhydrate, und wieder ein anderes Mal war ich Rohkostler und was weiß ich, was ich noch alles probierte. Vieles nicht nur für ein paar Monate, sondern über Jahre. Was war das Resultat? Keine Freude beim Essen, Unwohlsein und Nahrungsmittelallergien. Warum?, fragst du dich jetzt vielleicht, ist doch alles gesund. Ist es wahrscheinlich auch, aber mein Essen an sich hatte nichts mehr mit Genuss zu tun, im Gegenteil: Jede Mahlzeit war begleitet von der »Angst«, ich könnte etwas zu mir nehmen, das nicht in meinen Ernährungsplan passte.

Schließlich gelangte ich zu der Erkenntnis, dass es viel wichtiger ist, dass meine Ernährung nicht nur aus Verboten besteht, sondern mir Freude bereitet. Dass meine Einstellung, die ich zu meiner Ernährung und Nahrungsmitteln im Allgemeinen habe, viel wichtiger ist als das, was ich letztlich esse. So hörte ich auf, einem Ernährungskonzept zu folgen, und aß wieder ganz normal alles.

Doch ich beobachtete immer mal wieder mein Essverhalten und meine Ernährung.

Dabei fiel mir auf, dass ich, wenn ich glücklich war, wenn ich voll und ganz in meiner *Enjoy this Life*®-Persönlichkeit war, Appetit hatte auf viele frische Produkte, auf Gemüse, auf Früchte, und kaum bis gar keine Lust auf Süßigkeiten oder Fertigprodukte. Du kennst das sicher auch, wenn du einfach zufrieden bist, im Gleichgewicht, dann hast du viel mehr Lust zu kochen, auf frische Zutaten und darauf, Neues auszuprobieren. Wenn ich dagegen nicht im Gleichgewicht war, Stress oder Sorgen hatte und mich nicht gut fühlte, hatte ich auch automatisch weniger Appetit auf gesundes Essen, sondern mehr auf Fertiggerichte, Fast Food, Süßes, viel Fleisch und Ähnliches. Das war für mich ein Schlüsselerlebnis, ich musste einfach darauf achten, dass ich in Harmonie blieb und zufrieden war, dann ernährte ich mich automatisch viel hochwertiger. Ich bin mir fast sicher, dass du ein ähnliches Verhalten auch schon an dir festgestellt hast. Deswegen folge ich heute keinem Ernährungskonzept mehr, doch ich genehmige mir auch ab und zu ganz bewusst etwas Ungesundes. Seit ich mir das erlaube, mache ich aber auch die Erfahrung, dass ich immer seltener Heißhunger auf Fast Food verspüre und ich ihm immer seltener nachgebe. Vermutlich weil kein Druck mehr herrscht, sondern ich weiß, wenn ich wirklich will, dann darf ich.

Bevor du jetzt weiterliest, denke bitte mal darüber nach, wie deine Ernährung aussieht, wenn es dir so richtig gut geht, und welche Nahrungsmittel dir deinem Gefühl nach guttun. Schreibe beides auf. Dann versuche dir mal zu vergegenwärtigen, wie deine Ernährung aussieht, wenn du gestresst bist, Sorgen hast oder einfach nicht in Harmonie bist. Nimm ein neues Blatt und bringe auch das zu Papier. Fertig? Dann weiter im Text:

Ich gehe jetzt davon aus, dass du deine Liste angefertigt hast, falls doch noch nicht, dann lege jetzt bitte das Buch beiseite und mache es wirklich. Nicht mir zuliebe, sondern dir zuliebe.

Warum lege ich so großen Wert darauf? Weil ich dir mit den folgenden Punkten Anregungen geben möchte, damit du Spaß am Essen und der Ernährung hast. Wichtig ist: Ernährung sollte nicht dogmatisch sein. Ich gehe deswegen bewusst bei bestimmten Nahrungsmitteln auch nicht näher darauf ein, warum ich sie vermeide oder was nicht ideal daran ist, nur ab und an werde ich ein bis zwei Punkte anfügen, um es ein bisschen verständlicher zu machen. Schließlich will ich dir keine Angst einjagen, und wenn es dich wirklich interessiert, kannst du das Internet benutzen und es in eine Suchmaschine eingeben oder ein Buch darüber lesen. Also: Pick dir aus meinen Anregungen am besten das heraus, was für dich stimmig ist, das andere lass weg.

Etwas sehr Wertvolles, was früher völlig normal war, ist das Segnen der Nahrung oder ein Tischgebet, bevor wir essen. Für viele ist das vielleicht zu religiös oder zu abgehoben, fühle dich also frei, etwas nicht zu tun, wenn es für dich nicht stimmig ist. Ich hatte ganz am Anfang auch meine Schwierigkeiten damit. Doch heute segne ich täglich mein Essen und man kann es auch so machen, dass niemand etwas davon mitbekommt.

Für alle, die gern etwas Wissenschaftliches zu diesem Thema lesen wollen, empfehle ich die Forschung und Fotos von Masaru Emoto. Er hat herausgefunden, dass, wenn man zwei Gläser Wasser nimmt und in eines liebevolle Gedanken reinschickt und in ein anderes negative und im Anschluss daran die Wasserkristalle unter dem Mikroskop untersucht, die einen wunderschön aussehen und die anderen zerbrochen und unförmig. Schöne positive Gedanken, genauso wie Gebete oder ein Segen, geben also schöne Wasserkristalle, das hat mich persönlich sehr fasziniert. Vor allem, als ich mir bewusstmachte, dass unser Körper zu etwa 70–80 Prozent aus Wasser besteht. Und wenn man weiß, dass Wasser ein hervorragender Informationsspeicher ist, dann wird auch schnell klar, wie wichtig die eigenen Gedanken über uns selbst sind.

Die Wissenschaft hat außerdem herausgefunden, dass, wenn wir hochwertiges Wasser mit schönen positiven Kristallen zu uns nehmen, dies auch eine positive Wirkung hat auf das Wasser, das schon in unserem Körper ist. Die meiste Nahrung und natürlich die Getränke haben oft einen sehr hohen Wasseranteil. Wenn du diese jetzt segnest, ein Gebet sprichst oder einfach einen liebevollen Gedanken in dein Essen schickst, wird sich auch die Kristallstruktur deiner Nahrung verändern. Das kann man heutzutage sogar messen, wie Masaru Emoto es beispielsweise getan hat. Mittels einer so kleinen Übung kannst du deine ganze Körperflüssigkeit positiv beeinflussen. Dadurch werden deine Selbstheilungskräfte aktiviert und deine Ausstrahlung verändert, somit dein ganzes Energiefeld, deine Aura, und das wiederum hat natürlich auch Auswirkungen auf deine Resonanz.

Als ich damit begann, verschwanden nach und nach einige meiner Allergien und Nahrungsmittelunverträglichkeiten, und viele Seminarteilnehmer, die diese Übungen täglich durchführten, erzählten mir, dass ihre Verdauungsprobleme weggingen oder sich zumindest merklich verbessert haben.

Ich habe mich sehr intensiv mit dem Thema Wasser beschäftigt und wie man mit Gebeten, Segnen oder positiven Gedanken Wasser verändern kann. Für mich ist absolut klar, gerade weil man es auch wissenschaftlich untersuchen kann, dass ein

Gebet eine enorme Kraft hat. Daher kann ich dir als *Enjoy this Life*®-Persönlichkeit nur empfehlen, deine persönliche Segnung für dein Essen zu kreieren, so wie es für dich stimmig ist. Es ist ganz einfach und beileibe keine Hexerei, allein vor dem Essen kurz innezuhalten und seine Mahlzeit liebevoll zu betrachten und sich zu bedanken. Das ist schon ein Segen. Es ist kinderleicht, es kommt nicht auf die Art der Segnung an, sondern darauf, dass der Gedanke, den du in dein Essen oder Getränk schickst, echt ist. Das ist das Einzige, was wichtig ist. Ich bin sogar überzeugt davon, dass viele Heilquellen vor allem auch zu Heilquellen wurden, weil die Menschen dort beten und mit dem Glauben dahin gehen, dass das Wasser Heilung enthält, und sie durch die Kraft ihrer Gedanken das Quellwasser zu Heilwasser machen. Mit jedem Gebet und positiven Gedanken wird dieses Wasser immer hochwertiger. Für viele ist das eventuell zu esoterisch oder eben zu religiös, probiere es vielleicht trotzdem mal aus oder lies nach, was die Wissenschaft an Erkenntnissen zum Thema Wasser bereithält – das kann dir möglicherweise helfen, es aus einem anderen Blickwinkel zu betrachten.

Auf Zucker verzichte ich inzwischen gänzlich, egal ob als künstlicher Süßstoff oder als normaler Haushaltszucker. Außer Fruchtzucker, aber auch nur, wenn ich Früchte esse. Wenn wir unseren Zuckerkonsum massiv reduzieren, kann das enorm zu einem neuen Wohlbefinden und zur Selbstheilung beitragen. Ich gebe es zu, das ist gerade zu Beginn sehr schwer, ich hatte anfangs tatsächlich das Gefühl, ohne Zucker nicht leben zu können, es war fast wie ein Entzug. Doch dieser ist nach etwa zwei Wochen vorbei, und es ist faszinierend, wie viel mehr Energie man bekommt und wie sich das Leben dadurch verändert. Gerade Menschen, die chronische Krankheiten haben und ihren Kindern wirklich etwas Gutes tun wollen, sollten mal Berichte über Zucker lesen. Es ist gar nicht so leicht, Zucker wegzulassen, denn es ist unglaublich, in welchen Lebensmitteln Zucker enthalten ist, auch in Produkten, in denen wir nie Zucker erwarten würden.

Weißmehl, also Weizen, meide ich ebenfalls nach Möglichkeit. Dabei geht es mir nicht um das Gluten, sondern wirklich um den Weizen. Ich dachte früher, ich vertrage Gluten nicht, bis ich merkte, dass ich nur auf Weizen reagiere. Ich habe mich dann über Weizen informiert und für mich ist heute klar, dass Weizen nicht mehr auf meinen Speiseplan gehört. Wie gesagt, ich gehe nicht weiter darauf ein, warum und weshalb, weil es schon sehr viele gute Bücher zum Thema gibt sowie Artikel im Internet, und ich will an dieser Stelle keine Panik verbreiten. Ein Punkt unter vielen könnte gerade für die Männer sehr spannend sein. Es kam immer mal wieder vor, dass mich Männer um Rat fragten, ob ich einen Tipp für sie hätte, was sie gegen Impotenz unternehmen könnten. Oft bekam ich den Impuls, den Männern zu sagen, sie sollten Weizen meiden. Allerdings war mir der Grund damals noch nicht klar. Nachdem ich einiges über Weizen recherchiert hatte, fand ich es faszinierend, welche Wirkung Weizen auf unseren Körper haben kann, und es ergab für mich durchaus Sinn. Viele haben den Ratschlag ernst genommen und es ausprobiert und bei einigen kam die Manneskraft wieder zurück. Vor allem, wenn sie noch genügend Vitamin D zu sich genommen haben.

Vitamin D, wenn wir schon dabei sind, ist etwas extrem Spannendes und aus meiner Sicht eins der wichtigsten Vitamine. Nicht ohne Grund ist es das einzige Vitamin, das vom Körper selbst hergestellt wird, und zwar durch das Sonnenlicht. Auch wenn man es nicht als klassisches Nahrungsmittel bezeichnen kann, ist Vitamin D für mich die Grundlage einer gesunden Ernährung. Unser Körper produziert in einer Stunde ca. 20 000 I.E. Vitamin D (empfohlen werden 400 I.E. pro Tag), vorausgesetzt, dass wir der Sonne möglichst viel freie Hautflächen aussetzen, was in unseren Breitengraden schwierig ist. Daher empfehle ich jedem dringend, Vitamin D3 als Nahrungsergänzungsmittel einzunehmen, um das System aufrechtzuerhalten.

Was ich auch sehr empfehlen kann und ein tolles Nahrungsmittel ist, das unglaublich viel Kraft und Energie gibt, ist Kokosnussöl. Dabei sollte man aber auf gute Qualität achten. Nativ kaltgepresst und bio. Kokosnussöl hat enorm viele Vorteile und ist nicht nur ein tolles Produkt zum Einnehmen, sondern auch für die Haut.

Was ich dagegen gar nicht esse, ist Schweinefleisch, in keiner Form, da es von allen Fleischsorten dasjenige ist, das unseren Körper am meisten belastet. Nicht ohne Grund ist es auch in vielen Religionen verboten. Wenn du es aber gern isst, versuche deinen Konsum auf ein Minimum zu reduzieren. Fleisch ist ohnehin ein Thema für sich, nicht umsonst ist vegane Ernährung gerade in den letzten Jahren voll im Trend. Schon allein vom ethischen Standpunkt aus betrachtet ist Fleisch als Nahrungsmittel nicht so ideal, darüber müssen wir nicht diskutieren. Die Tierhaltung ist oft immer noch eine Katastrophe, tut mir leid, aber anders kann man das nicht sagen.

Allerdings, und das dürfen wir nicht vergessen, ist Vitamin B12 in Fleisch als einzigem Nahrungsmittel enthalten. Vitamin B12 ist ein sehr wichtiges Vitamin für unsere Gesundheit und unseren Körper. Es gibt auch einige Pflanzen, die Vitamin B12 enthalten, und gerade in Vegetarier- und Veganerkreisen sind solche Pflanzen/Algen wie zum Beispiel Spirulina und Chlorella als Nahrungsergänzung beliebt. Doch leider gibt es viele Studien, die zeigen, dass dieses B12 nicht bioverfügbar ist, also von unserem Körper nicht aufgenommen wird, und dass wir B12 nur aus tierischen Produkten in der bioverfügbaren Form aufnehmen können. Deswegen sollte man als Veganer oder Vegetarier regelmäßig seinen B12-Wert prüfen lassen und, falls nötig, sich vom Arzt B12 spritzen lassen. B12-Mangel wird oft lange Zeit nicht bemerkt; wenn du wenig Fleisch isst und vielleicht Symptome hast, für die es keine Ursache gibt, lass mal deinen B12-Wert beim Arzt überprüfen, und wenn du schon mal dort bist, auch deinen Vitamin-D-Spiegel.

Zurück zum Fleisch: Ich persönlich finde, jeder sollte selbst entscheiden, ob er Fleisch isst oder nicht, ich möchte darüber nicht urteilen. Auch ich esse ab und an mal Rindfleisch oder Fisch. Allerdings sollte man unbedingt darauf achten, dass es nicht aus Massentierhaltung stammt, und vielleicht hast du sogar die Möglichkeit, es direkt beim Bauern zu beziehen, wo du mit eigenen Augen sehen kannst, wie die Tiere dort gehalten werden. Und bedenke: Früher hat man nur extrem wenig Fleisch gegessen. Wenn du gern Fleisch isst, reduziere es mal, so auf einmal die Woche. Du würdest dir und natürlich den Tieren einen enormen Gefallen erweisen.

Mir ist bewusst, dass gerade das Thema Fleisch viele Gemüter erhitzt und große Diskussionen auslösen kann. Deswegen habe ich ganz am Anfang des Kapitels darauf hingewiesen, dass ich hier nur Inputs anbiete, es gibt kein Richtig und Falsch, jeder Mensch muss für sich selbst entscheiden. Für mich persönlich besteht die ideale Ernährung aus so viel frischen Produkten wie möglich. Wenn es mir richtig gut geht, dann habe ich Lust auf Gemüse, Früchte und Nüsse. Ich bezeichne diese als lebendige Nahrung. Ich achte auch sehr darauf, dass ich nur heimisches oder regionales Gemüse und Obst esse, und meide exotische Früchte aus fernen Ländern, allein schon wegen der langen Transportwege. Oft werden die Früchte zu einem so frühen Zeitpunkt geerntet, dass viele wichtige Vitamine nicht mehr vorhanden sind.

Falls du die Möglichkeit hast und einen Garten besitzt, ist es genial, selbst anzupflanzen. Früher fand ich das unglaublich spießig und total altmodisch. Vor drei Jahren nun habe ich angefangen, meine Kräuter in Beeten zu ziehen, mein Chili sowie Gemüse und Salat. Und allein schon das Wissen, wie viel Arbeit dahintersteckt, hat meine Wertschätzung dem Essen gegenüber enorm gesteigert. Ich persönlich finde ja, dass Salat oder Kräuter aus meinem Garten auch viel besser schmecken als aus dem Supermarkt. Wenn du auf dem Dorf wohnst, gibt es viele Nachbarn, die ebenfalls selbst anpflanzen, und da ist es eine tolle Idee, sich mit den anderen abzusprechen. Viele pflanzen leider dasselbe an, daher kommt es bei uns auf dem Dorf nicht selten vor, dass alle im Frühling viel zu viel Salat haben und ihn unter den Nachbarn verteilen wollen. Stell dir vor, jeder würde ein bisschen abwechslungsreicher pflanzen und nicht alle Salat, dann könnte man die Produkte untereinander tauschen.

Zusammenfassend halte ich es für sinnvoll, so viele frische regionale Produkte wie nur möglich zu essen. Je natürlicher, desto besser. Das ist im Grunde nichts Neues und vieles, was ich hier über Ernährung geschrieben habe, wirst du sicher schon vorher gewusst haben. Doch wir sollten es eben nicht nur wissen, sondern auch umsetzen. Denke daran: Je hochwertiger deine Ernährung ist, umso kraftvoller ist auch der Treibstoff für deinen Körper und umso mehr Energie hast du zur Verfügung.

Zum Schluss noch eine letzte Anregung: Ich empfehle dir, viel zu trinken, und zwar bevorzugt Wasser und keine Süßgetränke. Ich persönlich trinke neben viel Wasser natürlich auch mal ein Glas Wein oder Bier (gibt es auch ohne Weizen). Wie gesagt, versklave dich aber nicht mit der Ernährung, du kannst auch bewusst mal einen Tag in der Woche einlegen, an dem du

ALLES essen darfst. Essen sollte wirklich ein Genuss sein und keine Strafe. Meiner Ansicht nach sind 90 Prozent der Diäten deshalb nicht dauerhaft wirksam, weil sie oft eine Strafe darstellen und noch sehr wenig mit guter Ernährung zu tun haben. Zugegeben, am Anfang war die Umstellung auf eine natürliche Ernährung nicht leicht, doch je weniger Zucker ich zum Beispiel konsumiert habe, umso mehr Geschmack bekamen plötzlich natürliche Nahrungsmittel für mich. Mein Geschmacksempfinden hat sich dadurch auch grundlegend verändert. Früher ernährte ich mich oft von Pizza und Cola und ich gebe es offen und ehrlich zu, ich bin kein »Heiliger«, auch heute wirst du mich vielleicht mal mit einer Pizza oder einer Cola erwischen – sei mir dann nicht böse, sondern mache dir bewusst, dass ich es einfach gerade nur genieße.

Körpersprache

Es geht im folgenden Abschnitt nicht darum, die Körpersprache von anderen lesen zu lernen, sondern ich möchte dir vermitteln, dass du über den bewussten Einsatz deines Körpers auch dein Wohlbefinden, deine Gefühle und deine Energie verändern kannst. Ich möchte dir das kurz mithilfe einer praktischen Übung veranschaulichen. Los geht's.

Wahrscheinlich sitzt du ohnehin gerade auf einem Stuhl, falls nicht, nimm bitte Platz. Und jetzt stell dir vor, du wärst extrem traurig, und nimm wie ein Schauspieler auch die Körperhaltung einer traurigen, ängstlichen, depressiven Person ein. Und nun stelle dir das genaue Gegenteil vor, du wärst extrem glücklich und erfolgreich, du genießt dein Leben in vollen Zügen. Nimm auch hier die Körperhaltung einer zufriedenen, glücklichen Person ein. Ich bin mir sicher, wenn du dich auf die Übung eingelassen hast, wirst du einen Unterschied gespürt haben. Als du eine traurige, ängstliche Person gespielt hast, wirst du vermutlich deinen Kopf gesenkt, vielleicht auch deine Schulter nach vorne gebeugt und hängen lassen haben. In meinen Seminaren verlieren die Teilnehmer bei dieser Übung oft die ganze Spannung im Körper. Bei ihrem Gegenstück öffnen wir häufig den Brustkorb, machen uns physisch auch breiter, indem wir die Schultern zurücknehmen, der Kopf ist geradeaus oder sogar leicht nach oben gerichtet, der Blick an den Horizont oder ebenfalls nach oben. Wir spüren auch die Körperspannung und wie wir uns viel energiegeladener fühlen. Wenn du die Übung gemacht hast, konntest du das hoffentlich bei dir feststellen. Man hat herausgefunden, dass Menschen, die bewusst darauf achten, sich möglichst mit erhobenem Kopf aufrecht zu halten, und dabei oft an den Horizont schauen, auch viel weniger negative Emotionen haben.

Denk nur mal an die Ferienzeit, wie viel häufiger wir da aufrechter gehen, uns der Sonne entgegenstrecken und unser Blick in die Weite gerichtet ist. Wir nehmen auch die Umgebung um uns herum viel bewusster wahr. Deswegen fühlen wir uns oft auch im Urlaub viel besser.

Doch wie sieht es bei vielen im Alltag aus, im Zug zum Beispiel oder auch auf der Straße? Nimm mal bewusst wahr, wie viele Leute ständig das Smartphone vor der Nase haben, und schau dir mal ihre Haltung an. Fällt dir was auf? Beobachte die Menschen auf der Straße und auch dich selbst, ganz viele blicken etwa 3–5 Meter vor sich auf den Boden. Dies alles macht auch unser Energiefeld klein.

Geh mal bewusst nach draußen, vielleicht genau jetzt oder morgen, halte dich aufrecht, schau möglichst oft in die Weite, suche den Augenkontakt und genieße den Horizont. Auch wenn du dich hinsetzt, achte mal auf deine Haltung, sitze aufrecht und öffne deine Brust, dein Herzzentrum. Sehr schnell wirst du feststellen, dass du dich besser fühlst. Das ist eine ganz einfache Übung, wenn du mal gestresst, traurig oder sonst in einer unangenehmen Situation bist. Bereits nach kurzer Zeit wird sich deine Emotion verändern.

Als wir die *Enjoy this Life*®-Persönlichkeit kreiert haben, hast du bestimmt schon bemerkt, wie du dich aufrichten wolltest und vielleicht auch den Blick in die Ferne gerichtet hast. Ich mache mir meine Körperhaltung immer wieder bewusst, auch wenn ich meinen Körper scanne, um zu prüfen, ob ich Energieblockaden habe. Es geht mir dabei nicht darum, dass du rumläufst, als hättest du einen »Stock im Popo«, sondern dass du dich mehr vom Herzen her öffnest.

Während meiner Ausbildung zum Schauspieler habe ich bemerkt, dass ich je nach Rolle allein durch meine Körperhaltung und meine Spannung und Energie im Körper nicht nur das Publikum beeinflussen kann, sondern auch meine eigenen Gefühle und Emotionen. Diese Erkenntnis hat mir enorm geholfen. Ich habe dann damit begonnen, Menschen zu beobachten, Menschen, die für mich Zufriedenheit, Erfolg, Liebe oder einfach insgesamt etwas Positives ausstrahlten. Ich habe studiert, wie sie sich bewegen und wie ihre Körperhaltung und -spannung ist. Ich habe auch Menschen und ihre Körper beobachtet, die mir weniger positiv aufgefallen sind, traurige, wütende Personen.

Beobachte auch mal deine Mitmenschen und dann nimm dir ein paar Minuten Zeit und imitiere diese nur für dich. Du wirst feststellen, dass allein durch die Körperhaltung auch deine Emotionen beeinflusst werden. Merke dir alle Körperhaltungen, die dir gute Empfindungen schenken und dich noch besser in deine *Enjoy this Life*®-Persönlichkeit bringen. Wenn ich mal einen Tag habe, an dem meine Gefühle unausgeglichen sind, dann nehme ich mir immer ein paar Minuten und richte zuerst mal meinen Blick an den Horizont, mache meine Brust weit und lasse meinen Atem ruhig und tief werden. Schon nach kurzer Zeit fühle ich mich eindeutig besser, leichter und freier. Denn in einer negativen Stimmung ist es unglaublich schwer, vernünftig und klar zu handeln.

Nimm dir wirklich mal zwei, drei Tage Zeit, Menschen einfach nur zu beobachten und ihre Körperhaltung zu studieren. Achte dann ein paar Tage nur auf deine Haltung, und ich bin überzeugt davon, dass dein Leben allein dadurch schon eine deutliche positive Veränderung erfahren wird.

Körperpflege

Ein ganz einfacher Weg, um Selbstliebe zu lernen und zu fördern, besteht für mich nicht nur darin, seine Seele zu pflegen, sondern auch seinen Körper.

Als ich begann, die *Enjoy this Life*®-Persönlichkeit immer mehr in meinen Alltag zu integrieren, fiel mir auf, dass ich Körperpflege bis dato sehr unbewusst und eher nebenbei betrieben hatte. Vorher habe ich mich kurz nach dem Aufstehen und oft noch todmüde unter die Dusche geschleppt und bin rauchend unter dem Strahl gestanden, in Gedanken schon wieder bei meinen Pflichten und Aufgaben, habe mich lieblos eingeseift, schnell abgespült und mich wieder aus dem Bad geschleppt.

Ich kann mich noch gut daran erinnern, wie ich das erste Mal als *Enjoy this Life*®-Persönlichkeit duschen ging, wie viel bewusster ich schon allein den Wasserhahn aufdrehte und dankbar war, dass ich fließendes Wasser hatte. Ich genoss es, meinen Körper mit diesem wertvollen Gut zu waschen, ich seifte mich sehr bewusst ein, auch das Abwaschen der Seife war viel liebevoller, so wie später das Abtrocknen. Ich fühle mich nach dieser Dusche erfrischt und gut. Ich war ganz im JETZT, ganz bei dem, was ich tat. Meine Gedanken waren ausschließlich bei mir und meinem Körper. Später ging es weiter mit Zähneputzen, Eincremen, Kämmen, Anziehen und so fort. Ich schenkte mir dabei viel mehr Aufmerksamkeit.

Bemühe dich darum, deinen Körper viel bewusster zu reinigen, und betrachte diesen ganzen Prozess nicht lediglich als Teil eines lästigen Pflichtprogramms. Du wirst merken, es ist viel entspannter und man kommt mit der Zeit wirklich zu sich selbst.

Es hört sich vielleicht einfach an, doch während ich diese Zeilen schreibe, befinde ich mich gerade mit einer Seminargruppe auf einer Alp und teile mir die Dusche mit anderen, die im selben Stockwerk untergebracht sind wie ich. Erst heute Morgen ist es mir passiert, dass vor mir schon jemand in der Dusche war und ich deswegen ein bisschen in Zeitnot geriet, dass ich es noch schaffte, pünktlich zum Frühstück zu erscheinen. Entsprechend hektisch fiel die Dusche aus, ich kämmte mich lieblos, nahm meine Kleidung und beim Verlassen des Badezimmers fühlte ich mich plötzlich gestresst. Sofort sagte ich mir selbst: »Stopp! So geht eine *Enjoy this Life*®-Persönlichkeit nicht zum Essen.« Also begab ich mich erst mal wieder auf mein Zimmer, schaute ein paar Minuten aus dem Fenster auf das wunderbare Bergpanorama, fühlte meine *Enjoy this Life*®-Persönlichkeit, und erst als ich bei mir war, verließ ich mit einem Lachen den Raum, weil mir bewusst wurde, wie schnell wir uns manchmal selbst vergessen. Ich schaffte es übrigens dennoch, pünktlich zum Essen zu erscheinen.

Früher fingen meine Tage immer hektisch an, jeden Morgen aufs Neue musste ich mich beeilen, damit ich es rechtzeitig zu meinen Terminen schaffte. Falls du auch zu dieser Sorte gehörst, mache dir bewusst, dass du die Freiheit hast, früher aufzustehen und deinen Tag liebevoll und in Ruhe zu beginnen. Wenn der Tag schon stressig anfängt, wie soll er da harmonisch enden? Stress erzeugt Druck und ist ohnehin nicht ideal für unseren Körper sowie unsere Energie. Sehr gut lässt sich das am Morgen erkennen und auch beobachten, zum Beispiel im öffentlichen Nahverkehr. Gestresste Menschen sehen nie erfolgreich oder gar glücklich aus. Mir hilft es manchmal sehr, solche Mitmenschen zu studieren, und dann frage ich mich: Willst du wirklich so durchs Leben gehen?

Praktiziere die Selbstliebe in Kleinigkeiten, wie bewusst zu duschen oder deinen Körper zu pflegen, bewusst zu essen und dir auch dein Essen mit Liebe zuzubereiten. Bedenke immer: Dein Körper ist deine Hülle, dein Tempel, und wenn dieser nicht gepflegt und liebevoll umsorgt wird, dann fühlt sich auch eine wunderbare liebevolle Seele nicht wohl darin.

Entrümpeln

Ich bin mir sicher, dass du die letzten Tage schon einige positive Erfahrungen gemacht hast und dass sich bereits einiges in deinem Leben verändert hat. Damit deine *Enjoy this Life*®-Persönlichkeit sich noch schneller verankern kann und es außerdem mehr Platz für neue Energien in deinem Leben gibt, wäre es auch sinnvoll, zuerst mal wirklich alte Dinge loszulassen und Platz zu schaffen – für neue Dinge und neue Energien. Zu oft halten wir an der Vergangenheit fest, wir würden gern etwas ändern, wir würden gern ein leichteres und glücklicheres Leben führen, doch sind wir nicht bereit, die alten Strukturen, Muster und Dinge loszulassen. Wenn du »besetzt« bleibst von deinem alten Leben, dann wirst du früher oder später wieder in deinem alten Leben sitzen und wirst sagen: »Das hat sich ja alles toll angehört, was dieser Voggenhuber hier schreibt. Doch bei mir hat es nicht funktioniert.«

Bist du bereit dazu, dein Leben zu verändern? Dann sei dir darüber im Klaren, dass du die Vergangenheit wirklich hinter dir lassen solltest. Das ist anfangs nicht leicht, weil wir bewusst und unbewusst so sehr an unserer alten Struktur festhalten. Wenn du dieses Buch nicht nur liest, sondern damit begonnen hast, deine neue *Enjoy this Life*®-Persönlichkeit auch zu leben, wirst du sicher bemerkt haben, dass einige Personen aus deinem Umfeld sich distanziert haben. Vielleicht beschäftigst du dich auch schon länger mit Spiritualität und hast dadurch viele Menschen verloren, weil sie dich nicht mehr verstehen konnten oder deine Ansichten nicht teilten. Falls dies geschieht, sei dankbar, denn es beweist: Da verändert sich wirklich etwas!

Sei versichert, auch mir haben plötzlich Menschen aus meinem Umfeld gesagt: »Du hast dich verändert, du bist nicht mehr der Alte!« Jedes Mal, wenn das passiert, verspüre ich zunächst eine Unsicherheit, manchmal sogar Angst, weil wir solche oder ähnliche Sätze häufig auch negativ verknüpft haben. Wir bekommen Panik, wenn sich Menschen von uns abwenden oder sagen, dass sie mit uns so nichts mehr zu tun haben wollen. Glücklich sein ist leider in unserer Gesellschaft echt nicht normal!

Doch willst du überhaupt normal sein? Wenn ich mir anschaue, was als normal gilt, ganz ehrlich, dann bin ich dankbar, dass ich nicht normal bin. Was heißt denn normal sein? Da gibt scheinbar jemand vor, wie man sich zu verhalten hat, um der Norm zu entsprechen. Also ich frage mich heute nicht mehr, was mein Umfeld als Norm empfindet und ob ich da reinpasse, sondern ich frage mich: »Pascal, bist du glücklich mit dem, was du tust, und mit dem, was du bist?« Wenn da ein klares Ja kommt, dann ist es für mich persönlich das Richtige. Falls jemand mit diesem glücklichen Pascal nicht klarkommt, dann ist es Zeit für mich, mich liebevoll von diesem Menschen oder der Situation zu verabschieden. Versteh mich recht, du sollst dich nicht sofort von jedem verabschieden, mit dem es vielleicht gerade kleinere Probleme gibt, doch solltest du jeden liebevoll ziehen lassen, mit dem das Zwischenmenschliche schon länger nicht mehr stimmig ist.

Jemanden gehen zu lassen bedeutet auch nicht unbedingt, dass man den Kontakt gänzlich abbrechen muss, das ist manchmal, gerade wenn die Personen zur Familie gehören, nicht oder kaum möglich. Jedenfalls nicht in Frieden. Für mich heißt sich liebevoll zu verabschieden, mich nur dann auf die Person einzulassen, wenn ich wirklich Lust dazu habe und ich in meiner *Enjoy this Life*®-Persönlichkeit bin. Themen oder gar Kritik neutral und nicht mit Emotionen zu begegnen, die vielleicht von dieser Person kommen. Zugegeben, das ist unglaublich schwer. Das ist mir bewusst. Liebevoll verabschieden bedeutet für mich, dass ich, wenn ich an die Person denke oder sie doch ab und an mal sehe, keine destruktiven Emotionen mehr fühle. Dass ich ihr gegenüber neutral bin und mich von der Person auch nicht mehr aus dem Gleichgewicht bringen lasse.

Viele wünschen sich an dieser Stelle verständlicherweise einen Trick von mir, wie man diese Fähigkeit, diesen Zustand erlangen kann. Den Nonplusultra-Trick gibt es leider nicht. Allerdings ist mir aufgefallen, wenn ich voll und ganz bei mir bin, also in der *Enjoy this Life*®-Persönlichkeit, dann lasse ich mich kaum von destruktiven Emotionen leiten. Das geschieht nur, wenn ich nicht bei mir bin. Deswegen rufe ich mir vor Situationen, in denen ich weiß, ich treffe auf die Person, meine *Enjoy this Life*®-Persönlichkeit noch einmal ins Bewusstsein. Ich sage mir innerlich auch manchmal: »Stopp, XY kann mich nicht aus dem Gleichgewicht bringen, außer ich lasse es zu!« Doch diese Macht gebe ich ihr nicht, ich lasse mich nicht auf destruktive Diskussionen ein, die ohnehin nur im Streit oder in Disharmonie enden. Auf Kritik reagiere ich nicht, ich sage zum Beispiel nur: »Danke für deine Meinung, ich werde mir mal Gedanken zu deiner Ansicht machen. Im Moment ist es mir aber nicht möglich.« Oft sind Diskussionen dann sofort beendet.

Deswegen ist es sicher von Vorteil, sich ein für alle Mal von Menschen zu verabschieden, mit denen die gemeinsame Zeit eindeutig vorüber ist.

Lass uns zu dem Thema eine Übung machen, bei der du für dich kurz dein Umfeld einordnest, wo jeder hingehört.

ÜBUNG

Schreibe die Namen aller Menschen auf, die du regelmäßig triffst. Dann teile ein Blatt Papier in drei Spalten auf.

In die linke Spalte schreibst du alle Personen hinein, bei denen du sofort ein gutes Gefühl hast, wenn du nur an sie denkst. In die mittlere Spalte trägst du diejenigen ein, bei denen du nicht sicher bist, wo du sie einordnen möchtest. Vielleicht habt ihr regelmäßig Konflikte, vielleicht hat sich etwas ereignet, das du noch nicht richtig einordnen kannst. In die rechte Spalte schreibst du die Namen der Personen, bei denen du spürst, dass die Beziehung für dich nicht mehr stimmt.

Die linke Spalte steht für die Menschen, bei denen du keine Sekunde daran zweifelst, ob sie noch in dein Leben gehören. Diese Frage stellt sich im Grunde gar nicht. Damit gehören sie weiterhin auch in dein neues Leben.

In der mittleren Spalte sind die Menschen, die du noch nicht klar zuordnen kannst, oder eben die oben erwähnten Ausnahmen, die du vielleicht einfach ab und an sehen »musst«, beispielsweise Familienmitglieder (im Prinzip müssen wir natürlich niemanden sehen oder treffen, auch das ist unsere eigene Entscheidung).

Mir ist selbstverständlich bewusst, dass man manchmal keine klare Einteilung in linke oder rechte Spalte vornehmen kann. Schließlich handelt es sich ja um Menschen – Freunde, Exfreunde, Familie oder Bekannte –, nicht um Gegenstände. Doch teile diese »Zweifelsfälle« dann einfach in die Mitte ein.

Rechts sind eindeutig die Menschen, die du nicht mehr in deinem Leben haben möchtest. Ich persönlich finde aber, dass du die Menschen auf der rechten Seite nicht im Ungewissen lassen darfst, indem du zum Beispiel ihre Anrufe plötzlich nicht mehr annimmst. Hier ist liebevolles Verabschieden angebracht, es den Menschen auch mitzuteilen, dass du dich verabschiedest, und zwar höflich und respektvoll und ohne Vorwürfe und Anklagen oder Rechtfertigungen. Das ist für mich wahre Größe und *Enjoy this Life*®. Es schafft außerdem Klarheit auf beiden Seiten und es gibt diesen Menschen die Chance, sich zu verändern und auch loszulassen.

Es ist wichtig, diese Übung nicht nur im Kopf zu machen, sondern tatsächlich zu Papier zu bringen. Denn vielen wird die Situation durch das Aufschreiben erst wirklich bewusst. Für manche ist es ein Schock, dass die linke Spalte fast leer ist, andere haben rechts niemanden. Egal, wie dein Blatt Papier aussieht, es spielt keine Rolle, es sagt nichts über dich als Mensch aus. Doch wenn du diese Übung etwa alle sechs Monate wiederholst, sollte die linke Spalte immer mehr Namen beinhalten. Dann weißt du, dass deine *Enjoy this Life*®-Persönlichkeit funktioniert.

Ich mache diese Übung für mich mindestens alle sechs Monate. Es hilft mir auch sehr, mit den Menschen umzugehen, die in der mittleren Spalte gelandet sind. Ich mache mir ganz bewusst zu jedem Einzelnen Gedanken, und zwar in der *ETL*®-Persönlichkeit. Manchmal kann ich sie dann plötzlich doch einer Spalte zuordnen, manchmal nicht. Dann ist das völlig in Ordnung, aber für mich ist auch klar, dass ich bei zukünftigen Begegnungen mit ihnen darauf achte, vollkommen bei mir zu sein und mich von diesen Personen nicht aus dem Gleichgewicht bringen zu lassen. Denn allein dass sie nicht links stehen, zeigt mir, dass sie nicht wirklich wichtig für mich sind und meine *Enjoy this Life*®-Persönlichkeit, und ich ihnen deswegen auch nicht die »Macht« gebe, mich von meinem glücklichen und zufriedenen Leben abbringen zu lassen.

Viele Kursteilnehmer fragen mich, wie sie die Personen jetzt loslassen sollen. Ob es keine Übung oder etwas anderes gäbe, was das Loslassen erleichtern würde. Ich bin bei solchen Sachen, glaube ich, schlicht zu pragmatisch. Natürlich könnte ich jetzt ein esoterisches Ritual vorschlagen, vielleicht hätte es auch eine Wirkung, doch Loslassen ist im Grunde einfach eine klare Entscheidung, man muss sich bewusst den Ängsten stellen.

Mich erinnern viele Menschen, die nicht loslassen können, an eine Geschichte:

Die Südindische Affenfalle besteht aus einer ausgehöhlten Kokosnuss, in die eine für Affen wohlschmeckende Leckerei gesteckt wird. Das Loch in der Kokosnuss ist gerade groß genug, dass eine kleine Affenhand hineinpasst. Die Nuss wird an einen Baum angebunden. Der Affe greift hinein und muss feststellen, dass er die geschlossene Faust mit dem Leckerbissen nicht wieder herausziehen kann. Auch wenn er zieht und zerrt – die Faust ist nicht zu befreien. Um freizukommen, müsste er einfach nur loslassen, doch daran hindert ihn seine Gier, das Habenwollen. So bleibt ihm nur, mit der Hand in der Kokosnuss auf den Affenfänger zu warten.

Ich finde diese Geschichte sehr passend, weil wir Menschen manchmal doch genauso sind, wenn uns auffällt, dass wir eigentlich loslassen müssten. Wir halten oft an Erinnerungen fest – wie schön es einmal war, wie gut es gepasst hat – und an dem Wunsch, dass eines Tages alles wieder genauso wird. Wir merken dabei aber häufig nicht, dass wir wie der Affe in der Illusion gefangen sind und wir nur loslassen müssten. Denn dann würden wir nicht nur das Schöne der Vergangenheit in der Hand halten, sondern die Zukunft, und die Zukunft bringt uns die Freiheit.

Und jetzt verrate ich dir ein paar einfache Kniffe, die es dir erleichtern sollen, dich von den Menschen zu verabschieden, die du ganz bewusst aus deinem Leben streichen möchtest.

TIPPS

1. Der erste Schritt besteht darin, eine Liste anzulegen und die Menschen aus deinem Umfeld ganz klar in die drei Spalten einzuordnen.

2. Nimm dir vielleicht auch noch die Zeit und schreibe zu jeder Person auf der rechten Seite auf, warum sie dort steht und was für dich nicht mehr passt. Mache dir auch bewusst, dass du den Menschen nicht verändern kannst, denn dann wartest du vergebens. Er darf sein Leben so leben, wie er es möchte, auch wenn es für dich nicht stimmig ist. Die einzige Veränderung, die du beeinflussen kannst, ist deine eigene.

3. Verabschiede dich von den Menschen auf liebevolle, respektvolle Art, am besten unter vier Augen.

4. Sollte dies nicht möglich sein, schreibe einen Brief. Ideal ist es natürlich, wenn du den Brief dann auch abschickst. Doch solltest du dies nicht können oder wollen, verfasse dennoch einen Abschiedsbrief, den du später dann auch verbrennen kannst.

5. Mache dir bewusst, dass jammern und in alten Erinnerungen schwelgen die Person nicht wieder zu der Person in der Vergangenheit machen, die du gekannt

und geliebt hast, als die Beziehung zwischen euch noch stimmig war. Höre ganz bewusst auf zu jammern und in Erinnerungen zu schwelgen. Sag immer: »Stopp«, sobald du es merkst.

6. Begib dich in die *Enjoy this Life®*-Persönlichkeit, sobald du Ängste oder Trauer verspürst.

7. Loszulassen ist vielleicht nicht ganz einfach, aber das heißt nicht, dass es unmöglich und für dein neues Leben nicht wichtig ist. Bedenke: Wer loslässt und sich auf ein glücklicheres Leben konzentriert, der verändert sich. Deine neue positive Ausstrahlung wird neue Menschen in dein Leben ziehen, die zu dir passen.

Mache dir bewusst, dass die Hauptangst, die wir beim Loslassen haben, nur die Angst vorm Alleinsein ist. Das steckt in unseren Genen und stammt noch aus Zeiten, als wir in größeren Verbänden gelebt haben und verstoßen zu werden gleichbedeutend mit dem Tod war. Doch diese Zeiten sind eindeutig vorbei.

8. Gehe bewusst hinaus und beginne zu leben, lass dich von der Vergangenheit nicht aufhalten. Jedes Mal, wenn du dich einsam fühlst, gehe auf die Straße und sprich mindestens drei neue Menschen an. Auch wenn es nur eine kurze Unterhaltung über das Wetter ist, solltest du dir bewusstmachen, dass du zu jeder Zeit neue Menschen kennenlernen kannst. Dadurch wirst du auch Menschen finden, die zu deiner *Enjoy this Life®*-Persönlichkeit passen. Werde aktiv, verändere dich.

Mir ist bewusst, dass diese Tipps keine »Zauberformeln« sind, doch sie sind wenigstens ehrlich. Sie bringen Bewegung, und das ist immer noch besser, als zu warten und in der Vergangenheit zu leben, sich an falsche Hoffnungen zu klammern und sich dadurch total blockieren zu lassen für ein glückliches und zufriedenes Leben.

Entrümple deine Wohnung

So, lieber Leser, nun kommt ein bisschen Arbeit auf dich zu, und zwar in körperlichem Sinn. Ich weiß, viele sitzen jetzt vor dem Buch und denken: »Ich hoffe, das ist jetzt nicht sein Ernst« oder »Nee, das mache ich einfach nicht!«. Es ist mein Ernst, und ob du es tust oder nicht, ist deine persönliche Entscheidung. Ich sage nur: »Ich hoffe, du bist es dir wert, weil diese Übung wirklich leicht ist, aber es setzt eine unglaubliche neue Energie frei und wird dir enorm helfen, dein Leben zu verändern und als *Enjoy this Life*®-Persönlichkeit zu leben.« Bist du bereit?

Sei dir darüber im Klaren, dass deine Wohnsituation deine Energie repräsentiert. Für mich als sensitiver Mensch und Aura-Sichtiger ist es unglaublich faszinierend, dass ich bei Menschen, die mich zu sich einladen, sofort auch anhand der Wohnung erkennen kann, wie es um die Gastgeber seelisch bestellt ist und wo ihre Probleme liegen. Doch dazu muss man noch nicht einmal übersinnlich veranlagt sein. Erinnere dich nur mal zurück, als du das letzte Mal so richtig aufgeräumt und geputzt hast, vielleicht bei einem Frühjahrsputz: Weißt du noch, wie du dich danach gefühlt hast? War es nicht befreiend und hast du dich nicht viel wohler gefühlt?

Bedenke immer: Du bist ein Energiefeld, du hast eine Aura, und wenn deine Wohnung mit (alten) Dingen vollgepfropft ist, die du womöglich nicht mehr brauchst, kann sich deine Aura nicht richtig ausdehnen. Das bedeutet wiederum weniger Energie und wirkt sich folglich sowohl auf deine Resonanz als auch dein körperliches Wohlbefinden aus. Glaube mir, es ist ein bisschen Aufwand, aber es wird sich lohnen. Falls du nicht allein lebst, wäre es natürlich super, wenn deine ganze Familie mit anpackt.

Bevor wir beginnen, machen wir jedoch eine kleine Übung, vielleicht lässt du dir dabei von einem wirklich guten Freund helfen, der sehr ehrlich ist. Denn man selbst ist oft betriebsblind.

ÜBUNG

Schnapp dir einen Freund zur Unterstützung, oder wenn du niemanden hast, dann mache es ganz allein, doch ideal wäre wirklich jemand von außen, der sich nicht täglich in deinen Wohnräumen aufhält, da wir uns an die Energie unserer Wohnsituation gewöhnen. Mache dir vielleicht bei dieser Übung auch ein paar Notizen oder dein Freund übernimmt das für dich. Sei bitte gnadenlos ehrlich zu dir selbst und verstricke dich auch nicht in Ausreden.

Verlasse nun dein Zuhause und atme draußen ein paarmal tief durch, komme einfach zur Ruhe, dann öffne ganz bewusst deine Eingangstür und betrete deine Wohnung. Falls du ein Haus hast, beginne diese Übung vor deinem Grundstück. Achte mal darauf, wie Menschen, die zu dir nach Hause kommen, begrüßt werden. Was erblicken sie als Erstes, wie fühlt sich die Energie an, wirkt der Eingangsbereich einladend oder steht viel rum und die Energie kann nicht ungehindert zum Haus fließen? Bei vielen Menschen ist gerade der Eingangsbereich vollgestellt mit Schuhen und Dingen, über die man stolpert. Geh mal aufmerksam durch deine Wohnung, beginne beim Keller, falls du einen besitzt. Der Keller repräsentiert für mich unsere Wurzeln, unsere Vergangenheit. Bei vielen Menschen ist der Keller wirklich übervoll, vor allem mit alten, nutzlosen Dingen. Achte auch darauf, wie und wo bei dir Bilder hängen. Was zeigen sie? Wie fühlst du dich dabei, wenn du zum Beispiel die Menschen auf Fotos betrachtest, die du aufgestellt hast oder die an der Wand hängen? Sind es alles Freunde und Menschen, mit denen du dich noch wohlfühlst, die du zuvor in der linken Spalte eingeordnet hast?

Wenn ich bei jemandem zu Hause war, ist es immer wieder vorgekommen, dass ich auf die Frage »Wer ist denn die Person auf dem Foto?« als Antwort erhielt: »Oh, ja, da hängt ja noch mein Expartner« oder »Oh, das Foto sollte ich schon längst mal abgehängt haben«. Oft werde ich gefragt, wie es mit Gegenständen von Verstorbenen oder mit Fotos von ihnen aussehe, ob man diese aufstellen dürfe oder ob das die Energie schwäche. Meine Antwort ist immer dieselbe: Wenn du dich freust, die Dinge zu sehen, Erbstücke oder ein Foto, dann unbedingt lassen, wenn du aber jedes Mal traurig wirst, entferne sie. Der Gegenstand/das Foto selbst ist neutral, doch wenn du es mit einer negativen Situation oder Trauer verknüpfst, tut es dir nicht gut. Wenn es dich aber an schöne Zeiten mit der Person erinnert, dann ist es genau richtig.

Setze nun deinen Rundgang durch dein Zuhause mit derselben Aufmerksamkeit fort. Achte auch darauf, ob es sauber und aufgeräumt ist. Wie sieht es in der Küche aus? Wie sehen die Lebensmittel dort aus? Frisch? Schön eingeräumt? Hier sind vor allem Vorratskammern interessant. Die Küche finde ich enorm spannend, denn dort werden Mahlzeiten zubereitet und man sieht einer Küche auch oft an, wie wichtig dem

Bewohner die Ernährung ist. Denk daran: Essen spendet Energie, sowohl physisch als auch energetisch. Erinnerst du dich noch? Wasser ist einer der wichtigsten Informationsspeicher und Nahrung enthält sehr viel Wasser. Wir nehmen es in uns auf und es geht in unser Körper- und Zellwasser. In der Küche kann man schnell sehen, mit welcher Energie deine Nahrungsmittel aufgeladen werden. Es geht mir dabei nicht um peinliche Sauberkeit, sondern um eine Grundenergie, die vorherrscht. Denn wenn es uns gut geht, ist auch die Wohnung oft viel sauberer und aufgeräumter.

Sicher hast du folgende Situation auch schon mal erlebt: Du kamst zu jemandem nach Hause und der Gastgeber fragte dich, ob du etwas trinken möchtest, und du sahst die Küche oder Wohnung und dir war sofort bewusst, dass du hier keinesfalls etwas trinken möchtest. Die Person kann noch so nett sein und ein gutes Herz haben, doch allein der Umstand, dass es schmuddelig ist, wird immer in deinem Bewusstsein verankert sein.

Aber zurück zur Übung: Inspiziere wirklich deine ganze Wohnung, auch das Badezimmer, die Gästetoilette – fühlen sich auch dort Gäste wohl? Dann das Schlafzimmer – ist es ein Schlafzimmer oder Bügelzimmer, Fernsehzimmer, Büro oder was steht alles drin? Immer wieder kamen Klienten zu mir, die sagten: »Ich kann nicht schlafen und bin mir sicher, da ist eine negative Energie oder ein Geistwesen in meinem Zimmer.« Wenn ich dann das Schlafzimmer sah, war mir auf Anhieb klar, dass man dort nicht zur Ruhe kommen konnte.

Mir ist bewusst, dass es viele Menschen gibt, die auf kleinstem Raum wohnen und deswegen oft das Schlafzimmer nicht nur als solches nutzen können. Doch im Grunde haben elektronische Geräte dort nichts verloren. Fernsehen im Bett ist ganz ungut, denn was du zuletzt gesehen hast, nimmst du mit in den Schlaf und diese Gedanken, Bilder und Informationen wirken dort auch im Unterbewusstsein. Ich werde in einem späteren Kapitel noch darauf eingehen, wie man sein Unterbewusstsein im Schlaf umprogrammieren kann, dann wirst du diese Zeilen hier auch besser verstehen. Bedenke, wenn du einschläfst und ein Kriegsfilm läuft, ist die Geräuschkulisse für dein Unterbewusstsein »real«. Häufig ist dies auch der Grund, warum Kinder nicht schlafen können, weil wir als Eltern, sobald die Kleinen im Bett sind, Filme ansehen, die für Kinder ungeeignet sind. Aber oft steht die Kinderzimmertür einen Spaltbreit offen und dein Sprössling hört unbewusst mit. Das gilt auch, wenn du mit deinem Partner nebenan diskutierst oder streitest.

Zum Abschluss des theoretischen Teils der Übung begeben wir uns auf deinen Dachboden. Er steht für mich auch stellvertretend für unseren Kopfbereich, unseren Gedankenbereich. Ganz oft ist dieser wie der Keller hoffnungslos überladen. Mit Blick auf deine Notizen möchte ich jetzt keine Ausreden hören wie: »Die Wohnung ist halt klein« oder »Mir fehlt das Geld!«. Das kann sein, und doch ist das nur eine Ausrede.

Kommen wir nun zum praktischen Teil der Übung:

Wir optimieren nun die Energie deiner Wohnung. Fange an, wirklich Platz für neue Energien zu schaffen, und miste alles aus, was du nicht mehr brauchst. Beginne bei deinem Keller. Ich empfehle dir, im Zweifel einen kleinen Container für den Sperrmüll zu mieten, da oft sehr viel zusammenkommt. Natürlich sollst du nicht alles wegschmeißen, was noch zu gebrauchen ist – verschenke es, verkaufe es übers Internet oder im

Secondhandladen oder spende es. Doch löse dich von allem, was du nicht mehr brauchst. Geh wirklich Raum für Raum deine ganze Wohnung/dein Haus durch. Du kannst auch hier mit der Liste und den drei Spalten arbeiten: Dinge, die du definitiv behalten möchtest, Dinge, bei denen du unsicher bist, und Dinge, die du ganz klar nicht mehr brauchst. Was du mit der ersten und letzten Spalte machst, ist ganz einfach: Dinge, die bleiben sollen, werden gleich wieder ordentlich verräumt, was aussortiert wurde, kommt in Umzugskartons oder Ähnliches. Die Dinge aus der mittleren Spalte lasse ich häufig noch auf der Seite im Raum liegen und mache mit dem nächsten Zimmer weiter. Ganz am Ende gehe ich nochmals zu diesen Gegenständen und ordne sie klar einer Spalte zu.

So verfährst du mit deiner kompletten Wohnung. Den Kleiderschrank nicht vergessen! Es ist unglaublich, was sich hier oft alles ansammelt, und das nicht selten in der Hoffnung, dass es eines Tages wieder passt. Hoffnung ist gut und positives Denken sicher richtig, doch nicht in jede Hose passen wir irgendwann wieder rein. Liegt sie schon länger als 18 Monate ungetragen im Schrank, dann werde sie los.

Wenn du diese Übung gemacht und alles aufgeräumt hast, nehmen wir jetzt noch eine energetische Reinigung vor. Aus meiner Sicht bringt die nur dann etwas, wenn wir zuerst physisch entsorgt, aufgeräumt und geputzt haben, vorher nicht. Was verstehe ich unter energetischer Reinigung? Dazu gibt es viele Methoden, suche dir einfach eine, die für dich stimmig ist und die dir Spaß macht. Wenn du Räucherwerk magst, wie Räucherstäbchen, oder gern Räucherharze wie Weihrauch anzündest, dann kannst du dies benutzen. Wichtig ist dabei, keine künstlichen Räucherstäbchen zu nehmen. Räucherwerk bekommst du im Fachhandel und dort erklärt man dir auch ganz genau, wie man es verwendet. Falls dir das Spaß macht, dann geh einfach Raum für Raum durch und räuchere jedes einzelne Zimmer aus. Achte darauf, dass du dies sehr bewusst und konzentriert machst. Deine Gedanken verändern nämlich hauptsächlich die Energie. Vergiss nicht, anschließend gut zu lüften. Überhaupt ist regelmäßiges Lüften wichtig, es bringt Bewegung in die Energie der Wohnung.

Bist du kein Freund von Räucherwerk, dann kannst du auch nach dem Aufräumen nur intensiv lüften und harmonische Musik anstellen. Musik ist Schwingung und ich persönlich lasse etwa einmal im Monat für 24 Stunden Musik laufen, um die Energie zu verändern. Denke aber an deine Nachbarn. Ich öffne nach dem Lüften einfach in der ganzen Wohnung die Türen, und wenn ich weggehe, lasse ich in einer angenehmen Lautstärke die Musik an. Wenn du heimkommst, spürst du den Unterschied.

Du kannst natürlich auch ein Gebets-, Engel- oder Geistführer-Ritual für die Reinigung durchführen, wenn dies deinem Glauben oder deinem Wunsch entspricht. Aus meiner Sicht ist es nicht so wichtig, was du tust, sondern dass du es regelmäßig und so machst, wie es für dich stimmig ist, dann ist es auch wirkungsvoll. Du wirst feststellen, dass diese Übung auf allen Ebenen eine enorme Wirkung hat, es gibt nichts Schöneres, als in einer Wohnung zu leben, bei der diese Übung vorher durchgeführt wurde.

Ich empfehle dir, diese Übung mindestens zweimal im Jahr zu machen. Natürlich solltest du auch darauf achten, dass sich in der Zwischenzeit nicht allzu viele unnötige Gegenstände ansammeln. Außerdem lernst du bei der Übung das Loslassen und spürst auch, dass du aktiv etwas für dein Wohlbefinden tun kannst. Du bist wirklich Schöpfer deiner Umstände.

Verlasse die Komfortzone

Wir entwickeln in unserem Leben Routinen. Das ist grundsätzlich nicht schlecht, denn es hilft uns, Dinge nebenbei erledigen zu können. Wenn man sich jedoch nicht bewusstmacht, worin unsere Routinen bestehen, und quasi das ganze Leben nur nebenbei lebt, kann es sein, dass man plötzlich stecken bleibt und das Gefühl bekommt, im Leben nicht voranzukommen. Teilweise registrieren wir nicht einmal mehr, was bereits alles ganz automatisch und en passant abläuft.

Wir können das Ausbrechen aus diesen Routinen üben und so unsere Automatismen regelmäßig hinterfragen und prüfen, ob wir diese überhaupt noch in unserem Leben haben wollen. Wir können aktiv nach Dingen in unserem Leben suchen, die wir schon immer auf eine ganz bestimmte Art erledigt haben, und dann machen wir es einfach mal anders. Je öfter du auf diese Weise experimentierst, desto mehr gewöhnst du dich daran, neue Dinge zu erschaffen. Du wirst so viel mehr Möglichkeiten haben auszuwählen, was du alles in deinem Leben haben willst.

Einen Teil dieses Buches schrieb ich während eines Intensivseminars auf einer Alp und in dieser völlig anderen Umgebung war es viel leichter, meine Muster und Routinen zu erkennen. Auch ich habe meine Komfortzone und musste meine Routine gleich am ersten Tag verlassen. Ich musste selbst über mich lachen, als mir auffiel, dass es oft nur um Kleinigkeiten geht, die aber für den Moment echt ein Riesenproblem sein können. So kamen wir auf der Alp an, und ich muss zugeben, für mich wurde alles von einem Seminarveranstalter aus Bern organisiert, dessen Chef Patric Pedrazzoli ein guter Freund ist, der mit mir zusammen dieses Seminar leitete. Ich kam also auf der Alp an, und schon die Parkplatzsuche gestaltete sich unglaublich schwierig, ich konnte nicht direkt vor dem Hotel parken, so wie ich es gewohnt bin und die letzten Jahre immer wieder gemacht habe. Spätestens als ich dann die Koffer, Taschen und alles vom Parkplatz runter ins Seminarhaus über die Alp schleppen musste, hörte ich meinen inneren Kritiker: »Du musstest ja den größten Koffer nehmen und all die unwichtigen Dinge mitschleppen.« Ich ärgerte mich ein bisschen über mich selbst, weil ich beim Einpacken tatsächlich gedacht habe: »Ich nehme einfach alles mit, bin ja mit dem Auto unterwegs, und lieber habe ich zu viel als zu wenig dabei.« Beim Kofferschleppen wurde mir bewusst, was ich alles dabeihatte, ohne dass ich es wohl je brauchen würde. »Egal, nicht jammern«, dachte ich mir und marschierte weiter. Endlich angekommen, ging ich zur Anmeldung und freute mich auf mein Zimmer, ich musste nämlich dringend aufs Klo. Auf dem Zimmer musste ich allerdings feststellen, dass WC und Dusche auf dem Gang waren. Ich hatte schon Visionen, wie ich früh am Morgen anstehen muss, bis ich duschen und aufs Klo gehen kann. Ich gebe es zu, meine Laune war nicht gerade die beste und ich ärgerte mich zusätzlich noch, dass ich mich über so etwas ärgerte. Dann wollte ich kurz meine Freundin anrufen, aber siehe da, kein Handyempfang. Es ist nur eine Kleinigkeit, aber mir wurde schlagartig bewusst, wie abhängig ich vom Handy bin, ich weiß keine Nummer auswendig, und schon gar nicht meine Termine. So rannte ich dann wie ein Irrer, das Handy hochhaltend, erst im Haus herum und schließlich über die halbe Alp, um vielleicht doch noch irgendwo Empfang zu haben. Anfangs noch ziemlich genervt, sah ich auf einmal, wie viele Seminarteilnehmer, die zwischenzeitlich auch angereist waren, genauso mit ihren Handys rumrannten, und erkannte in ihnen meine Abhängigkeit und musste nur noch lachen. Ich setzte mich auf die Wiese und genoss das Schauspiel, das mir geboten wurde: Ein paar lachten, ein paar wurden wütend, ein paar weinten fast und ich saß da und genoss es.

Als ich das sah, wurde mir bewusst, wie festgefahren wir oft sind, wie abhängig von Dingen, die wir uns aber selbst antun. Um das Ganze hier abzukürzen: Ich fand dann doch noch eine Stelle, an der mein Handy Empfang hatte, und so konnten wir alle zumindest ab und an mal während dieser Zeit telefonieren oder gar Mails empfangen. Doch schon am Abend sagte ich mir: »Du kannst dich jetzt über alles aufregen oder du verlässt mit der Seminargruppe zusammen die Komfortzone.« Ich beschloss, mich voll und ganz auf die Woche einzulassen, und ehrlich gesagt, wurde es eines der schönsten, wenn nicht das schönste Intensivseminar, das ich je gegeben habe. Auch weil ich selbst in den fünf Tagen enorm viel lernen und erkennen durfte.

Mit das Schwierigste bei dem ganzen *Enjoy this Life*®-Training ist, nicht sofort wieder in die alte Routine zurückzufallen. Ich denke, mein lieber Leser, das wirst du auch schon bemerkt haben. Sobald man unachtsam wird, lebt man sehr schnell wieder sein altes Leben. Deswegen gebe ich dir auch so viele Übungen an die Hand, die du problemlos in deinen Alltag integrieren kannst, damit du in möglichst vielen Situationen an dein neues ICH erinnert wirst. Und nun lass uns zu diesem Thema eine Übung machen.

ÜBUNG

Beobachte einen Tag lang, besser noch eine Woche, wie deine tägliche Routine aussieht. Welche Abläufe wiederholen sich, wo wiederholt sich auch dein Denken, Handeln und so weiter?

Diese Übung hört sich leicht an, doch seinen Alltag möglichst normal zu gestalten und sich dennoch bewusst zu werden, wo man in Muster und Routinen verfällt, ist gar nicht leicht. Ich empfehle dir auch, die Bereiche schriftlich zu fixieren, in denen du dich besonders beobachten möchtest. Wenn du dir deine Routinen klargemacht hast, verlasse jetzt ganz bewusst deine Komfortzone und handle einfach mal anders. Du wirst sehen, dadurch ziehst du neue Dinge in dein Leben und wirst auch viele neue Situationen schaffen. Doch für deine neue Persönlichkeit brauchst du ja genau das. Ich verspreche dir eins: Dein Leben wird aufregender. Jetzt folgen ein paar Tipps, wie du deine Komfortzone zum Beispiel erweitern könntest. Nimm diese als Anregung und suche Dinge, die wirklich zu dir und deinem neuen *Enjoy this Life*®-Leben passen.

WARNUNG: Wenn du deine Routine und Komfortzone verlässt, hat das auch Auswirkungen auf andere. Dein Umfeld wird manchmal Mühe damit haben und sich auch erst daran gewöhnen müssen. Auch das habe ich in dem Intensivseminar erlebt.

Ein paar Teilnehmer, die schon häufiger bei mir ein Seminar besucht haben, wissen, dass ich ihnen oft empfehle, nach den Pausen oder am nächsten Tag ihren Platz zu wechseln, weil mir aufgefallen ist, dass viele schon innerhalb von einem Tag oder Wochenende, und noch viel mehr bei einem mehrtägigen Seminar Routinen entwickeln. Sie sitzen immer auf demselben Stuhl und auch beim Essen am liebsten immer am selben Ort mit denselben Kursteilnehmern. Ich empfehle ihnen jedes Mal, diese Routinen zu durchbrechen und sich immer irgendwo anders hinzusetzen und auch immer wieder den Austausch mit allen Seminarteilnehmern zu suchen. So bilden sich auch viel weniger Grüppchen. Ein paar wollten dies gleich umsetzen, ich hatte es aber noch nicht der ganzen Gruppe mitgeteilt, weil es noch nicht Thema im Seminar war. Und so gab es schon am ersten Abend beim Essen unter den Teilnehmern große Diskussionen, weil ein paar in ihrer Routine gestört wurden. Einige wurden sogar richtig böse, weil es doch ihr Stuhl war und ihr Platz am Tisch, wo sie doch schon beim Mittagessen gesessen hatten, und sie nicht verstehen konnten, dass nun beim Abendessen jemand auf ihrem Stuhl saß und das auch noch als normal empfand. Spannend, dass die Stühle plötzlich wirklich den Teilnehmern gehörten! Und als ich dann noch ein bisschen Öl ins Feuer goss, weil ich gern ein wenig provoziere, entstand schon fast Streit, nur weil jemand in seiner Routine gestört wurde.

Das ist nur ein kurzes Beispiel, doch probiere es selbst mal aus, und du wirst feststellen, wie sehr wir in unserer eigenen Routine und eigens geschaffenen Vorstellungen und Komfortzonen gefangen sind. Mache sie dir bewusst und beginne auszubrechen, und du wirst sehen, es ist dann noch viel leichter, deine neue *Enjoy this Life*®-Persönlichkeit zu leben.

TIPPS

1. Nimm heute mal einen anderen Arbeits-, Schul-, Einkaufsweg. Natürlich kannst du bei allen Wegen, die du regelmäßig gehst oder fährst, eine andere Route wählen.

2. Falls du oft mit dem Auto unterwegs bist, wechsle mal auf die öffentlichen Verkehrsmittel, geh zu Fuß oder steige um aufs Fahrrad.

3. Wähle beim Einkaufen mindestens ein Lebensmittel aus, das du noch nicht kennst, und koche am besten einmal die Woche mindestens ein Gericht, das du noch nicht gekocht hast. Gerade wenn du das Kapitel über Ernährung in deinem Alltag umsetzt, kannst du es auch nutzen, um aus deiner Komfortzone zu kommen, indem du mehr Früchte und Gemüse, die du selten oder noch nie gegessen hast, in deinen Alltag zu integrieren versuchst.

4. Bestelle dir im Restaurant neue Gerichte und iss nicht immer das, was du schon kennst. Das gilt besonders im Urlaub, probiere die landesspezifischen Getränke und Lebensmittel aus. Je nach Land, das gebe ich gern zu, ist dafür auch mal eine Portion Mut nötig.

5. Schminke dich mindestens einmal die Woche anders und probiere eine neue Frisur aus. Ja, bitte auch die Männer, also das mit der Frisur – Schminken, na ja, nur die Jungs, denen es gefällt.

6. Probiere einen neuen Kleidungsstil aus. Geh mal in einen Secondhandladen und kleide dich neu ein. Wenn du die finanziellen Mittel hast, suche dir einen Stylingberater und lass dich auf seine Vorschläge ein. Ein- bis zweimal im Jahr lasse ich mir eine Überraschungsbox von einem Stylingberater zuschicken. Er kennt nur meine Größen und mein Gewicht, dann stellt er eine Box für mich zusammen. Oftmals denke ich, wenn ich die Box sehe: »Das ziehe ich nie im Leben an!«, doch gerade wenn ich das denke, überwinde ich

mich, und dann mache ich es ganz bewusst, um meine Komfortzone zu verlassen. Inzwischen macht es mir sogar Spaß.

7. Sprich jeden Tag mindestens einen bis drei dir völlig unbekannte Menschen an. Auch wenn es nur ein kurzer Small Talk ist, hilft es dir, ein neues Umfeld zu erschaffen, neue Menschen kennenzulernen und auch dein Selbstbewusstsein zu trainieren. Für einige ist das bestimmt nicht leicht, doch gerade dann solltest du es machen. Es bieten sich viele Gelegenheiten beim Einkaufen. Sei kreativ.

8. Nimm dir mal vor, einen Tag einfach zu allem Ja zu sagen. Natürlich nur bei Dingen, die nicht gefährlich für dich oder deine Mitmenschen sind. Du wirst merken, wie oft wir instinktiv aus Routine Nein sagen, damit wir uns nicht auf neue Sachen einlassen müssen. Ich lege immer mal wieder so einen Ja-sage-Tag ein, und es ist unglaublich, wie spannend diese Tage häufig werden und was ich alles Neues mache, oftmals Dinge, die ich sonst nie tun würde.

9. Setze dich zu Hause auf dem Sofa oder am Esstisch immer mal wieder auf einen anderen Platz.

Dies waren nur ein paar Inspirationen, doch ich bin mir sicher, dass dir noch vieles mehr einfällt. Versuche mal jeden Tag etwas zu machen, was deine Routine durchbricht, da gibt es so viele Möglichkeiten. Jedes Mal, wenn du genau weißt, was und wie deine Routine ist, weißt du eigentlich auch, wie du ausbrechen könntest. Lass dich nicht aufhalten! Die Übung scheint leicht und oft erkennt man vielleicht am Anfang nicht ganz den Sinn darin, aber du wirst feststellen, wenn du es ständig machst, dann wird sich dein Leben komplett verändern können und deine neue *Enjoy this Life*®-Persönlichkeit kann sich viel schneller und leichter entwickeln.

Fokus und Meditation

Mir ist bewusst, dass bei einigen, wenn sie nur das Wort »Meditation« hören oder lesen, sofort Stress aufkommt oder sie innerlich laut aufschreien: »Oh nein, ich habe keine Zeit dafür und auch keine Lust.« Ich kann das absolut verstehen, und dennoch möchte ich darüber schreiben. Ich werde dir ein paar klassische Meditationen, aber auch andere vorschlagen. Allein bei dem Wort »Meditation« gehen die Philosophien schon weit auseinander und es gibt unterschiedliche Meinungen, was Meditation wirklich ist. Ich will hier in diesem Buch nicht weiter darauf eingehen, was für mich Meditation bedeutet und was ich darunter verstehe, denn das ist für das *Enjoy this Life*®-Programm nicht wichtig. Mir geht es vielmehr darum, meditative Übungen und Methoden zu nutzen, um dir in einfacher Form zu helfen, deinen Fokus mehr auf dem Hier und Jetzt gerichtet zu halten. Je bewusster du deine Handlungen ausführst, desto bewusster wirst du dir deiner selbst und deiner Schöpferkraft. Als *Enjoy this Life*®-Persönlichkeit, die ihr Leben selbst gestaltet, hast du sicher schon festgestellt, dass du sehr präsent bist und ganz in deiner Kraft, wenn es dir gelingt, voll in der *Enjoy this Life*®-Energie zu sein.
Mich persönlich haben spezielle Meditationsformen schon immer fasziniert, bereits mit zehn Jahren begleitete ich meine Mutter ein paarmal im Jahr in Zen-Meditationsseminare. Auch im Kampfsport kam ich immer wieder mit der Meditation in Berührung und bereits als Kind war ich fasziniert von den großen Meistern, die durch Meditation und die Lenkung des Chi Körperstellen für Schmerz unempfindlich machen konnten.

Vor allem die Shaolin-Mönche mit ihren Kung-Fu-Demonstrationen haben es mir angetan. So zerschlugen sie ohne Probleme Metallplatten auf ihrem Kopf und ein Mönch konnte ganz ohne Schmerzen Vollkontakttritte in seine Hoden wegstecken. Jeder Mann kann jetzt sicher gut nachvollziehen, warum mich das fasziniert hat, ich empfand es sogar als unglaubwürdig. Damals war ich vierzehn und ich durfte selbst zutreten, nachdem ich mich überzeugt hatte, dass er keinen Tiefschutz anhatte. Jeder Mann weiß, das kann man nicht vorspielen, denn sogar mit Tiefschutz sind solche Tritte enorm schmerzhaft. Keine Sorge, in keiner der Übungen geht es darum, schmerzfrei Tritte einzustecken, doch die Faszination für Meditation und Energiearbeit war mit diesem und ähnlichen Erlebnissen geweckt worden und ich habe für mich viel mit Meditation experimentiert. Zugegeben, je älter ich wurde, umso sinnloser empfand ich eine Zeit lang die Meditation. Bei meiner medialen Ausbildung mussten wir täglich mindestens 45 Minuten Fokus-Meditation machen und 45 Minuten für die geistige Welt sitzen, sprich: eineinhalb Stunden meditative Praxis täglich. Es machte mir anfangs keinen Spaß, weil ich immer erwartet habe, dass irgendwann der Zustand der Leere kommen muss, bei dem ich einfach nur noch bin, oder dass sich meine außersinnlichen Fähigkeiten verbessern müssen, aber nichts von alldem geschah. Meine Erwartungen wurden nicht erfüllt, doch was mir auffiel, war, dass ich emotional ausgeglichener wurde, weniger Schlaf brauchte, mich schneller erholte, weniger trübe Gedanken hatte und mich besser konzentrieren konnte. Wenn wir uns bewusstmachen, dass aus meiner Sicht eines der häufigsten Probleme, die wir haben, unsere eigenen Gefühle sind, die wir nicht kontrollieren können, und der daraus resultierende Stress, dann wirst du vielleicht auch erkennen, wie wichtig die Meditation für dich und dein Leben sein kann.

Sicher ist dir auch schon aufgefallen, wenn ein Freund oder ein Bekannter dir von seinen Problemen erzählt, dass du sofort eine Lösung für sein Problem parat hast. Bei anderen Menschen ist unser Denken eher lösungsorientiert. Wir wissen viel schneller eine Lösung und sehen oft auch kein Problem, wie man es anpacken und aktiv beheben könnte. Bei uns hingegen – sagen wir, es handelt sich vielleicht sogar um dasselbe Problem – sehen wir, durch unsere Emotionen verstellt, oft nicht die Lösung, oder wenn wir sie sehen, liefern unsere Ängste und unser Mangeldenken uns zig Gründe, warum es unglaublich schwer ist, die Lösung umzusetzen und entsprechend zu agieren. Bedenke aber, dass in jedem Problem eine Aufgabe für uns enthalten ist. Im Wort Aufgabe steckt auch das Wort GABE. Das versuche ich immer im Fokus zu behalten. Bei jedem Problem oder jeder Aufgabe, dem/der ich mich gegenübersehe, frage ich mich: »Wo ist hier drin die Gabe versteckt?« Darauf richte ich mein Augenmerk und versuche demgemäß zu handeln und das Ganze aus einem positiven Blickwinkel zu betrachten. Doch bevor ich mich verzettle, zurück zum Thema.

Wenn du die letzten Tage die Übungen absolviert hast, die ich dir im Buch vorgeschlagen habe, und du jeden Tag immer wieder bewusst in deine *Enjoy this Life*®-Persönlichkeit eingestiegen bist, wirst du schon festgestellt haben, dass du viel weniger von deinen negativen Emotionen beherrscht wirst. Früher war ich überaus emotional, ich war schnell gestresst, aufbrausend und ließ mich von meinen destruktiven Emotionen leiten. Inzwischen ist es viel besser geworden. Die Meditation half mir, mich selbst und auch meinen Körper besser wahrzunehmen und Seele und Geist die Ruhe zu geben, die ich brauche, um lösungsorientierter zu handeln. Doch auch ich erlebe immer wieder Situationen, die mich aus dem Gleichgewicht bringen, sei es eine schlimme Nachricht, ein Schicksalsschlag oder ein Streit. Wenn ich in meiner *Enjoy this Life*®-Persönlichkeit bin, fällt mir aber auf, dass ich nicht von den Emotionen überrollt werde, sondern sehr gelassen und bei mir bin und sofort anfange, lösungsorientiert zu denken und zu handeln. Wenn ich in mein altes Ich zurückfalle – was durchaus schon mal vorkommen kann, sobald etwas Unerwartetes passiert –, dann versuche ich es sofort wahrzunehmen, und dabei hat mir bislang noch immer die Meditation geholfen. Durch sie habe ich gelernt, viel mehr im Hier und Jetzt zu leben und zu handeln. Sobald ich nicht in meiner Mitte bin, fällt mir handeln, so wie es für eine *Enjoy this Life*®-Persönlichkeit ideal ist, unmöglich schwer. In so einer Situation sage ich mir: »Stopp, du machst erst weiter, wenn du wieder in der *ETL*®-Persönlichkeit bist!« Heute brauche ich dafür nur noch ein paar Sekunden, wenn ich »rausfalle«, weil ich im Grunde wirklich zu dieser neuen Persönlichkeit geworden bin. Falle ich aber in meine Angst- und Mangelmuster zurück, gehe ich also zuerst wieder in die *ETL*®-Persönlichkeit und dann frage ich mich: »Wie würde ich jetzt als *Enjoy this Life*®-Persönlichkeit auf diese Situation reagieren?« Meistens fällt mir sofort eine Lösung ein, doch was faszinierend ist, ich werde nicht von destruktiven Gefühlen gelähmt und gesteuert, sondern als *ETL*® bin ich in der Situation wie ein neutraler Beobachter von außen und kann sie oft in sehr kurzer Zeit lösen. Je mehr ich mit der Methode arbeitete, umso mehr wurde mir dies bewusst und umso faszinierter war ich von der Methode.

Mir half die Fokus-Meditation, die ich dir als Erstes vorstellen möchte, dabei, augenblicklich zu fühlen, wann ich aus dem Gleichgewicht bin, wann mich mein Leben lebt und ich Opfer der Umstände geworden bin oder wann ich in meiner Kraft und selbst der Schöpfer meines Lebens bin. Die Fokus-Meditation ist ganz einfach und sicherlich die Meditationsform, die du wahrscheinlich schon kennst. Einigen fällt es schwer, sie täglich zu praktizieren, weil man Geduld und regelmäßiges Training braucht, bis man die volle Wirkung erfahren kann. Dennoch hoffe ich und wünsche es mir, dass du sie in deinen Alltag integrieren kannst.

ÜBUNG

Zuerst noch eine kurze Erklärung, was ich unter Fokus-Meditation verstehe: Eigentlich heißt es nichts anderes, als dass du einen Fokus hast, auf den du dein Bewusstsein richtest. Fokus-Meditation ist aus meiner Sicht nahezu identisch mit Zen-Meditation, so wie ich sie als Kind praktiziert habe. Es gibt verschiedene Dinge, die du als Fokus nehmen kannst: eine brennende Kerze, ein Foto oder einfach einen Punkt vor dir auf dem Boden, den du mit leicht geöffneten Augen anschaust. Ich persönlich ziehe es vor, die Augen geschlossen zu halten; deswegen lege ich meinen Fokus auf den Atem, weil ich den stets dabeihabe und er ein Teil von mir ist. Du könntest aber auch deinen Herzschlag nehmen. Ich erkläre dir die Übung jetzt anhand des Atems, aber wie gesagt, suche dir einfach deinen persönlichen Fokus, der sich für dich richtig anfühlt.

Setze dich bequem hin und mache es dir gemütlich. Ich empfehle dir, dich bei der Übung nicht hinzulegen, weil die Chance sehr groß ist, dass du dann einschläfst. Schließe dann deine Augen und konzentriere dich auf deinen Atem, nimm wahr, wie du einatmest und ausatmest. Bleibe mit deinem Fokus nur beim Atmen, ein und aus. Vielleicht kannst du wahrnehmen, dass beim Einatmen deine Nasenflügel kühler sind und beim Ausatmen wärmer. Bleibe während der ganzen Zeit nur bei deinem Atem. Wenn Gedanken auftauchen, gehe sofort mit deinem Fokus wieder zurück zum Atem. Atme ein und wieder aus ... ein und aus ...

Bei der Fokus-Meditation brauchst du nichts anderes zu tun, als deinen Fokus nur auf dem Atem zu halten, ohne Erwartungen, ohne auf ein Ergebnis zu hoffen. Du wirst feststellen, dass es gar nicht so leicht ist, wie es sich vielleicht anhört. Die ideale Dauer für diese Meditation beträgt 20–45 Minuten, doch wenn du nicht gewohnt bist zu meditieren, wird dir dies fast nicht möglich sein, weil bei vielen schon nach 2–5 Minuten der Fokus auf den Atem verloren geht und das Studieren und Tagträumen beginnt. Steigere daher lieber die Dauer von Tag zu Tag oder von Woche zu Woche.

Wichtig ist nicht die Dauer der Meditation, sondern wie gut du den Fokus halten kannst. Lieber täglich nur 5 Minuten als einmal die Woche 20 Minuten. Regelmäßigkeit und ein klarer Fokus sind entscheidend. Du kannst auch mit einer Minute täglich beginnen und die Meditationsdauer dann langsam steigern. Ich wünsche dir viel Spaß dabei.

Meditation – aktives Zuhören

Wenn wir uns mit jemandem unterhalten, geschieht es sehr oft, dass wir in Wahrheit gar nicht wirklich zuhören. Viele überlegen sich, während sie vorgeben zuzuhören, nur, was sie als Nächstes antworten können. Beobachte dich mal bei einer Unterhaltung. Hörst du wirklich zu oder formulierst du im Geiste bereits eine Antwort? Dabei ist Zuhören etwas wirklich Heilsames, doch die meisten Menschen sind so sehr mit sich selbst beschäftigt, dass sie gar nicht mehr zuhören können und es vor allem oft auch nicht gelernt haben.

Wie viele Mütter und Väter fragen ihre Kinder zum Beispiel, wie es in der Schule war, und bekommen die Antwort gar nicht richtig mit, weil sie nebenher kochen oder irgendetwas anderes im Haushalt erledigen. Oder es läuft ständig das Radio oder der Fernseher und Unterhaltungen finden nur noch nebenher statt. Ich persönlich bin davon überzeugt, wenn Eltern ihren Kindern wieder viel bewusster und aufmerksamer zuhören, sich mit ihnen hinsetzen und einfach eine ruhige Unterhaltung führen würden, dass dann viele Kinder viel ruhiger und ausgeglichener wären. Mein Sohn ist für mich in dieser Hinsicht ein idealer Lehrmeister: Er redet enorm viel und ich kann froh sein, wenn ich auch mal zu Wort komme. Doch je mehr ich mich auf ihn eingelassen und ihm zugehört habe, umso mehr hat er es sich von mir abgeschaut und es gelernt. Mein Sohn ist jetzt dreieinhalb Jahre alt und in dem Alter ist jede Kleinigkeit sehr wichtig. Das musste ich auch erst miterleben, dass es wirklich nur Kleinigkeiten benötigt, um ihn total zu begeistern. Von unseren Kindern können wir wieder lernen, uns über die kleinen Dinge so richtig zu freuen und im Kleinen Wunder zu erkennen.

Während ich diese Zeilen schreibe, muss ich gerade an die letzte Unterhaltung mit meinem Sohn denken. Seine Mutter und ich leben getrennt und er war mit seiner Mama im Urlaub und kam anschließend noch zu mir. Während seines Urlaubes musste er ins Krankenhaus, weil er einen Ausschlag bekam. Als Junior bei mir war, hat mich natürlich interessiert, wie es ihm denn beim Doktor ergangen war, und ich habe ihn gefragt. Er begann zu erzählen, doch für ihn war die Zeit beim Doktor nicht wichtig, dazu meinte er nur: »Ich war tapfer und habe nicht geweint. Papa, weißt du, was ich dann gemacht habe? Ich habe was entdeckt, dass, wenn man in der Nase bohrt und einen Nasenpopel findet, man den herausnehmen kann, und weißt du was? Die können kleben an der Wand, genauso wie Spiderman!« Die Unterhaltung über einen Popel und Spiderman ging noch ein paar Minuten weiter, die erspare ich dir jetzt, mein lieber Leser, für meinen Sohn allerdings war das wirklich ein großartiges Wunder. Voller Begeisterung und Freude konnte er davon berichten. Doch was mir dabei vor allem bewusst wurde, ist, dass Kinder echt noch in kleinen unwichtigen Dingen das Schöne und das Gute sehen, auch wenn es nur ein Popel ist.

Aber nicht nur bei Kindern hören wir oft nicht richtig zu, sondern auch bei Freunden oder in der Beziehung. Du kennst das bestimmt: Dein Partner erzählt dir etwas und du tust so, als würdest du zuhören, und im Nachhinein hast du keine Ahnung, was er dir da erzählt hat. Ehrlich gesagt, habe ich das früher ganz oft gemacht; bestimmte Themen haben mich einfach nicht interessiert, und statt das mitzuteilen, habe ich so getan, als würde ich zuhören. Ich konnte das gut, ich wusste, ich muss alle paar Minuten mal zwei, drei Worte zusammenfassen, nicken und lächeln. Na ja, ich bin mit dem Spielchen häufig aufgeflogen, wenn ich mich nämlich zwei Tage später nicht mal mehr an die Unterhaltung erinnern konnte oder gewisse Dinge schlicht vergessen hatte.

Bevor wir zur Übung wechseln, möchte ich dir noch ein paar einfache, auch sehr logische Tipps geben, wie du mit solchen Situationen besser umgehen kannst. Sie helfen mir immer, wenn ich so tief in Gedanken bin, dass es mir schwerfällt, wirklich voll und ganz präsent zu sein, und können das gemeinsame Miteinander enorm erleichtern und für sehr viel Harmonie sorgen. Wichtig ist dabei, das vielleicht auch in der Familie zu besprechen und zu erklären, was du damit erreichen möchtest – auch deinen Kindern, denn Kinder lernen sehr viel von den Eltern. Und wie schön wäre es, wenn unsere Kinder in Zukunft wieder richtig zuhören könnten – wie viel Heilung kann da geschehen!

TIPPS

1. Sucht jemand das Gespräch mit dir, gerade wenn es sehr wichtig ist und deine volle Aufmerksamkeit verlangt, dann frage dich erst einmal: »Passt es mir jetzt? Kann ich konzentriert zuhören und präsent sein?« Wenn ein klares Ja kommt, gut. Häufig erlebe ich es aber, dass der Zeitpunkt für mich gerade nicht ideal ist. Dann sage ich oft: »Ich weiß, es ist sehr wichtig für dich, doch gib mir ein paar Minuten, um dies oder jenes zu erledigen, dann bin ich voll und ganz für dich da. Ich möchte dir gern richtig zuhören.« Am Telefon füge ich noch hinzu: »Darf ich dich in x Minuten zurückrufen?« Man sollte sich dann aber auch daran halten.

2. Empfehlung an alle Frauen: Wenn du deinem Mann etwas erklären möchtest oder ihm etwas mitteilen möchtest, bilde einfache, klare Sätze. Wir Männer verarbeiten Informationen anders als Frauen. Ich bringe in den Seminaren immer folgendes Beispiel:

   Als ich mit meiner Expartnerin mal nach Deutschland fuhr, fragte sie mich: »Möchtest du einen Kaffee?« Ich überlegte und kam zu dem Ergebnis, dass ich keinen wollte, da ich zwei Stunden zuvor bereits Kaffee getrunken hatte. Meine Antwort war also: »Nein, danke.« Ich merkte, ihre Stimmung wurde immer schlechter. Nach dreimaligem Nachfragen, was los sei, kam zuerst zweimal die Antwort: »Nichts!« Heute weiß ich, dass »Nichts« nicht nichts bedeutet, und beim dritten Mal hörte ich dann: »Du denkst immer nur an dich!« Ich war irritiert und fragte, wo das Problem sei: Sie müsse aufs Klo und sie hätte ja gefragt, ob ich einen Kaffee wolle! Darauf ich: »Warum sagst du denn nicht einfach: ›Halt an, ich muss aufs Klo‹?« Männer in derselben Situation kommunizieren anders: »Ich muss pinkeln, fahr die Nächste raus!« Damit kann ich als Mann sofort etwas anfangen.

3. Manchmal merke ich in Gesprächen, dass mein Gegenüber für Vorschläge oder lösungsorientiertes Denken gar nicht offen ist, weil das primäre Bedürfnis ist, sich mal alles von der Seele zu reden. Wenn mir das auffällt, frage ich oft nach, damit ich mir ganz sicher sein kann – und ganz besonders wenn ich mich mit meiner Partnerin unterhalte. Dann sagt sie oft: »Ja, hör mir zu, ich brauche keine Tipps, es ist Mädchenzeugs, was ich erzähle, doch ich brauch einfach ein offenes Ohr.« Dann weiß ich, was sie von mir möchte, und ich fühle mich nicht ständig unter Druck, ihr Ratschläge geben zu müssen.

4. Es gibt Situationen, in denen jemand zum Beispiel Terminabsprachen treffen möchte, und ich merke, dass mein Kopf voll ist oder ich in Gedanken ganz woanders bin. Doch da ich an diesem Tag noch vieles zu erledigen habe und ich mich außerdem kenne und weiß, dass ich den Termin häufig bis zum Abend vergessen habe, sage ich oft: »Ich weiß, dir ist das wichtig, mir auch, doch ich habe heute noch einiges auf meiner Agenda. Ich trage den Termin heute Abend ein und be-

stätige ihn dir per SMS oder Mail. Da ich mich aber gut kenne, kann es sein, dass ich es vergesse. Würdest du mich bitte am Abend noch mal daran erinnern?« Sicherlich kennst du ähnliche Situationen, und wenn man dann einen Termin vergisst, der für den anderen wichtig ist, kann das schnell zu einem Konflikt führen, der eigentlich von beiden Seiten nicht gewollt ist.

5. Jemand erzählt dir wirklich extrem unwichtige Dinge oder immer nur Negatives. Das ist natürlich sehr schwierig, gerade wenn es jemand aus der Familie ist. Wie bleibe ich also in einer solchen Situation in meiner *Enjoy this Life*®-Persönlichkeit und wie kann ich mich von solchen Situationen distanzieren? Nun, dafür gibt es keinen Pauschaltipp.

Das Wichtigste ist, dass ich zuerst darauf achte, ob ich in der *Enjoy this Life*®-Persönlichkeit bin, denn dann lasse ich mich nicht in die Emotionen hineinziehen. Wenn jemand ständig destruktiv redet, versuche ich einen Themawechsel. Funktioniert das nicht, dann frage ich mal ganz unverblümt: »Warum erzählst du mir das? Weshalb denkst du, dass es wichtig für mich ist?« Viele wissen dann gar nicht, was sie darauf antworten sollen, und erwidern etwas wie: »Ich möchte mich einfach unterhalten!« Darauf sage ich oft: »Ich auch, aber das Thema ist nicht so unterhaltsam.« Dann schiebe ich noch eine Begründung nach, wie zum Beispiel: »Es interessiert mich einfach nicht so« oder: »Ich kenne mich da nicht so aus.« Häufig sage ich bei ganz destruktiven Dingen: »Lass uns das Thema wechseln, die Welt ist schon schlimm genug, ich geh noch mit Depressionen heim, wenn wir weiter darüber reden, lass uns lieber über was Schönes sprechen!« Danach ist es meistens leicht, das Thema zu wechseln. Viele Menschen sind so in der Routine von Negativität gefangen, dass sie gar nicht merken, wie sie ihr Umfeld langweilen oder stimmungsmäßig runterziehen.

Ein gutes Mittel, um Jammerlappen auszubremsen, ist, sie darin zu bestärken. Doch aufgepasst, das sollte man wirklich nur bei Menschen machen, bei denen man nicht darauf angewiesen ist, dass sich die Situation in Harmonie auflöst. Ich sage dann zum Beispiel: »Ja, du bist ein ganz Armer, das ist ja wirklich schlimm, unglaublich, was dir alles passiert ist. Ein Wunder, dass du noch lachen kannst. Also für mich wäre das Leben schon längst sinnlos geworden.« Natürlich verfahre ich nur so bei diesen chronischen Jammerlappen, die im Grunde kein echtes Problem haben. Oft gelangen sie dann an den Punkt, an dem sie auf einmal sagen: »Nein, also, so schlimm ist es nun auch wieder nicht, ich meinte nur ...« Plötzlich zeigen sie sich selbst neue Perspektiven auf, weil sie dann doch nicht als so armselig dastehen wollen. Das Spannende daran ist, dass man künftig ziemlich sicher weiteren Jammerattacken dieser Person entgeht.

Meine Lieblingsvariante ist ganz einfach. Wenn ich weiß, XY jammert immer, lästert oder ist auf andere Weise destruktiv, dann ergreife ich beim nächsten Treffen das Wort und sage: »XY, du weißt gar nicht, was mir passiert ist! Letzte Woche saß ich mit jemandem zusammen, der hat nur gelästert und war ständig so negativ. Das hat mich so unglaublich genervt und ich habe richtig gespürt, dass ich solche Menschen nicht mehr in meinem Umfeld möchte. Ich habe mich entschlossen, mich von solchen Leuten zu distanzieren und wenn es sein muss, sogar den Kontakt abzubrechen.« Ich gebe aber nicht zu erkennen, dass ich ihn/sie meine, ich erzähle die Geschichte mit Absicht ein bisschen anders. Doch zu 90 Prozent wird die Person sich in Zukunft zurückhalten, wenn du ihr wichtig bist.

Dies sind nur einige Tipps für Alltagssituationen, in denen wir Kommunikation als schwierig erleben. Mir ist aufgefallen – und das ist mein wichtigster Rat an dich –, wenn du in deiner *ETL*®-Persönlichkeit bist, dann wird dir in jeder Situation eine Möglichkeit in den Sinn kommen, wie du sie zum Positiven verändern und am besten darauf reagieren kannst. Ich bin mir sicher, du wirst das in Zukunft noch häufig erleben.

Doch ich schweife ab und will wieder auf das Thema Meditation und aktives Zuhören zurückkommen.

Wie ich anfangs gesagt habe, heißt Meditation für mich nicht nur Augen schließen und ruhig dasitzen. Ich trainiere häufig meinen Fokus, indem ich aktiv zuhöre. Das hat sogar nicht selten eine »heilende« Wirkung auf die Person, bei der ich es praktiziere, und ich kann es täglich oft mehrmals anwenden. Es bietet auch eine gute Übungsmöglichkeit, falls dich mal ein Gespräch langweilt oder das Thema uninteressant ist, indem du beginnst, den Fokus wirklich auf das gesprochene Wort zu richten, und sehr aktiv zuhörst. Du kannst auf diese Weise ganz einfach im Alltag eine Art Zuhörmeditation praktizieren. Du musst nur mit deiner Aufmerksamkeit auf den Worten des Gegenübers bleiben, ohne Ablenkungen zuzulassen. Gleichzeitig ermöglicht es dir, die Beziehungen zu deinen Gesprächspartnern zu verbessern.

Eine andere Variante der Zuhörmeditation bietet zum Beispiel ein Spaziergang im Wald. Achte dabei ausschließlich auf die Geräusche der Tiere und der Natur, lausche dem Gesang der Vögel, höre das Summen der Bienen oder wie das Laub knistert und von den Bäumen fällt.

ÜBUNG

Achte heute mal speziell auf alle Geräusche, die im Alltag um dich herum sind. Nimm dir über den Tag verteilt immer mal wieder 1–2 Minuten Zeit, um aktiv nur zu hören, welche Geräusche du gerade in deinem Umfeld wahrnehmen kannst. Manchmal haben wir das Gefühl, dass wir an einem stillen Ort sind, doch wenn wir unsere Aufmerksamkeit bewusst auf das Hören richten, dann werden wir überrascht sein, wie viele Geräusche um uns herum sind.

Beobachte dich auch in den nächsten Tagen, ob du wirklich zuhören kannst oder ob du innerlich unruhig wirst, wenn jemand dir etwas erzählt, weil du gern antworten möchtest. Versuche in nächster Zeit nur bei dir zu sein, voll und ganz in deiner *ETL*®-Persönlichkeit, und übe dich im aktiven Zuhören. Ich praktiziere das sehr oft in Gesprächen und bin immer wieder überrascht, wie viele Menschen ebenfalls überrascht oder manchmal ganz verwundert reagieren. Gerade am Telefon fragen mich viele: »Bist du noch da?« »Ja, ich höre dir nur bewusst zu!« Viele sind irritiert, weil wir es gewohnt sind, beim

Erzählen unterbrochen zu werden oder ständig Zwischenrufe zu bekommen.

Diese Übung macht wirklich Spaß und ist auch gar nicht so leicht, jedenfalls für mich, da ich sehr gern rede, und dadurch ist es für mich und Menschen, die ähnlich gern reden, auch eine richtig gute Übung. Aber vor allem ist es eine Meditationsform, die wir alle in unserem Alltag praktizieren können.

Meditationsübung: Essmeditation

Die nächste Meditation ist auch wieder eine, die du täglich praktizieren kannst und die keinen zeitlichen Aufwand benötigt, da wir alle jeden Tag essen. Diesen Umstand können wir nutzen und zu einer Übung umwandeln. Besonders Spaß macht die Meditation, wenn du vielleicht ohnehin gerade dabei bist, deine Essgewohnheiten zu verändern.

Als ich anfing, diese Meditationsform in meinen Alltag zu integrieren, war für mich enorm faszinierend, dass diese Übung bei allen künstlichen Lebensmitteln kaum möglich ist und auch wenn ich sie bei künstlichen Lebensmitteln durchführe, ich oft gar keine Lust mehr auf diese Produkte habe. Je natürlicher und frischer das Essen ist, umso leichter ist die Übung und der volle Geschmack der einzelnen Nahrungsmittel kommt zum Tragen.

Diese Meditation hat mehrere Vorteile: Sie ist sehr gesund, denn durch sie lernst du wieder, bewusst zu essen und zu kauen. Wie du sicher weißt, beginnt die Verdauung bereits im Mund. Du wirst feststellen, dass du nach dem Essen viel seltener ein Völlegefühl verspürst und deine Verdauung wieder viel besser funktioniert. Viele Kursteilnehmer berichteten mir, dass sie allein durch diese Form der Meditation Blähungen oder Magen-Darm-Beschwerden losgeworden sind. Außerdem haben viele, die die Übung täglich praktizieren, ihr normales Körpergewicht erreicht, und zwar ohne eine spezielle Diät oder dass sie auf etwas verzichten mussten. Einfach indem sie gelernt haben, wieder bewusst zu essen.

Essen ist leider zu etwas geworden, das bei vielen schnell gehen muss und sehr unbewusst stattfindet. Viele können gar nicht mehr in Ruhe essen. Oft sehe ich Menschen, die sich zum Essen nicht einmal mehr hinsetzen, sondern die Nahrung gleich im Stehen wortwörtlich verschlingen. Bei anderen hat man das Gefühl, sie müssten ihre Nahrung gegen wilde Raubtiere verteidigen, sie stopfen sich die Münder richtig voll und schlingen nur noch, ohne wirklich zu kauen. Die künstlich aufbereiteten Nahrungsmittel werden auch immer mehr so hergestellt, dass wir kaum noch kauen müssen, sondern sie schon innerhalb kürzester Zeit zerfallen und Aromastoffe freisetzen, sodass wir sofort viel Geschmack im Mund haben.

Der Nachteil ist, dass wir durch den Stress beim Essen und das Schlingen mit der Zeit enorme gesundheitliche Probleme bekommen können. Bedenke immer: 90 Prozent deines Immunsystems befinden sich in deinem Darm. Ständige Blähungen, Durchfall, Verstopfung, Sodbrennen und Völlegefühl sind nicht normal, auch wenn extrem viele Menschen diese »Symptome« haben und sie dadurch schon fast als normal angesehen werden.

Allein durch diese Übung wirst du feststellen, dass sich bei dir sehr viel auch körperlich zum Positiven verändern wird – dein Körper wird wieder mit viel mehr Nährstoffen versorgt und er erhält dadurch natürlich auch viel mehr Energie. Außerdem solltest du beim Essen weder Radio hören noch fernsehen, das lenkt nur ab. Hinzu kommt, dass wir dann oft auch viel mehr essen, weil wir nicht bewusst beim Essen sind, und eine Folge von zu viel Essen kennen fast alle – wir tragen es nachher auf unserer Hüfte.

ÜBUNG

Schön ist es natürlich, wenn deine ganze Familie bei dieser Meditationsform mitmacht, vielleicht kannst du sie ja motivieren, doch falls nicht, dann mache es einfach für dich. Beginne von jetzt an beim Essen wirklich ganz bewusst zuerst zu dir zu kommen, betrachte das Essen wieder als etwas »Heiliges«, sei vielleicht auch dankbar, dass du überhaupt die Möglichkeit hast, Nahrung zu dir zu nehmen. Ich bedanke mich innerlich für jede Mahlzeit und segne diese.

Dann beginne wieder bewusst zu kauen. Ideal ist je nach Nahrungsmittel, jeden Bissen ca. 50–80 Mal zu kauen, das ist für Schnellesser und auch für Normalesser am Anfang eine echte Herausforderung. Deswegen empfehle ich dir, 2–3 Wochen jeden Bissen nur 20 Mal zu kauen, auch das ist schon gar nicht mal so einfach. Du wirst feststellen: Übung macht den Meister! Lass dich am Anfang nicht irritieren, wenn es nicht sofort klappt. Ich gebe es zu, mir machte das anfangs auch keinen Spaß, deswegen veränderte ich meinen Fokus und betrachtete es als Meditationspraxis, etwas, das ich sehr bewusst tun wollte. Mit der Zeit wird es normal, und dann ist es für dich immer leichter, doch versuche auch dann, beim Essen möglichst bewusst zu bleiben und den Fokus zu halten, damit es immer eine Meditationsform bleibt.

Achtung: Es ist vollkommen normal, dass du oft nur noch die Hälfte der gewohnten Portion isst. Häufig ist das aber nicht weiter tragisch, weil wir eher die Tendenz haben, viel zu viel zu essen.

Gesundheit, Heilung und Selbstheilung

Im folgenden Kapitel möchte ich ein bisschen ausholen und das Thema Gesundheit, Heilung und Selbstheilung etwas mehr in seiner Gesamtheit anschauen.

Früher wurde ich sehr oft gefragt, was für mich Erfolg bedeute, und es fiel mir unglaublich schwer, darauf tatsächlich eine Antwort zu geben, denn häufig verknüpfen wir Erfolg mit Geld. Ist auf unserem Bankkonto genügend Geld, dann fühlen wir uns erfolgreich, und sind wir »in den Miesen«, dann fühlen wir uns nicht erfolgreich. Gerade wenn man sich selbstständig macht, definiert man seinen Erfolg hauptsächlich über das Geld auf seinem Konto. Aber kann man Erfolg wirklich mit Geld gleichsetzen? Nein, denn was nützt dir all dein Geld, wenn du zum Beispiel krank bist? Sicherlich gehört also Gesundheit ebenfalls zu Erfolg.

Nach längerem Überlegen gelangte ich zu der Auffassung, dass ein erfolgreicher Mensch viel mehr ist als nur die Summe auf seinem Bankkonto. Für mich ist daher eine wirkliche *Enjoy this Life*®-Persönlichkeit jemand, der möglichst in allen Lebensbereichen in Harmonie ist. Sei es in puncto Finanzen, Beziehungen zu Partner/Familie/Freunden, Beruf/Berufung, Gesundheit und vielem mehr. Doch gerade das Thema Gesundheit kann alle diese Bereiche extrem in Disharmonie bringen, vor allem dann, wenn wir unter einer Krankheit leiden. Deswegen möchte ich an dieser Stelle besonders darauf eingehen.

Ich habe selbst schon ein paarmal in meinem Leben die Erfahrung machen müssen, dass mein Körper nicht mehr so funktionierte, wie ich mir das gewünscht hätte. Durch die auftretenden Symptome steckte ich plötzlich in einem Mangeldenken fest und vieles lief dadurch zunächst auch schief. Rückblickend ist es allerdings das Beste, was mir je passiert ist, denn ohne diese Krankheiten und Symptome wäre ich nicht da, wo ich heute bin und hätte auch das ganze *Enjoy this Life*®-Konzept nicht entwickelt. Es entspringt meiner persönlichen Überzeugung und ich habe in den letzten Jahren gemerkt, dass diese Methode nicht nur bei mir funktioniert, sondern bei vielen anderen auch. Das ist meine Motivation, der Grund, warum ich mir wünsche, dass es in Zukunft ganz viele *Enjoy this Life*®-Persönlichkeiten gibt, damit wir einfach alle wieder viel mehr Spaß im Leben haben.

Besonders wichtig war in diesem Zusammenhang für mich mein Krankenhausaufenthalt 2014, von dem ich bereits erzählt habe (siehe S. 21). Für die Methode von *Enjoy this Life*® war er ausschlaggebend und ich habe durch meine Krankheit letztlich mein »Leben« wiedergefunden. Mir kam in der Zeit wieder ganz klar ins Bewusstsein, was ich als Schauspieler schon entdeckt hatte, was ich auch anderen Menschen zu vermitteln versucht habe. Doch als es um mich selbst ging, hatte ich es offenbar wieder vergessen. Ich begann sofort meine Rolle, meine *Enjoy this Life*®-Persönlichkeit neu zu kreieren, mein Leben umzuschreiben, und zwar so, dass ich Freude erleben konnte. Alles ist möglich, wenn man bereit ist, erstens zu erkennen, zweitens seine *Enjoy this Life*®-Persönlichkeit zu kreieren, und drittens auch wirklich aktiv wird und sein Leben neu gestaltet.

Doch nun möchte ich, bevor ich dir ein paar Übungen vorstelle, noch einige Worte an die Leser richten, die unter einer chronischen oder schwerwiegenden Krankheit leiden, die ihr Leben bis jetzt wirklich beeinflusst hat. Ehe ich eher zu den allgemeinen Dingen übergehe, wie du deinen Körper stärken und zu deiner Gesundung beitragen kannst, hier zunächst das Wichtigste: Hör auf, dich selbst als krank zu betrachten, sondern fertige lieber eine Liste der Tätigkeiten an, die du trotz deiner Symptome noch bewerkstelligen kannst. Oft liegt nämlich unser Fokus auf dem Mangel beziehungsweise der Krankheit. Wir beschäftigen uns ständig damit, was alles nicht mehr möglich ist, was wir alles nicht mehr können. Viele meiner Seminarteilnehmer sagten mir: »Dieses *Enjoy this Life*® hört sich ja toll an, aber ich bin krank, und dann funktioniert das nicht.« Darauf kontere ich für gewöhnlich: »Du musst damit aufhören, nur noch die Krankheit zu sehen, und deinen Fokus umlenken. Auch wenn du nur noch einen Tag zu leben hättest, solltest du alles tun, um dein Leben noch mal so richtig zu genießen.«

Fertige diese Liste an, richte deinen Fokus dabei auf deine gesunden Körperstellen, die wunderbar funktionieren. Dann vergleiche sie mit deiner *Enjoy this Life*®-Persönlichkeit-Liste, in der du deine Rolle definiert hast, und mache dir bewusst, was du trotz deiner Symptome noch alles bewerkstelligen kannst. Vielleicht hast du jetzt zwei bis drei Punkte, die du nicht (mehr) machen kannst, dann überlege dir, wie du sie entsprechend anpassen könntest. Zu 99 Prozent wirst du alles anpassen können, wenn du es wirklich willst. Indem du deine Einstellung veränderst, kann dein Körper auch die Selbstheilung besser aktivieren.

Das Wichtigste ist, dass du dich selbst nicht mehr als krank wahrnimmst, und hör auf, ständig diese Visitenkarte zu verteilen. Solange du so von dir denkst und das auch jedem mitteilst, wird sich dein Wohlbefinden nicht verbessern und du erfährst auch keine Heilung. Es gibt nur ganz wenige Situationen, in denen es wichtig ist, dass man seinem Umfeld ein Symptom/eine Krankheit mitteilt, doch in 90 Prozent der Fälle ist es unwichtig. Davon zu erzählen verstärkt nur das Mangelbewusstsein und führt dazu, dass man sich noch kränker fühlt. Ja, ich weiß, harte Worte, doch ich wähle sie mit Absicht, damit sie bei dir ankommen und du ernsthaft über deine Situation nachdenkst und ob es wirklich nötig ist zu jammern. Als *Enjoy this Life*®-Persönlichkeit darfst du auch mal jammern, aber mache es ganz bewusst und warne deine Mitmenschen vor. Sag: »Ich brauche das jetzt, ich finde jetzt fünf Minuten einfach alles blöd und schlimm und was weiß ich.« Dann lege los und höre nach fünf Minuten auf, richte deine Krone und benimm dich wieder wie eine *Enjoy this Life*®-Persönlichkeit. Es gibt Momente, da darf man auch zehn Minuten jammern, doch bedenke dabei immer: Mit Jammern veränderst du deine Situation kein bisschen, das passiert nur, wenn du damit aufhörst und aktiv dein Leben umkrempelst und das Beste aus den gegebenen Umständen machst. Falls du jetzt unter einer Krankheit leidest, kannst du dennoch voll und ganz eine *Enjoy this Life*®-Persönlichkeit sein. Nur wenn du dich dagegen entscheidest, erst dann ist es nicht möglich. Es liegt also in deiner Hand, trotzdem glücklich und zufrieden zu werden, und vielleicht ist es ja genau das, was dein Körper braucht, um zu gesunden.

Eine berührende Geschichte, die ich während meiner Österreichtour erlebt habe, möchte ich hier noch erzählen, weil sie mir und vielen zeigt, worin Heilung bestehen kann und dass wir oft eine falsche Vorstellung von Heilung haben.

Es ist schon ein paar Jahre her, als ich meine allererste Tour durch Österreich machte und einen Vortrag zum Thema »Das Leben nach dem Tod« hielt. Gegen Ende des Vortrags fragte ich die Zuschauer, ob noch jemand eine Frage habe. Ein Mann im Rollstuhl meldete sich, und nachdem jemand aus dem Team ihm ein Mikrofon gebracht hatte, sagte er: »Ich bin fast fünf Stunden hierhergefahren und habe gehört, dass du wohl auch

Heilbehandlungen machst. Könnte ich eine Heilung von dir bekommen?« Ich erklärte ihm dann, dass ich schon länger keine Einzelberatungen mehr gebe, worauf er meinte: »Schade, dann bin ich jetzt fünf Stunden umsonst hergefahren!« Ich stand da vor all den Leuten und wusste nicht, was tun, weil mir klar war, dass, auch wenn ich ihm Heilung schenkte, er nicht aus dem Rollstuhl aufstehen und geheilt sein würde. Ich registrierte meine eigenen Mangelgedanken, die etwa so lauteten: »Wenn ich ihm Heilung gebe, wird er nicht aus dem Rollstuhl aufstehen und alle Zuschauer werden denken, der kann überhaupt nichts. Verweigere ich ihm jetzt aber eine Heilbehandlung, denken alle, wie asozial ist der denn.« Ich fühlte mich in einer richtigen Zwickmühle, weil es meine erste Tour in Österreich war und ich wusste, egal, wofür ich mich jetzt entschied, die Chancen stünden hoch, dass nie wieder jemand zu meinen Vorträgen käme, weil ich natürlich wusste, dass der Mann nach der Behandlung nicht wieder laufen können würde. Doch ich sagte mir: »Scheiß drauf, ich schenke ihm die Heilung.« Ich ging von der Bühne, legte ihm die Hände auf und bat die geistige Welt um Heilung. Wie zu erwarten, stand er nicht auf. Ich entschuldigte mich und sagte dann: »Manchmal ist Heilung nicht möglich, auch wenn man es sich noch so wünscht.« Er schaute mich nur an und lächelte.

Zurück im Hotel, dachte ich noch lange an die Situation. Ich war erleichtert, dass auch die folgenden Tage viele Interessierte meine Vorträge besuchten.

Ein Jahr später tourte ich erneut durch Österreich und der Mann im Rollstuhl saß wieder in der ersten Reihe. Als ich am Schluss fragte, ob noch jemand eine Frage habe, sah ich, wie er sofort wieder die Hand hob. Ich schaute dann bewusst auf die andere Seite, weil ich dachte, ich will nicht wieder in dieselbe Zwickmühle geraten. Doch niemand sonst hatte eine Frage und ich tat zunächst so, als würde ich seine Hand nicht bemerken, aber alle im Raum zeigten auf einmal auf den Mann und meinten: »Er hat noch eine Frage!« Ich blickte zu ihm und er sagte: »Kennst du mich noch? Ich war vor einem Jahr hier und du hast mir Heilung geschenkt!« »Ja, klar kenne ich dich noch, ich habe dich noch gut in Erinnerung, und wie ich sehe, hat es leider nicht geholfen, das tut mir sehr leid!« »Nein, das ist nicht wahr, ich bin zu hundert Prozent geheilt!« »Du bist doch aber immer noch im Rollstuhl!«, meinte ich zu ihm. »Ja«, sagte er, »doch ich habe nie erwartet, dass du mich aus dem Rollstuhl holst, ich war bis vor einem Jahr ein deprimierter Rollstuhlfahrer, dank deiner Heilung bin ich heute ein glücklicher Rollstuhlfahrer, ich bin also hundertprozentig geheilt!«

Dank diesem »weisen« Mann durfte ich lernen, dass Heilung viel mehr ist, als symptomfrei zu sein, dass Heilung der Seele und der Zufriedenheit viel wichtiger ist und dass man sich trotz starker körperlicher Einschränkung als komplett geheilt betrachten kann. Mich berührt diese Geschichte sehr, weil es zeigt, dass Heilung wirklich immer möglich ist, manchmal müssen wir nur unsere Vorstellung von Heilung loslassen oder neu definieren.

Selbstheilung

Egal, ob du Symptome hast oder nicht, empfehle ich dir dennoch, so oft es geht Selbstheilungsübungen zu machen. Falls dir die nachfolgenden Übungen zu esoterisch sind, dann lasse sie weg. Mache aber dennoch Dinge, die deine Selbstheilung aktivieren, denn ich bin immer noch der Überzeugung, wie schon im Kapitel über Körperbewusstsein angedeutet, dass es wichtig ist, einen gesunden Körper zu haben, damit auch die Energie nach draußen getragen wird und wir so auch eine gesunde Resonanz schaffen. Beachte aber bei Heil- oder Selbstheilungsübungen, dass du ein mögliches Symptom nicht verschwinden lassen möchtest, sondern versuche immer auf Heilung im Allgemeinen zu fokussieren. Sonst ist dein Fokus in Wahrheit nicht auf Heilung, sondern auf den Mangel gerichtet.

Das ist eigentlich schon das Schwierigste bei dem ganzen Thema Heilen. Auch wenn du jemand anders Heilenergie überträgst – und dazu wird es eine Übung in diesem Kapitel geben –, dann betrachte den Menschen gedanklich als gesundes Wesen, schicke keinesfalls dem »kranken« Menschen oder dem Symptom die Heilung, sonst nährst du dieses nur.

Und denke daran, dass für eine gute Selbstheilung natürlich auch wichtig ist, deine Ernährung dahingehend zu prüfen, ob du sie vielleicht noch optimieren könntest, und darauf zu achten, dass du wirklich genügend trinkst. Bewegung haben wir ebenfalls schon angesprochen. Es hört sich vielleicht verrückt an, doch die häufigsten Gründe aus meiner Sicht für eine suboptimale Gesundheit sind nun mal schlechte Ernährung, Flüssigkeitsmangel (Wasser!) und fehlende Bewegung. Es versteht sich von selbst, dass wir möglichst auch auf Nikotin, Alkohol und Drogen verzichten sollten.

ÜBUNG

Mache die folgende Übung täglich, auch wenn es nur 5 Minuten sind. Lege oder setze dich bequem hin und schließe deine Augen. Beobachte einen Moment lang nur deinen Atem, nimm wahr, wie du einatmest und ausatmest, spüre, wie die Luft beim Einatmen kühler ist und beim Ausatmen wärmer. Atme in deinem persönlichen Tempo einfach ein und aus. Finde deinen Rhythmus, so wie es für dich angenehm ist. Wenn du so weit bist, bitte in Gedanken deinen Geistführer, Engel oder Gott, er möge sich mit dir verbinden, je nachdem, was für dich stimmig ist. Sag einfach in Gedanken: »Ich bitte meinen Geistführer/Engel/Gott, sich mit mir zu verbinden und mir heilende Energie zu schicken.« Mehr brauchst du nicht zu tun.

Richte dann deine Aufmerksamkeit wieder auf deinen Atem und halte den Fokus einfach auf dem Ein- und Ausatmen. Nimm wahr, wie sich die Energie verändert, und mache dir bewusst, dass dein Körper von heilender Energie durchströmt wird. Bleibe so lange in dieser Energie, wie es sich für dich richtig und gut anfühlt. Dann bedanke dich in Gedanken für die Hilfe und Unterstützung und kehre langsam in deinem Tempo wieder zurück. Öffne deine Augen, wenn es richtig und gut für dich ist.

Fernheilung und Partnerheilung

Natürlich kannst du die energetische Heilung nicht nur für dich nutzen, sondern auch, um Fernheilung zu praktizieren oder einer anderen Person direkt, wenn sie bei dir ist, eine Heilbehandlung zukommen zu lassen. Vielleicht fragst du dich jetzt: Was hat das mit *Enjoy this Life*® zu tun?

Nun, Heilung zu schenken hat gleich mehrere Vorteile: Wenn du es richtig machst, dann erfährt nicht nur die Person, der du Heilung schenkst, Heilung, sondern auch immer du selbst, da die Energie ja durch dich hindurchfließt. Dadurch wird natürlich auch jedes Mal deine Selbstheilung aktiviert und dein Energiesystem wird mit neuer Energie aufgeladen. Außerdem ist es ein Gesetz – je mehr du gibst, desto mehr wirst du auch erhalten. Doch deine Absicht dahinter sollte nicht das Erhalten sein, sondern dass du einfach jemandem etwas Gutes tun willst, am besten, ohne etwas zurückzuerwarten. Fernheilung wurde schon immer praktiziert, allerdings hat man es früher anders genannt. Wenn du zum Beispiel ein Gebet für jemanden sprichst, ist das eine Art Fernheilung, oder wenn du jemandem einen Engel, Geistführer oder Gott als Unterstützung schickst, hat auch das dieselbe Wirkung wie eine Fernheilung: Ein positiver Wunsch mit einer guten Absicht hat stets etwas Heilendes und kommt auch immer an. Selbst wenn man vielleicht nicht sofort ein Resultat sieht, kommt die Energie dennoch an. Beim Heilen kann man im Grunde nicht viel falsch machen, allerdings sollte man aus meiner Sicht ein paar Dinge beachten:

1. Es ist wichtig, dass du immer mit einer »höheren« Energie verbunden bist. Ob dies ein Engel, Geistführer oder gleich die Göttliche Energie ist, spielt dabei keine Rolle. Doch du solltest nie deine eigene Energie schicken. Warum? Es kann zwar nicht schaden, aber deine Energie ist oft nicht stark genug, um einen Energieausgleich herzustellen. Geistiges Heilen könnte man auch von der Physik her leicht erklären und man würde die Wirkungsweise besser verstehen. Denn so übersinnlich, wie es oft beschrieben wird, ist es eigentlich gar nicht:

Eine Krankheit oder ein Symptom entsteht nämlich immer auf dieselbe Weise, im Grunde könnte man es blockierte Energie nennen. Als *Enjoy this Life*®-Persönlichkeit finde ich es wichtig, dass wir dies wissen, denn wer die Energien wirklich versteht, der kann sie auch für sich nutzen. Wenn die Energien blockieren, sei es durch emotionale oder mentale Belastung, dann verspannt der Körper. Je gesünder und besser wir uns also fühlen, desto leichter und freier fließt auch die Energie. Somit erfreuen wir uns in solchen Momenten auch bester Gesundheit. Sobald wir in irgendeiner Form in Stress geraten, beginnt die Energie zu blockieren und es kann eine Krankheit oder ein Symptom entstehen.

Was geschieht nun beim geistigen Heilen? Letzten Endes ist es einfache Physik – wir wissen von der Physik: Zwei Energien im selben Raum müssen sich immer angleichen, das heißt, eine höher schwingende Energie und eine tiefer schwingende Energie pendeln sich in der Mitte ein und schwingen genau gleich hoch. Deswegen ist es entscheidend, dass wir uns mit der geistigen Welt oder der Göttlichen Energie verbinden, weil die einfach von Natur aus viel höher schwingt als die von uns Menschen. Wenn der »Heiler« sich mit dieser Energie verbindet, wird im Grunde die Aura/das Energiefeld des Heilers in eine höhere Schwingung versetzt. Kommt sie nun in Berührung mit dem »Klienten«, wird die Aura das Energiefeld des Klienten ausgleichen und dieses wird automatisch ebenfalls in eine höhere Schwingung gebracht und pendelt sich in der natürlichen Schwingung ein. Sprich: Die Selbstheilung wird dadurch aktiviert und der Körper in Harmonie versetzt. Eigentlich heilt nie der Heiler, sondern es werden immer nur Selbstheilungskräfte aktiviert. Der Klient ist nach jeder Heilbehandlung wieder in seiner natürlichen Schwingung. Wenn er jetzt nicht wieder in seine alten Muster, Blockaden und Denkstrukturen zurückfällt, ist eine absolute Heilung von Krankheiten und Symptomen möglich.

Als *Enjoy this Life*®-Persönlichkeit weißt du längst, dass sich sowohl körperlich wie auch im Außen keine »Heilung« einstellen kann, wenn wir nicht unser Leben verändern. Das ist auch der Grund, warum manche Menschen Heilung erfahren und andere nicht. Jetzt fragen sich vielleicht einige: »Das ergibt Sinn, wenn der Heiler und der Klient im selben

Raum sind, doch wie soll das bei der Fernheilung funktionieren?« Ganz einfach: Durch die Quantenphysik wissen wir, dass es im Grunde Raum und Zeit nicht gibt, sondern dass wir durch unsere Gedanken einen Raum erst entstehen lassen. Das heißt, wenn du an eine Person denkst, auch wenn diese in einem anderen Raum ist, entsteht so etwas wie ein »Gedankenraum« und laut Quantenphysik befindet ihr euch im selben Raum. Dadurch ist Fernheilung genauso wirksam, als wärt ihr physisch im selben Raum. Ich hoffe, du kannst nun durch meine Erklärung nachvollziehen, wie geistiges Heilen funktioniert und warum es so wichtig ist, sich mit einer höheren Energie zu verbinden.

2. Oft fragen mich Seminarteilnehmer: »Muss ich den Klienten um Einwilligung bitten, wenn ich ihm Heilung schicken möchte?« Meine Meinung ist ganz klar: Nein! Ich weiß, dass viele Kollegen etwas anderes sagen, doch für mich ist Fernheilung wie ein Geschenk. Wenn ich jemandem ein Geschenk machen möchte, frage ich auch nicht zuerst, ob ich das darf. Ich tue es einfach, und was der andere mit dem Geschenk anstellt, ist seine eigene Entscheidung. Das ist allerdings nur meine persönliche Sicht der Dinge. Bedenke immer: Bei *Enjoy this Life*® geht es aber darum, **deine** Sicht zu finden und nach **deinen** Maßstäben zu handeln.

3. Eine weitere häufig gestellte Frage lautet, ob geistiges Heilen für den Heiler gefährlich sei, man höre immer wieder von Heilern, die von ihrem Klienten die Krankheit oder die schlechte Energie aufgenommen hätten. Davor brauchst du keine Angst zu haben, das ist unmöglich, du kannst dadurch selbst nicht krank werden. Allerdings gibt es Fälle, wo Heiler krank wurden, aber nur, weil sie selbst nicht stabil und in

ihren eigenen Ängsten gefangen waren und so sehr daran glaubten, die Krankheit aufzunehmen, dass sie sich diese Symptome selbst manifestierten. Ihr Glaube machte sie krank, nicht das geistige Heilen. Ich werde nochmals darauf eingehen beim Thema energetischer Schutz. Doch als *Enjoy this Life*®-Persönlichkeit solltest du dich nicht im Mangel bewegen, sondern dir bewusstmachen, dass eine »Übertragung« nicht möglich ist, dann wirst du auch nie ein Problem damit haben.

4. Eine letzte Frage: »Muss ich nach dem Heilen mich oder meine Hände reinigen?« Nein, weil du nichts aufgenommen hast. Je nach Person, die du berührst, oder wenn du mehreren Heilung schenkst, ist es dennoch von Vorteil, die Hände ganz normal zu waschen. Einfach aus Respekt dem nächsten Klienten gegenüber oder weil es für dich selbst angenehmer sein kann. Doch wegen der Energien brauchst du dies nicht zu tun. Auch hier gibt es Kollegen, die viele Reinigungsrituale haben, wobei die meisten nur der Angst entspringen und keinen sinnvollen Zweck erfüllen.

Bevor ich zum Übungsteil komme, in dem wir uns aktiv dem Fernheilen zuwenden, möchte ich dir vorab noch verschiedene Methoden für Fernbehandlungen vorstellen. Ich werde dir einige kurz erklären, und dann kannst du wählen, welche für dich die richtige ist. Noch ein Hinweis: Fernheilung oder auch Heilbehandlungen sind nicht nur etwas für kranke Menschen, du kannst diese auch einfach so machen, immer dann, wenn du einem anderen etwas Gutes tun willst. Außerdem lässt es sich nicht nur bei Menschen anwenden, sondern auch bei Tieren oder sogar für Lebenssituationen, die in deinem oder im Leben von anderen nicht in Ordnung sind. Wichtig ist dann nur, dass du ein Blatt Papier nimmst und darauf stichwortartig das Thema notierst und dieses dann als Fokus benutzt.

Die erste Methode bei der Fernbehandlung ist, dass du dir die Person vorstellst, der du gern Heilung schicken willst. Das funktioniert aber nur gut, wenn du die Person sehr gut kennst. Falls du sie noch nie gesehen hast oder sie dir in deiner Erinnerung schlecht vorstellen kannst, eignet sich die Methode nicht.

Dann wähle zum Beispiel diese hier: Nimm einen Zettel und schreibe darauf den Namen der Person – du kannst Vor- und Nachname und wenn du magst auch noch das Geburtsdatum notieren, aber der Vorname würde schon reichen.

Falls du ein Foto von der Person oder dem Tier hast, kannst du auch dieses als Fokus benutzen. Wichtig ist beim Fernheilen nur, dass es einen Fokus gibt, damit du, wenn du an die Person denkst, einen gemeinsamen Raum kreierst.

Meine Lieblingsmethode beim Fernheilen ist folgende: Ich arbeite mit einer Heilschale. Ich bekam mal von Schülern eine sehr alte Klangschale aus einem tibetischen Kloster geschenkt, die ich heute als Heilschale benutze. Du kannst aber auch eine Salatschüssel nehmen, es spielt keine Rolle. In meiner Heilschale habe ich viele Namenszettel oder Fotos von Menschen, denen ich Heilung oder meine Gebete schicke. Ich nehme als Fokus allerdings nicht mehr jede einzelne Person, sondern die Heilschale als Ganze. Wenn ich zu Hause bin, meditiere ich oft vor ihr und am Schluss schicke ich der Schale und somit allen, die in der Schale sind, Heilung. Da ich dies sehr regelmäßig mache und die Schale in- und auswendig kenne, reicht es aus – wenn ich auf Tour bin und die Schale nicht dabeihabe –, mich mittels meiner Vorstellungskraft mit meiner Heilschale von überall zu verbinden und dann so Heilung fließen zu lassen. Das Faszinierende ist, dass die Heilschale an sich durch die häufige Benutzung schon voll energetisiert ist. Wenn manchmal einer meiner Mitarbeiter Schmerzen hat und einen Zettel mit seinem Namen in die Schale legt, verspürt er oft bereits eine Linderung, obwohl ich die Heilbehandlung vielleicht erst zwei bis drei Stunden später durchführe. Das finde ich enorm spannend.

Mir gefällt die Arbeit mit der Heilschale sehr gut, weil man so mehreren Personen und auch Lebensthemen gleichzeitig Heilung schicken kann. Außerdem bin ich dann nicht auf die Probleme/Symptome der einzelnen Menschen fokussiert, sondern schicke die Heilung, die gerade das Beste und zum Wohle für alle Beteiligten ist. Warum mache ich das? Weil der Klient oder auch ich oft eine Vorstellung davon haben, wie eine Heilung aussehen müsste, doch manchmal wäre dies nicht zum Wohle aller Beteiligten. Dasselbe würde ich dir auch empfehlen: Konzentriere dich nicht auf den Mangel der Person, Tier oder Situation, sondern bitte einfach um Heilung zum Wohle aller Beteiligten. Gerade wenn du Heilung in eine Situation schickst, zum Beispiel: »XY hat Probleme mit dem Chef«, dann soll es ja nicht nur XY gut gehen, sondern auch dem Chef, damit es für beide Seiten eine Lösung/Heilung gibt. So, aber nun lass uns endlich zur Übung gehen.

ÜBUNG

Bevor wir mit der ersten Fernheilung beginnen, wähle bitte eine Person aus, der du gern Heilung schicken möchtest. Dann wähle von meinen Beispielen oben den Fokus, der dir am meisten zusagt: Vorstellung, Namenszettel, Foto oder Heilschale. Sobald du deinen Fokus gewählt hast, nimm ihn bitte zwischen deine Hände.

Setze dich bequem hin, wenn du möchtest, kannst du dich auch hinlegen. Gehe dann mit deiner Aufmerksamkeit zu deinem Atem und beobachte zunächst nur deinen Atem. Lass

Stille und Ruhe in deinen Körper und deine Gedanken einkehren. Lass dir Zeit dafür. Beobachte einfach weiter deinen Atem, lass die Gedanken, die kommen, vorbeiziehen. Bitte dann in Gedanken deine Helfer aus der geistigen Welt zu dir. Bitte Gott, Engel oder Geistführer, sich mit dir zu verbinden. Vielleicht kannst du schon eine Veränderung der Energie wahrnehmen. Auch wenn du es nicht spüren kannst, sei dir bewusst, dass du gerade mit deinen Helfern verbunden bist. Nun bitte in Gedanken, dass heilende Energie durch dich hindurch zu der Person oder Situation fließen möge, deren Fokus du in deinen Händen hast, zum Wohle aller Beteiligten. Bleib dann einfach für ein paar Minuten in dieser Verbindung und mache dir bewusst, dass heilende Energie durch dich hindurchfließt.

Falls Gedanken auftauchen und dich ablenken, die nichts mit der Übung zu tun haben, richte deine Aufmerksamkeit wieder auf die Verbindung und sage dir innerlich: »Heilende Energie fließt zum Wohle aller Beteiligten durch mich hindurch …« Ich wiederhole diesen Satz für mich immer wieder, wenn ich merke, dass meine Gedanken mich ablenken. Dann, wenn du das Gefühl hast, es ist Zeit zurückzukehren, mache dies in deinem eigenen Tempo. Bedanke dich bei der geistigen Welt oder der Göttlichen Energie für die heilende Energie. Komm dann zurück und öffne deine Augen, wenn es sich für dich richtig und gut anfühlt.

Du kannst diese Übung so oft du willst wiederholen, immer dann, wenn dir danach ist.

Werde Heiler im Alltag

Dies ist eine meiner Lieblingsübungen, die auch bei meinen Seminarteilnehmern stets gut ankommt. Früher habe ich ja auch Menschen in Medialität und geistigem Heilen ausgebildet. Inzwischen gebe ich zu diesen Themen nur noch Wochenendseminare oder Intensivwochen, mache aber keine Ausbildungen im eigentlichen Sinn mehr, da ich immer wieder die Botschaft erhielt, dass die Welt nicht noch mehr »Medien & Heiler« braucht, sondern mehr Heiler im Alltagsleben und nicht in einer Praxis. Ich teile inzwischen diese Meinung: Es sollte viel mehr Heiler im Alltag und viel mehr glückliche Menschen geben, die ihre *Enjoy this Life*®-Persönlichkeit enfaltet haben. Ich bin mir sicher, dann würde sich vieles auf der Welt verändern.

Doch was meine ich konkret mit Heiler im Alltag? Menschen, die ihre *Enjoy this Life*®-Persönlichkeit tagein, tagaus leben, indem sie selbst glücklich und zufrieden sind und dies auch mit den Menschen im Alltag teilen. Stell dir vor, an der Supermarktkasse würde dich eine Verkäuferin begrüßen, die glücklich ist und die einen Chef hat, der ebenfalls glücklich ist, und natürlich auch glückliche, zufriedene Kunden – wie würde wohl ein Arbeitstag von ihr aussehen? Wie würde es für Kunden sein, bei dieser Kassiererin zu bezahlen? Ich habe jetzt nur die Kassiererin als Beispiel gewählt – man könnte dies auf jeden Beruf ummünzen –, weil ich gerade bei einem Discounter einkaufen war: Das Arbeitstempo, mit dem die Kassiererinnen die Produkte über den Scanner ziehen müssen, erzeugt Stress, den du als Kunde voll abbekommst, und die Kassiererinnen wiederum bekommen den Frust von den Kunden voll ab – das ist ein energetischer Bumerang und niemand ist glücklich.

Und jetzt stell dir mal vor, es gäbe überall *Enjoy this Life*®-Persönlichkeiten – meinst du nicht auch, dass dies die Welt verändern würde? Mir ist bewusst, dass das vielleicht nur ein Wunschtraum von mir ist, aber jemand muss den Anfang machen, und ich hoffe, du bist ab heute mit dabei. Wir können alle Heiler im Alltag sein, alles, was dazu nötig ist, sind einfach ein bisschen Kreativität und der Wunsch, anderen etwas Gutes zu tun. Deswegen schreibe ich dir ein paar Tipps und Inspirationen auf, wie auch du ganz leicht Heiler im Alltag sein kannst. Für einige der Tipps brauchst du etwas Geld und für andere nicht. Ich versuche meine Tipps so zu gestalten, dass für jeden etwas dabei ist.

Wichtig ist bei den Übungen, dass du es wirklich von Herzen machst und nicht nur, weil es im Buch drinsteht. Dass es dir Freude bereitet, denn sonst merken die Menschen um dich herum, dass es nicht echt ist. Sicher kennst du auch Menschen in deinem näheren und weiteren Umfeld, die zwar nett sind, doch man spürt irgendwie, dass sie nicht authentisch sind. Als *Enjoy this Life*®-Persönlichkeit solltest du immer möglichst echt sein und anderen nie etwas vorspielen, und wenn du mal einen schlechten Tag hast, dann darfst du den haben. Wichtig ist dabei nur, nicht in der schlechten Energie zu versinken, sondern sie wahrzunehmen und sie so schnell es geht wieder hinter sich zu lassen und in die *Enjoy this Life*®-Energie zu gehen.

TIPPS

1. Als *Enjoy this Life*®-Persönlichkeit solltest du es dir angewöhnen, mit so vielen Menschen wie möglich geduldig und höflich zu sein. Dass das nicht immer leicht

ist, weiß ich aus eigener Erfahrung. Doch mir gelingt es meistens dann nicht, wenn ich aus irgendwelchen Gründen in Stress gerate und dadurch meine *ETL®*-Persönlichkeit verliere.

2. Beginne damit, Menschen auf der Straße wieder zu grüßen und ihnen einen wunderbaren Tag zu wünschen. Allein die oft sehr verdutzten Gesichter zeigen schon, dass dies leider in gewissen Ländern, Städten oder Dörfern nicht der Normalzustand ist. Nimm es nicht persönlich, falls du nur eigenartig angeschaut wirst und nicht zurückgegrüßt wirst. Ich bin mir sicher, auf irgendeiner Ebene erreicht man damit die Menschen.

3. Höre anderen Menschen wieder bewusst zu. Diese Übung kennst du ja schon von der Meditation über aktives Zuhören. Denn vielen Menschen fehlt jemand, der für sie da ist und einfach nur zuhört.

    Diese Übung ist auch besonders spannend mit fremden Menschen.

4. Bedanke dich wieder öfter, auch für Dinge, die dir oder vielen Menschen als selbstverständlich erscheinen. Beispielsweise bei einem Verkäufer oder einem Kellner, der dich besonders gut bedient hat, bei jemandem, der dir einen Tipp gegeben hat, oder bei einem Handwerker, der bei dir zu Hause war, und natürlich auch bei deinem Partner oder deinen Kindern. Auch für alltägliche kleine Dinge.

5. Falls dich jemand auf der Straße um Geld für Essen bittet, gib ihm nicht das Geld, sondern gehe mit ihm essen. Oder lade einfach mal einen Fremden auf einen Kaffee ein.

6. Bezahle mal an der Kasse für die Person hinter dir mit. Da wirst du viele erstaunte Gesichter zu sehen bekommen.

7. Falls du weißt, dass es in deiner Nachbarschaft jemand mit wenig Geld gibt, lege ihm zum Beispiel an Weihnachten anonym ein Geschenk in den Briefkasten oder einen Umschlag mit einem Gutschein oder Geld.

8. Oder lade an Weihnachten bewusst Menschen zum Fest ein, von denen du weißt, dass sie allein sind.

9. Trage einer älteren Person die Einkaufstasche zum Auto oder zur Wohnungstür. Hier muss man allerdings ein bisschen vorsichtig sein, viele bekommen Angst und denken, man möchte sie überfallen oder die Tasche klauen. Da habe ich schon schlechte Erfahrungen gemacht.

10. Wenn jemand in deinem Dorf/deiner Stadt umzieht und du siehst, dass sie schwer zu tragen haben, geh spontan hin und packe mit an.

11. Halte fremden Menschen wieder die Tür auf und grüße sie.

12. Mache Menschen auf der Straße oder im Geschäft Komplimente, die du aber ernst meinst und die ehrlich sind.

13. Übernimm Freiwilligen Dienst in einer Sozialeinrichtung oder frag mal im Krankenhaus oder Altersheim nach, ob du Menschen besuchen kannst, die allein sind.

14. Schreibe spontan deiner Familie, deinen Freunden und Bekannten einen Brief und bedanke dich. Sag ihnen mal, wie wichtig sie dir sind. Gerade im Bekanntenkreis und auch in der Familie vergessen wir das oft, doch ein, zwei kurze Sätze können da Wunder bewirken.

15. Setze alles daran, selbst glücklich und zufrieden zu werden und voll und ganz deine *Enjoy this Life*®-Persönlichkeit auszuleben, dann wird sich deine Energie auch früher oder später auf dein Umfeld übertragen und du wirst zu einer Person, mit der man gern zusammen ist, weil du einfach guttust, allein weil du so bist, wie du bist.

Dies waren nur ein paar Anregungen, ich bin mir sicher, dass dir ziemlich schnell eigene Ideen kommen und du meine Inputs noch ausbauen und anpassen kannst. Wenn du magst, versuche mindestens einmal pro Tag Heiler im Alltag zu sein. Du wirst merken, es macht unglaublich Spaß, und du erhältst durch die Freude der anderen auch ganz viel zurück.

Enjoy this Life®-Persönlichkeit in deinen Alltag integrieren

Lieber Leser, den Hauptteil dieses Buches und auch die wichtigsten Übungen hast du hinter dir. Außerdem hast du von mir Anregungen erhalten und vor allem Informationen, die du brauchst, um deine *Enjoy this Life®*-Persönlichkeit zu kreieren und zu leben. Falls du bis jetzt das Buch nur gelesen, aber die Übungen noch nicht gemacht hast, empfehle ich dir nun dringend, nicht weiterzulesen, sondern das Buch nochmals von vorne zu beginnen und wirklich die Übungen zu machen. Dies ist nämlich kein Buch, bei dem es nur darum geht, sich neues Wissen anzueignen und dann mit diesem Wissen weiterzuleben wie zuvor. Es geht vielmehr darum, dieses Wissen auch umzusetzen und in deinen Alltag zu integrieren. Ich bin mir sicher, einiges wird neu sein und vieles wirst du bereits kennen. Doch kannst du auch schon danach leben?

Bei Seminaren kommt es manchmal vor, dass mir die Teilnehmer sagen: »Pascal, das ist aber nicht viel Neues!« Ich gebe ihnen dann immer recht, doch ich frage sie zurück: »Lebst du es denn schon? Oder kennst du nur die Theorie? *Enjoy this Life®* ist nicht konzipiert, um sich neues Wissen anzueignen, sondern dieses Wissen in einer sehr einfachen, effektiven Form auch anzuwenden und zu leben! Wissen allein bringt in diesem Fall überhaupt nichts, wir sollten weg von der Theorie und es leben, und zwar in unserem wunderbaren Alltag.« Genau das ist *Enjoy this Life®*, es geht darum, mit beiden Beinen fest auf der Erde zu stehen und wieder aktiv am Leben teilzunehmen. Weg von grauer Theorie, hinein ins bunte Leben. Deswegen bitte ich dich nochmals, wenn du für dich das Optimum aus diesem Buch herausziehen möchtest, lies erst weiter, wenn du zuvor die Übungen gemacht hast. Am besten nicht nur einmal, sondern idealerweise über einen Zeitraum von drei bis acht Wochen. Denk daran: Du machst es nicht für mich oder jemand anders, sondern nur für dich allein.

Im zweiten Teil dieses Buches bekommst du viele Tipps oder Anregungen, wie du deine *Enjoy this Life*®-Persönlichkeit noch mehr zum Teil deines Alltags machen kannst. Vor allem aber erhältst du noch zusätzliche Hinweise, womit viele Kursteilnehmer immer wieder Schwierigkeiten hatten oder in welchen Situationen es für sie besonders schwer war, in der *ETL*®-Persönlichkeit zu bleiben oder diese auch ganz zu leben. Außerdem möchte ich dir zusätzliche Hilfetools an die Hand geben, die dich dabei unterstützen sollen, noch mehr aus deinem Leben herauszuholen.

Weg von den Mainstream-Medien

Ich habe schon sehr früh für mich herausgefunden, dass mir Nachrichten im Fernsehen, Radio oder in der Zeitung nicht guttun. Wenn ich diese konsumiere, merke ich häufig, dass ich dann die Welt und alles eher negativ sehe. Also schaue ich mir nur noch aufbauende Filme, lehrreiche Dokumentationen, die mich weiterbringen, oder gute Unterhaltung an. Ich lese auch keine Zeitung mehr, außer mal ein ausgewähltes Magazin mit sinnvollem Inhalt. Früher, als ich noch mein Ausbildungszentrum für Medialität und Sensitivität hatte, durften die Schüler während ihrer Ausbildung mindestens drei Monate weder fernsehen noch Mainstream-Presse konsumieren. Ich kann mich da durchaus an einige anfängliche Aufstände erinnern. Doch faszinierend war, dass, wenn sie dies drei Monate lang durchgehalten hatten, die wenigsten wieder angefangen haben, sich mit den ganzen negativen Berichten zu belasten.

Ich empfehle dir, dies wirklich mal auszuprobieren, du wirst merken, dass es dir viel leichter fällt, positiv gestimmt zu bleiben. Anfangs gerät man zwar immer wieder in Situationen, in denen man sich ausgeschlossen fühlt, weil man von gewissen Themen einfach keine Ahnung mehr hat. Heute bin ich allerdings froh, dass ich über diese Dinge gar nicht mehr mitdiskutieren muss; oft ist es sogar befreiend, weil die meisten aktuellen Themen ja nur negativ sind.

Wir dürfen auch nicht vergessen, dass wir alle über das Fernsehen und die Presse manipuliert werden. Da werden sehr bewusst Meinungen suggeriert und in die Köpfe der Zuschauer gepflanzt. Ich will hier keine Verschwörungstheorien aufstellen, da sie nicht hilfreich sind, doch seit ich mich nicht mehr auf Mainstream-Medien einlasse und deren Programm konsumiere, fällt es mir viel leichter, eigene Wahrheiten zu finden und nicht nur das Vorgesagte wiederzukauen.

Außerdem finde ich es erschreckend, wie niveaulos viele Unterhaltungssendungen sind, die täglich ausgestrahlt werden. Ein absolutes Armutszeugnis. Da werden Menschen vorgeführt, die nur streiten, ständig jammern, rumsitzen, rauchen, trinken, schreien, und im Grunde passiert nicht viel mehr. Das nenne ich schlicht und ergreifend »Asi TV«. Wer sich so etwas immer wieder »reinzieht«, hat irgendwann das Gefühl, es sei normal, sich so zu verhalten. Das Schlimme daran ist, dass dieses ganze Destruktive auf unser Unterbewusstsein wie eine ständige Suggestion wirkt.

Noch schlimmer ist es nur, wenn wir den Fernseher die ganze Zeit nebenher laufen lassen, aber nicht mal bewusst schauen, denn die Informationen gehen direkt ins Unterbewusstsein. Und besonders tragisch finde ich es, wenn man Kinder hat und im Hintergrund ständig der Fernseher läuft. Kinder haben noch gar keinen Filter und alles Gehörte und Gesehene geht direkt in ihr Unterbewusstsein, und das wiederum kann nicht unterscheiden zwischen TV-Sendung und Realität. Für das Unterbewusstsein ist alles Realität. Also erspar deinen Kindern diese ganzen zweifelhaften Talkshows, Daily Soaps und Reality-TV, denn was bitte schön sollen sie lernen?

Ich persönlich finde es schon traurig, dass Unterhaltung, egal in welcher Form, mit sinnvollen Inhalten und positiven Aussagen es kaum noch ins Fernsehen, in die Zeitung oder ins Kino schafft. Da frage ich mich manchmal schon, warum das so ist.

Mal ehrlich, letztlich bist du es, der entscheidet, sich mit diesen Inhalten tagtäglich zu belasten. Aber du bist es auch, der sich selbst sagen kann: »Ich bin mir mehr wert und ich tue mir das nicht mehr an!« Zugegeben, die Welt wird dadurch nicht besser, doch dein Alltag wird sich absolut verändern, denn es wird dir noch leichter fallen, in deiner *Enjoy this Life*®-Persönlichkeit zu bleiben und glücklicher und zufriedener zu sein. Glaube mir, nach einer gewissen Zeit wirst du merken, dass sie durchaus eine Wirkung auf dein Umfeld hat und sich dieses allmählich verändert. Vielleicht können wir, jeder Einzelne von uns, ja doch damit die Welt zu einer besseren machen. Denn uns muss klar sein, solange wir Interesse für solche destruktiven oder seichten Sendungen oder reißerische, negative Zeitungsberichte zeigen, so lange werden sie auch produziert! Wenn aber immer weniger Menschen diese konsumieren, dann müssen all die Produzenten und Redakteure darauf reagieren und hochwertigere, anspruchsvollere Beiträge produzieren. Es gibt sie zum Glück auch immer mehr, was zeigt, dass viele das erkannt haben und es leid sind, sich täglich mit all den Soaps, Talkshows und Horrornachrichten abspeisen zu lassen.

Probiere es einfach mal aus, lass mal drei Monate die genannten Medien weg, und ich bin mir sicher, du wirst merken, dass du diese Art der Unterhaltung in deinem Leben nicht mehr brauchst.

Umgib dich mit der Energie, die du brauchst

Etwas, das mir sehr hilft, in der *Enjoy this Life*®-Persönlichkeit zu bleiben und auch die neue Energie besser zu verankern, ist, absichtlich in die fehlende Energie reinzugehen und mich mit dieser zu umgeben. Dieses Vorgehen möchte ich dir sehr ans Herz legen, gerade zu Beginn oder wenn du merkst, dass dir gewisse Aspekte deiner *ETL*®-Persönlichkeit zu leben schwerfällt.

Durch das vorangegangene Kapitel dürfte dir inzwischen klar geworden sein, dass die Energien, in denen wir uns bewegen, durch unsere täglichen Eindrücke und unser Konsumverhalten sowohl bewusst wie auch unbewusst beeinflusst werden und folglich unsere Resonanz verändern. Deswegen empfehle ich dir auch immer wieder, darauf zu achten, in welchem Umfeld du dich bewegst, welche Lokale du besuchst, mit welchen Energien du dich umgibst. Denn wenn wir beginnen, uns und unser Leben zu verändern, fallen wir oft wieder in die »alte« Energie zurück, weil wir es einfach so gewohnt sind. Deswegen kann es dir besonders helfen, deinen Alltag mal genauer unter die Lupe zu nehmen.

ÜBUNG

Entwerfen wir dazu wieder eine Liste. Notiere alle Bereiche, in denen deiner Ansicht nach noch ein Mangel herrscht und die optimiert werden könnten. Wenn du magst, kannst du auch wieder drei Spalten anlegen: links = was jetzt schon top ist, Mitte = was ab und zu absolut in Ordnung ist, rechts = alles, was du unbedingt anpassen möchtest. Alles in der linken Spalte brauchst du dann gar nicht weiter zu beachten, weil es für dich in der Form bereits absolut stimmig ist. Ich persönlich finde auch, dass es hier Dinge in der mittleren Spalte geben darf, von denen wir zwar wissen, dass sie nicht ideal sind, die uns aber dennoch Spaß machen können oder die einfach zurzeit noch stimmig sind.

Hier zwei Beispiele aus meinem Leben, damit du weißt, was ich in der mittleren Spalte stehen habe:

1. Ich höre wirklich unglaublich gern Hip-Hop und ich weiß natürlich, dass manche Texte anstößig oder ziemlich derb sind. Hauptsächlich höre ich mir positive, aufbauende Texte an, aber hin und wieder habe ich auch mal Lust, etwas Härteres oder Derberes zu hören. Doch mache ich es heute sehr bewusst und nicht mehr wie früher, wo diese Musik einfach ständig und auch im Hintergrund lief. Ich hatte eigentlich immer Kopfhörer in den Ohren und im Auto und zu Hause lief immer Hip-Hop. Heute trage ich ab und zu auch noch Kopfhörer, doch dann gibt es jedes Mal einen bestimmten Grund dafür. Zum Beispiel höre ich vor Auftritten Musikstücke, die mir die Energie geben, die ich auf der Bühne haben möchte. Dies kann auch noch ein tolles Tool für dich sein. Suche dir Musik, die für richtig gute Laune sorgt, die

dich happy macht, und höre sie oft und vor allem sehr bewusst an. Ich mag das sehr.

2. Ab und zu gehe ich in ein richtig typisches Pub, obwohl ich weiß, dass dort oft nicht die beste Energie vorherrscht, weil viele der Gäste ein Problem mit Alkohol haben oder sich nur negativ unterhalten. Doch manchmal habe ich Lust auf diese etwas »versiffte« Atmosphäre und ich gehe zwar wirklich selten, dafür aber sehr bewusst in ein Pub.

Seit ich allerdings die Dinge aus der Mitte meiner Liste ganz bewusst mache, hat das alles eine ganz andere Wirkung auf mein Energiefeld. Es berührt mich kaum noch, weil ich mir im Klaren bin, warum ich es tue, und auch weiß, was nicht so ideal ist, ich mir dann aber sage: »Das Nicht-Ideale hat nichts mit mir zu tun, ich mache es aus dem und dem Grund.« Es steckt eine ganz andere, bewusste Absicht dahinter.

Doch gehen wir zurück zu dem Punkt, an dem du dich bewusst mit den Energien umgibst, die du in deinem Leben stärken möchtest. Ich habe als Beispiele aus meinem Leben die Themen Geld und Erfolg gewählt, weil viele Menschen ähnliche Themen haben. Diese sollen dir aber nur als Inspiration dienen, du musst es natürlich auf deine Situation und dein Leben anpassen.

Ich habe bis zum Alter von 28 Jahren noch zu Hause gelebt, weil mir das nötige Geld für eine eigene Wohnung fehlte. Obwohl ich damals schon als Medium sehr bekannt war, hatte ich Geld und Erfolg keine Aufmerksamkeit geschenkt, da mir gerade in der spirituellen Szene immer wieder eingeredet wurde, spirituell sein und Geld verdienen gehöre nicht zusammen. So wurden alle um mich herum finanziell immer unabhängiger und wohlhabender, ich dagegen hatte eine 7-Tage-Woche, arbeitete zum Teil 12 bis 16 Stunden und wohnte in meinem Kinderzimmer. Na ja, meine Mama und ich nannten es WG, das hörte sich besser an. Aber Tatsache war, ich wohnte noch bei ihr. Zu der Zeit fiel mir auf, dass ich da wohl zu einem Trugschluss gelangt war, dass Geld im Grunde auch nur eine Energie ist, ich allerdings viel Zeit und Kraft in meine Tätigkeit investierte, es mir selbst jedoch nicht wert war, den Energierückfluss anzunehmen. Ich war es von klein auf gewohnt, sparsam zu leben, meine Mutter war alleinerziehend und unsere Verhältnisse waren sehr bescheiden. Es gab damals immer wieder auch Tage, an denen meine Mutter alles Kleingeld zusammenkratzen musste, damit wir etwas zu essen hatten. Doch meine Mutter machte immer das Beste daraus, deswegen fühlte ich mich in dem »Mangel« auch wohl und dachte nie, mir würde wirklich etwas fehlen. Weil wir Kinder von unserer Mutter viel Zuwendung und Liebe erfahren und auch Familienzusammenhalt gelernt hatten, war mir mein eigenes Mangeldenken nie bewusst. Ich sagte stets: »Geld ist nicht wichtig. Ich liebe meine Tätigkeit, mir ist es egal, wie viel Geld ich dafür bekomme.«

Sicher sind diese Grundgedanken edel und ich bin heute noch überzeugt, dass Liebe viel wichtiger ist, doch lehne ich inzwischen den Rückfluss an Geld nicht mehr ab. Ich musste auch zuerst mal lernen, dass meine Arbeit es wert war, entlohnt zu werden. Und außerdem bei den Leuten, die mich gemanagt hatten, deutlich Stellung zu beziehen und ihnen klarzumachen, dass es von nun an eine neue Aufteilung geben würde. Mir war immer von außen eingeredet worden, dass ich nur dank ihnen erfolgreich wäre, nur ihnen hätte ich es zu verdanken, dass ich dort stehe, wo ich stehe. Wenn ich heute zurückblicke, ist mir bewusst, dass mir viele Menschen halfen und mich auch unterstützten, aber es waren nicht diese, die mir das immer wieder eintrichtern wollten, sondern diejenigen, die sich nicht in den Vordergrund drängten und meine Freunde wurden und mit denen das Zusammenarbeiten einfach Spaß machte.

Deswegen hier mal mein erster Tipp: Wenn dir jemand ständig sagt, was er alles für dich getan hat, dass du nur dank ihm dort bist, wo du bist, oder allgemein dich jemand immer kleinmacht und sich selbst überhöht, dann mache dir bewusst, dass es meistens genau die Leute sind, die dich blockieren, und nicht die, die dich wirklich fördern. Ich muss allerdings zugeben, dass einige »Exemplare« mit dieser Manipulation dermaßen gut sind, dass man lange braucht, um es zu merken. Wenn du es erkennst, dann darfst du solchen Menschen nicht böse sein, sie sind im Grunde selbst total im Mangel und leben von deiner Energie. Heute verzeihe ich solchen Leuten, denn mir ist klar geworden, dass ich es auch zugelassen habe, es gehören immer zwei dazu. Falls du in einer solchen Situation bist, sag einfach »Stopp!«, geh in die *Enjoy this Life*®-Persönlichkeit und unterbinde es. Manchmal kann eine »Trennung« von diesen Menschen wirklich heilsam sein, und zwar auf allen Ebenen.

Doch wie kam ich nun in die richtige Energie? Was ich sehr hilfreich fand, war Biografien von erfolgreichen Menschen zu lesen und Dokumentationen anzuschauen. Das hat mir geholfen zu sehen und zu verstehen, wie sie denken und handeln. Auch habe ich dabei festgestellt, dass viele, die erfolgreich wurden, es nicht von Anfang an waren, sondern eher das Gegenteil, dass sie enorm viel für ihren Erfolg getan haben und sich von Rückschlägen nicht aufhalten ließen. Ich habe meinen Freundeskreis auch ausgeweitet und viele Menschen kennengelernt, die erfolgreich waren. Je mehr ich mit solchen Menschen zusammen war, ihr Denken beobachtet habe und auch ihr Handeln, umso mehr hat diese Energie sich auch auf mich übertragen. Ich habe angefangen, klarer zu verhandeln, mehr auf das zu hören, was ich wollte, und habe aufgehört, Sachen zu machen, die für mich keinen Sinn ergaben. Ich habe bewusst damit angefangen, mein Zimmer zu entrümpeln, Platz zu schaffen für Neues. Und wenn ich mir etwas gekauft habe, habe ich mehr darauf geachtet, dass es wirklich schön ist und zu mir passt und weniger auf den Preis, so wie früher. Ich habe für gewisse Dinge einfach ein paar Monate länger gespart, weil ich nicht bei jeder Anschaffung denken wollte: »Ist zwar nicht das, was ich wollte, aber es war wenigstens günstig.« Außerdem fiel mir auf, dass ich mir zu dieser Zeit selbst kaum etwas leistete, ich dagegen gern Geld für andere ausgab, Freunde, Familie und Bekannte. Ich merkte dann bald, dass der Hauptgrund nicht nur meine Nächstenliebe war, sondern auch meine fehlende Selbstliebe. Ich dachte nämlich oft: »Du kannst dir doch nicht selbst was Gutes tun, du musst auch XY was Gutes tun.« Das ist sicher richtig, aber ich wusste auch, um aus dem Mangel zu kommen, musste ich zuerst mich selbst lieben lernen. So begann ich, mir selbst auch schöne Dinge zu gönnen, ich achtete auf meinen Körper und ging häufig mit Freunden schöne Wohnungen oder Autos anschauen und versuchte mich mit der Energie anzufreunden.

Ich vermied Gespräche, die sich um meinen Mangel drehten, denn das habe ich auch gelernt: Erfolgreiche verteilen in Zeiten, in denen es ihnen nicht so gut geht, selten bis nie die Visitenkarte »mir geht es schlecht« oder Ähnliches. Es ist gar nicht so leicht zu erklären, was ich genau damit meine, sich mit der Energie zu umgeben, die einem fehlt. Doch wenn du zum Beispiel krank bist, triff dich mit Menschen und umgib dich mit Dingen, die dich ans Gesundsein erinnern. Jammere nicht, suche den Kontakt zu Menschen, die vielleicht trotz ihrer Krankheit noch voll am Leben teilnehmen.

Ich habe auch gelernt, andere Menschen zu bewundern und mich für ihre Erfolge oder andere positive Kleinigkeiten zu freuen. Wenn ich Neid bei mir wahrnahm, setzte ich mich hin und überlegte, woher dieses Gefühl kommt, warum ich diesen Mangel in mir trage, und machte mir bewusst, dass XY nicht für meinen Mangel verantwortlich ist, sondern ich allein da heraustreten kann. Ich sprach auch Menschen direkt an, wollte wissen, wie sie dies oder jenes erreicht hatten. Für mich war faszinierend, dass wirklich erfolgreiche Menschen ihr Wissen gern mit anderen teilen. Dass sie das Wissen/die Energie nicht für sich behalten, dass sie dich auch nicht als klein und unwürdig betrachten, sondern gern unterstützen. Ich machte eher die Erfahrung, dass Menschen, die nicht glücklich und zufrieden waren, mich kleinmachten und auch ihr Wissen ungern teilten.

Achte mal darauf, ob zum Beispiel deine Kleidung, deine Einrichtung, dein Essen, dein Style, dein Schmuck, deine Orte, die du besuchst, deine Musik, deine Bücher, deine TV-Sendungen und so weiter, ob all das wirklich zu deiner neuen *Enjoy this Life*®-Persönlichkeit passt. Falls du da Differenzen feststellst, und das wirst du, beginne diese Punkte nach und nach zu verändern. Vieles kann man nicht sofort angehen, weil vielleicht noch das Geld oder die zündende Idee fehlt. Doch beobachte dich immer mal wieder und frage dich dann: Umgebe ich mich mit der Energie, die mich auch unterstützt? Mir hat das unglaublich geholfen, meine *Enjoy this Life*®-Persönlichkeit noch besser zu spüren und zu leben. Probiere es einfach mal aus.

Wie geht eine *Enjoy this Life*®-Persönlichkeit mit Kritik um?

Zunächst sollte ich betonen, dass es für mich zwei Arten von Kritik gibt: konstruktive und destruktive. Konstruktive Kritik lässt sich leicht annehmen und auch auf ihre Sinnhaftigkeit überprüfen, denn diese ist vom Ton und von der Energie her wohlwollend und unterstützend. Deswegen gehe ich hier nicht weiter darauf ein. Doch viele Seminarteilnehmer sagen mir immer wieder: »Sobald ich Kritik bekomme, falle ich oft aus meiner *Enjoy this Life*®-Persönlichkeit. Wie kann ich besser damit umgehen?«

Als Erstes musst du dir stets bewusstmachen, dass Kritik nur die Meinung eines anderen Menschen ist, und so viele Menschen es gibt, so viele Wahrheiten und Meinungen gibt es auch. Diese Meinung ist aber nicht deine persönliche Wahrheit, sondern wird erst zur persönlichen Wahrheit, sobald du sie dazu machst. Wenn mich Kritik verunsichert, dann nur, wenn ich selbst von meinem Handeln nicht ganz überzeugt bin oder ich gemerkt habe, dass das noch ein Schwachpunkt ist. Ich beobachte immer zuerst, was mit mir passiert, wenn ich kritisiert werde. Verletzt es mich, macht es mich wütend, möchte ich mich rechtfertigen? Dann weiß ich sofort, die Person, die Kritik anbringt, hat irgendwo recht, da gibt es etwas, das ich mir anschauen muss. Damit du mich richtig verstehst: Es heißt nicht, dass ihre Kritik gerechtfertigt ist, doch da ist etwas in mir, das noch nicht hundertprozentig stimmig ist. Vielleicht bringt die Person Punkte vor, die ich noch nicht ganz durchdacht habe oder bei denen mir noch das Selbstbewusstsein fehlt oder die Klarheit in meinem Handeln. Auf jeden Fall denke ich, wenn ich diese negativen Gefühle habe, oft: »Du hättest es zwar netter sagen können, aber ich spüre da eine negative Emotion dir gegenüber, also hast du irgendwo recht, da gibt es was, das ich anschauen muss!« Sobald mir das auffällt, gehe ich gar nicht weiter auf die Vorwürfe ein, sondern ich bedanke mich für die Kritik und sage: »Vielen Dank für deine Meinung und deine Gedanken, ich werde sie mir mal durch den Kopf gehen lassen und mal schauen, wie ich gewisse Punkte in mein Leben integrieren kann.« Ich lasse mich nie auf eine Diskussion ein, wenn ich merke, dass ich destruktive Empfindungen hege, da ich aus Erfahrung weiß, dass sie oft nur zu Streit oder zu Rechtfertigungen führt. Wenn es jemand im Grunde gut mit dir meint, wird er auch aufhören und nicht mehr mit dir diskutieren wollen.

Es gibt allerdings auch andere, die dann erst recht Kritik anbringen wollen, da denke ich mir ganz entspannt meinen Teil: Zu 99 Prozent sind das nämlich genau die Menschen, die selbst nichts erreicht haben, aber andere kleinmachen müssen, um sich besser zu fühlen.

Doch wie schon gesagt: Hat mich die Kritik unangenehm berührt, dann weiß ich, der andere hat irgendwo recht und ich sollte es ernst nehmen und mir genauer anschauen. Für mich analysieren, was mich verletzt hat, was vielleicht meine Ausreden sind und in welche tief verwurzelte Muster ich verfalle, die noch ein Umdenken und Umwandeln in meiner *Enjoy this Life*®-Persönlichkeit benötigen. Dies tue ich wohlgemerkt nur für mich. Außerdem mache ich mir bewusst, dass der andere im Grunde kein Kritiker, sondern eher mein Lehrer oder Freund ist, auch wenn er oder sie mich schonender oder auf nettere Weise hätte kritisieren können.

Sollte mich aber eine Kritik gar nicht emotional berühren, sage ich einfach nur: »Vielen Dank für deine Meinung« und gehe weiter meines Weges, weil ich weiß, in dem Fall ist es sein

Thema und nicht meines. Sicher wird das von einigen als Arroganz ausgelegt, absolut. Falls du eben diesen Gedanken beim Lesen hattest, dann frage dich: Woher kommt die Angst vor Ablehnung? Nun, letztlich wollen wir von jedem geliebt werden. Wir sind von unserer Genstruktur her immer noch Rudeltiere und tun deswegen oft Dinge, die wir gar nicht wollen. Wir versuchen auf Teufel komm raus, mit jedem irgendwie in Harmonie zu sein, weil wir die Urangst vor dem Alleinsein haben. Mir ist das allerdings relativ egal. Wenn ich merke, jemand hat einfach nur Lust, mich schlechtzumachen, dann will ich den gar nicht als Freund, der darf mich dann ruhig blöd und arrogant finden.

Außerdem ist mir aufgefallen, dass ich die schlimmste Kritik nie von erfolgreichen Menschen bekommen habe, sondern oft sogar von anderen Therapeuten, Medien, Autoren, die auf einem ähnlichen Gebiet arbeiten, aber keinen Erfolg hatten. Heute lächle ich meistens darüber und schicke ihnen in Gedanken Heilung und bedanke mich, dass ich ihnen so viel wert bin, dass sie täglich Stunden aufbringen, über mich zu reden und mich zu kritisieren. Schade, dass sie häufig nicht erkennen, dass sie selbst auch glücklicher und erfolgreicher wären, würden sie diese Zeit in sich selbst und ihre *Enjoy this Life*®-Persönlichkeit investieren.

Noch als letzter Tipp: Versuche ganz bewusst in deiner *Enjoy this Life*®-Persönlichkeit zu bleiben oder in sie zu gehen, und du wirst feststellen, oft kommt dir der richtige gedankliche Input, wie du handeln kannst, und Kritik verletzt dich viel weniger. Mache dir auch klar, je glücklicher und zufriedener du wirst, umso mehr »Tester« wird es in deinem Leben geben. Gerade am Anfang wird es immer wieder Menschen geben, die schlecht damit umgehen können, wenn es dir gut geht. Lass dich einfach nicht irritieren, sondern bleibe in deiner *Enjoy this Life*®-Persönlichkeit und betrachte solche Menschen nicht als deine »Feinde«, sondern als deine »Freunde«. Sie testen dich nur, um zu schauen, wie sicher du bist, dass du dein Leben ab jetzt selbst in die Hand nimmst.

Schlafe wie eine *Enjoy this Life®*-Persönlichkeit

Schlaf ist für unsere Regeneration und auch für unser Energiesystem enorm wichtig. Leider wird das oft viel zu wenig beachtet, nicht selten erst dann, wenn man unter Schlafstörungen leidet oder am Morgen nicht mehr so erholt ist, wie man es gern hätte.

Ich möchte dir ein paar Tipps geben, wie du deinen Schlaf optimieren kannst und, wenn du Lust dazu hast, sogar noch deine *Enjoy this Life*®-Persönlichkeit im Schlaf vertiefen oder gewisse Muster und Blockaden während des Schlafes auflösen kannst. Als Erstes will ich mal ganz profan auf dein Schlafzimmer eingehen.

Aus meiner persönlichen Sicht sollte man keine elektrischen Geräte im Schlafzimmer haben, wie Radio, Radiowecker, Fernseher, Computer oder Ähnliches. Natürlich ist mir bewusst, dass es manchmal aus Platzgründen nicht anders möglich ist. Doch für alle, die genügend Platz in der Wohnung haben, gilt: Bitte stellt alles raus. Ich bin kein Elektrosmog-Fanatiker wie gewisse andere Kollegen, doch sicher sind die Strahlen auf Dauer nicht ideal, vor allem nicht in der Nacht. Also, alles raus aus dem Schlafzimmer, und falls es nicht möglich ist, kaufe dir wenigstens Stromleisten, die man mit Kippschalter ganz leicht ausschalten kann, sodass kein Strom mehr fließt. Damit sparst du sogar noch Geld. Bitte auch kein Handy auf dem Nachttisch neben dem Bett liegen haben, höchstens im Flugmodus, oder wenn du erreichbar sein musst, lege dein Handy in das Nachbarzimmer und lass die Tür offen.

Viele Klienten kamen zu mir in die Praxis und sagten: »Ich kann nicht schlafen, ich denke, das muss an einem bösen Geist liegen oder an negativer Energie!« In 80 Prozent der Fälle waren es aber absolut natürliche Ursachen, die wir einfach oft übersehen oder nicht mehr wahrnehmen. Das liegt daran, dass die meisten sich nicht bewusst sind, dass im Grunde genommen alles Energie ist und natürlich auch auf uns einwirkt – ein paar Dinge ganz bewusst und ein paar eher unbewusst. Darum gebe ich dir hier eine Reihe wichtiger Tipps. Bei einigen wirst du denken: »Das ist doch logisch«, aber vieles, was für uns selbstverständlich und normal ist, ist für andere eben nicht normal, weil sie es nicht anders kennen.

TIPPS

1. Räume dein Schlafzimmer auf. Im Idealfall sollten sich nur Kleiderschrank und Bett im Schlafzimmer befinden. Also entrümple mal dein Schlafzimmer. Bei vielen sieht es aus wie in einer Rumpelkammer, wo sich die Wäscheberge türmen, Bügelwäsche herumliegt oder wo unter dem Bett viele Dinge verstaut werden. Bedenke: Alles, was sich unter deinem Bett befindet, auch wenn es versteckt in Schubladen liegt, hat eine Energie, und du liegst jede Nacht darauf. Es sollte wirklich so wenig wie möglich in deinem Schlafzimmer sein, weil wir in der Nacht unsere Aura ausbreiten und dadurch noch empfänglicher sind.

2. Reinige mal dein Schlafzimmer sowohl physisch wie auch energetisch. Wie das geht, hatten wir ja schon im Kapitel »Entrümpeln«.

3. Achte darauf, welche Bilder oder Fotos an den Wänden hängen. Welche Grundstimmung wird darauf gezeigt? Entferne alles, was nicht harmonisch und ruhig ist.

4. Bei massiven Schlafstörungen empfehle ich, dein Bett zu verschieben, vielleicht liegst du auf einer Wasserader oder Erdverwerfung. Hast du einen Hund, dann räume mal dein ganzes Schlafzimmer aus. Der Hund legt sich immer an den energetisch besten Platz für uns Menschen. Dort, wo der Hund sich so richtig ausstreckt und entspannt schläft, ist der beste Platz für dein Bett. Katzen suchen sich immer den energetisch schlechtesten Platz für uns Menschen aus. Wenn deine Katze gern in deinem Bett schläft, ist schon relativ klar, dass dort nicht die besten Energien für dich als Mensch vorherrschen. Für die Katze schon. Viele erzählen mir: »Ach, meine Katze schläft aber nur unten bei den Füßen, die stört nicht.« Ich frage dann: »Wie sieht es mit Krampfadern aus? Unterleibsschmerzen? Unterer Rücken? Prostata? Potenz? Oder allem, was die unteren Körperpartien betrifft?« Häufig finden sich dort Defizite, bei Paaren nicht immer bei beiden, aber oft bei einem. Wenn die Katze zum Beispiel nur bei den Füßen schläft, kann es ein Indiz dafür sein, dass eine Erdverwerfung oder Wasserader das Bett genau in der

Mitte durchteilt. Viele Klienten erfuhren Heilung nur, indem sie das Bett an einen anderen Platz stellten. Es gibt natürlich auch Menschen, die diese Energien herauspendeln können und dir sagen, wo sie durchlaufen, oder sie gar entstören können. Doch die günstigste Variante ist ein Hund und das Bett umzustellen. Gerade beim Entstören von Energien wird vieles auf dem Markt angeboten, das sehr teuer und einfach nur Müll ist.

5. Reinige von Zeit zu Zeit auch mal deine Matratze, sowohl physisch als auch energetisch, beispielsweise durch Ausräuchern oder indem du sie für ein paar Stunden in die Sonne legst. Wechsle regelmäßig deine Bettwäsche, und ich meine damit nicht zweimal im Jahr. Frage dich selbst: Ist es nicht viel schöner, in einem frischen Bett zu schlafen? Ich persönlich finde auch, Haustiere gehören nicht ins Bett.

6. Achte darauf, welche Sendungen du vor dem Einschlafen im Fernsehen anschaust, welche Musik du hörst oder welches Buch du liest. Oft nehmen wir die letzten Gedanken mit ins Bett und dort werden sie vom Unterbewusstsein weiterverarbeitet. Lies inspirierende Texte und schaue dir keine sinnlosen Fernsehsendungen an.

7. Diskutiere und streite nie in deinem Bett oder Schlafzimmer. Auch nicht bei den Kindern. Denn diese Energie wird freigesetzt und lässt uns schlecht einschlafen und vor allem schlecht erholen.

Dies waren nur einige Tipps, achte mal darauf, was dir guttut und was dich besser und erholter schlafen lässt. Ich selbst trinke sehr gern am Abend noch Gerstengrassaft, den gibt es in Pulverform in jedem Reformhaus zu kaufen. Auch tagsüber trinke ich ihn oft. Er ist unglaublich gesund und ich schlafe dann viel besser. Ich würde jedem mit Schlafproblemen empfehlen, es mal auszuprobieren; es dauert ein paar Tage, bis sich die Wirkung einstellt, doch vielen hilft es. Achte auch auf genügend hochwertiges Magnesium und Kalzium. Du kannst dir gar nicht vorstellen, wie viele Menschen täglich Schlafmittel nehmen, dabei haben sie nur einen Magnesium- und Kalziummangel. Bevor du zu Tabletten greifst, probiere es mal aus und achte auf hochwertige Nahrungsergänzung.

Wenn du dich an einem guten Schlaf erfreust, kannst du diesen auch ideal nutzen, um dein Unterbewusstsein zu verändern. Ich mache das schon seit Jahren, und zwar jede Nacht. Wie? Ich höre mir positive Suggestionen an, und das die ganze Nacht hindurch. Dabei nutze ich den Schlaf, weil dann mein aktives Tagesbewusstsein ausgeschaltet ist und die Suggestionen direkt in mein Unterbewusstsein gleiten. So kann ich auch Suggestionen verwenden, die mein aktives Tagesbewusstsein ablehnen würde. Ein Beispiel: »Ich bin gesund und erfolgreich« – auch wenn das vielleicht zurzeit noch nicht ganz der Wahrheit entspricht. Du kannst eine solche CD oder MP3-Datei mit Suggestionen selbst ganz leicht herstellen. Mit der heutigen Technik ist das relativ leicht und auch kostengünstig. Informiere dich einfach im Internet, wie du so etwas machen könntest. Dann schreibe dir Suggestionen auf, die für dich stimmig sind, und sprich diese in einem für dich angenehmen Tempo auf. Wenn du magst, kannst du auch noch sanfte Hintergrundmusik dazu laufen lassen. Dann spiele diese Eigenkreation jede Nacht ab, und zwar im Wiederholmodus, vom Einschlafen bis zum Aufwachen. Die Lautstärke ist dabei nicht so entscheidend, du kannst es auch sehr leise stellen, sodass es für dein Gehör gerade noch zu vernehmen ist. Wichtig ist, dass du es täglich machst und dabei über einen längeren Zeitraum dieselben Suggestionen/Affirmationen benutzt. Im Kapitel »Nächtliche Suggestionen als Hilfsmittel« findest du ein paar Vorschläge von mir für Affirmationen, die du nutzen kannst, aber du kannst dir natürlich auch eigene ausdenken. Wichtig ist dabei immer, dass sie positiv formuliert sind und keine negativen oder destruktiven Aussagen enthalten. Idealerweise sind die Affirmationen im Präsens, das heißt dem Ist-Zustand formuliert. Also nicht »Ich werde erfolgreich«, sondern »Ich bin erfolgreich«.

Falls du keine Lust hast, die CDs selbst zu erstellen, gibt es einige Produkte dazu auf dem Markt. Meine eigenen wurden genau nach diesem Prinzip gemacht: Alle CDs und Downloads von mir, die das *Enjoy this Life*®-Logo tragen, enthalten Nachtanwendungen oder sind reine Nachtanwendungen. Dazu gibt es auch CDs zu diversen Themen, zum Beispiel eine bei Schlafstörungen (Gesunder Schlaf). Probiere ein paar CDs aus – die Stimme muss für dich angenehm sein. Ich selbst schreibe die Texte für mich auf und lasse oft meine Freundin, die für mich eine angenehme Stimme hat, die Texte aufsprechen, da ich durch meine vielen Vorträge und Seminare meiner eigenen Stimme manchmal überdrüssig bin.

Mir persönlich helfen diese CDs sehr, weil ich so die Zeit des Schlafes nutzen kann und ich wirklich merke, wie sich mein Leben im Schlaf verändert. Ich mache das schon seit fast zehn Jahren jede Nacht und oft höre ich mir eine CD mit einem Thema ein ganzes Jahr lang an. Ich muss allerdings zugeben, dass ich es vielleicht ein bisschen übertreibe, doch du solltest mindestens drei Wochen lang Affirmationen zu deinem Thema anhören, damit es sich tief verankern kann. Für mich gehören meine nächtlichen Suggestionen einfach dazu und mit den heutigen Smartphones kann man sie ganz leicht überallhin mitnehmen. Natürlich in der Nacht nur im Flugmodus ;-)

Durch Fasten alte Energien loslassen

Über den Körper und das Körperbewusstsein haben wir ja schon ausführlich gesprochen. Doch bei meinem Onlinekurs zum Thema *Enjoy this Life*® hat eine Teilnehmerin mir mitgeteilt, dass sie etwas vermisst hätte, und das wäre das Fasten.

Ich fand dies einen sehr guten Input, deswegen möchte ich an dieser Stelle kurz darauf eingehen. Ich persönlich lege immer ein- bis zweimal im Jahr eine Fastenzeit ein, einfach um meinen Körper auch von innen richtig zu reinigen. Dazu eignen sich verschiedene Methoden und es gibt gute Bücher darüber. Sogar Kurse oder Fastenwochen werden angeboten. Diese kann ich dir, besonders wenn du das erste Mal über einen längeren Zeitraum fasten möchtest, nur ans Herz legen. Da das Thema sehr komplex ist, möchte ich mich hier nur auf einige Punkte beschränken, warum ich Fasten auch für eine *Enjoy this Life*®-Persönlichkeit als sinnvoll betrachte, und dir am Ende einen Fastentipp geben, der für jeden leicht umsetzbar ist.

Wenn wir fasten, entlasten und reinigen wir nicht nur unseren Körper, sondern auch unseren Geist. Wusstest du, dass ein Großteil unserer Körperenergie für die Verdauung gebraucht wird, wenn wir »normal« essen? Mir war dies nicht bewusst. Doch als ich meine erste Fastenkur machte, merkte ich sehr schnell, wie der Prozess meinen Körper reinigte und auch mein Geist viel klarer wurde. Meine Kur erstreckte sich über mehrere Tage, und ich gebe es zu, die ersten zwei Tage war es unglaublich schwer, ich stieß an meine Grenzen. Aber danach stellte sich in meinem Geist und in meinem Körper eine Leichtigkeit ein. Ich fühlte mich nach der Fastenkur auch viel wohler und vitaler. Sie kann dir wirklich helfen, deine *Enjoy this Life*®-Persönlichkeit besser zu integrieren und außerdem alte Themen nicht nur physisch loszulassen, sondern auch auf geistiger Ebene.

Da ich nicht weiß, mein lieber Leser, wie es dir gesundheitlich geht und in welchem Zustand du dich gerade befindest, empfehle ich dir, nicht gleich einen Fastenkurs von mehreren Tagen zu besuchen und keinesfalls in Eigenregie tagelang zu fasten. Wenn du fasten möchtest, suche dir einen geeigneten Therapeuten oder sprich mit deinem Arzt darüber, die können dir kompetente Beratung geben, und falls du Medikamente nimmst, kläre vorher ab, ob du überhaupt fasten darfst. Doch für den Anfang möchte ich dir einen Tipp geben, wie du zunächst mal einen Fastentag einlegen kannst. Denn wenn wir einmal die Woche oder einmal im Monat auch nur einen Tag fasten, kann das unseren Körper schon unglaublich entlasten.

Das Fasten kann auf unzählige Arten erfolgen, ich gebe dir hier zwei, drei Inspirationen, ein paar sind Beispiele für typisches Fasten, ein paar eher ein Mittelweg. Probiere einfach das aus, womit du dich wohlfühlst, und wenn du merkst, dass es dir guttut, dann wirst du dich ohnehin selbst noch mehr mit diesem Thema beschäftigen wollen und dir deine eigene Fastenkur zusammenstellen.

TIPPS

Ehe du mit dem Fasten beginnst, solltest du einen Tag vorher nur leichte Kost zu dir nehmen. Also nichts, das schwer zu verdauen ist, wie zum Beispiel Milchprodukte, Fleisch, Süßigkeiten, viel Fett. Als Vorbereitung kannst du auch am Vorabend dafür sorgen, dass dein Darm komplett entleert ist, indem du Glaubersalz oder etwas Ähnliches als Abführmittel einnimmst. Oder was aus meiner Sicht angenehmer und ich denke auch gesünder ist: Mach dir einen Einlauf. Bei einem Einlauf kannst du auch Weizengrassaft oder Gerstengrassaft hinzufügen. Diese beiden sorgen zudem für ein gutes Säure-Basen-Milieu im Darm. Was ich außerdem ohnehin immer empfehle, sind Darmbakterien (die guten Bakterien) für eine gesunde Darmflora; ich selbst esse aber keine Produkte wie Joghurt oder Ähnliches, die mit Darmbakterien angereichert sind, da ich Milchprodukte nicht für sinnvoll erachte.

Falls Fasten nichts für dich ist, können regelmäßige Einläufe dir helfen, deinen Darm zu entlasten und zu reinigen. Natürlich sollte man das nicht übertreiben und dann wirklich auch auf die Einnahme von guten Darmbakterien achten. Da gibt es inzwischen viele Produkte in Pulverform. Ich persönlich verwende am liebsten Probiosan. Falls du deinen Darm nicht entleeren möchtest, kannst du dennoch einen Fastentag einlegen.

Fastentag

1. Trinke morgens als Erstes ein Glas lauwarmes Wasser mit dem Saft einer ausgepressten Zitrone oder auch einer Limette. Ideal wäre noch eine Prise Cayennepfeffer als Ergänzung. Nachmittags trinkst du ein weiteres Glas dieser Mischung.

2. Etwa 20–30 Minuten nach dem ersten Glas Zitronenwasser trinke ein weiteres Glas Wasser, diesmal mit zwei bis drei Esslöffeln Apfelessig. Achte dabei auf Bioqualität.

3. Jetzt könntest du nochmals einen Einlauf machen, wenn du magst. Muss aber nicht sein.

4. Falls es dir möglich ist, gehe für eine halbe Stunde oder Stunde an die frische Luft spazieren, ich empfehle dir eh, den Fastentag an einem freien Tag einzulegen.

5. Du kannst jederzeit Wasser trinken oder auch mal einen grünen oder weißen Tee (ungesüßt). Zwischen 12 und 18 Uhr kannst du außerdem Gemüsesäfte (aber nur frisch gepresste) zu dir nehmen. Davon kannst du so viel trinken, wie du willst. Trinke zwischendurch aber auch immer wieder nur klares Wasser, damit du sicher auf 2–4 Liter klare Flüssigkeit kommst. Irgendwann am Nachmittag dann nochmals das Glas Wasser mit Zitronensaft, das ich oben schon erwähnt habe. Nach 18 Uhr solltest du keinen Tee und auch keine Gemüsesäfte mehr zu dir nehmen, von nun an wirklich nur noch Wasser trinken.

Gönne dir an deinem Fastentag oder während deiner Fastenkur viel Zeit für dich und geh die Sache entspannt an. Nimm dazu oft lange und tiefe Atemzüge. Bedenke auch, dass du gerade am Anfang gereizt sein könntest, besonders wenn du es nicht gewohnt bist. Deswegen kann es wirklich auch von Vorteil sein, dein Zuhause nur für einen Spaziergang zu verlassen, auch damit du nicht von all den angebotenen Nahrungsmitteln verführt wirst. Verzichte möglichst auf Fernsehen und Nachrichten und alle destruktiven Medien. Mindestens einen Tag findet die Welt auch ohne dich statt. Höre lieber sanfte Musik, die dir guttut, und entspanne dich so oft es geht. Du kannst beispielsweise lange heiße Bäder nehmen oder gar ein Basenbad (erhältlich in jeder Apotheke oder im Drogeriemarkt). Von großem Vorteil ist es außerdem, so oft es sich einrichten lässt vor 22 Uhr schlafen zu gehen. Denn zwischen 22 Uhr und 2 Uhr früh schüttet dein Körper heilende Hormone aus. Man sagt, jede Stunde, die du vor Mitternacht schläfst, macht dich gesünder und vitaler.

Falls dir diese Art zu fasten zu krass ist, kannst du auch einen Apfeltag oder Fruchttag einlegen. Dazu brauchst du nur von morgens bis etwa 18 Uhr ausschließlich Äpfel zu essen und Wasser zu trinken. Ich persönlich finde das fast schlimmer, doch es gibt viele, denen das Fasten so viel leichter fällt. Aber du musst für dich selbst herausfinden, welche Methode zu dir passt.

Wichtig ist, am Fastentag nichts sonst zu dir zu nehmen und natürlich auf Kaffee, Nikotin, Alkohol oder andere berauschende Substanzen zu verzichten. Doch ich denke, das versteht sich von selbst.

Lass die Intuition in deinen Alltag

Ich persönlich finde, als *Enjoy this Life*®-Persönlichkeit solltest du dich auch von deiner Intuition leiten lassen. Je mehr du dies trainierst, umso klarer kannst du unterscheiden, was wirklich von deiner Intuition beziehungsweise deinem Bauchgefühl kommt, was deiner Fantasie entspringt und was vielleicht deine Ängste und deine Muster sind.

Ich empfehle dir, damit erst anzufangen, wenn du deinen inneren Kritiker schon sehr gut kennst und gemerkt hast, dass er in den letzten Wochen oder Monaten positiver geworden ist. Sonst ist vieles, von dem du annimmst, es könnte deine Intuition/dein Bauchgefühl sein, in Wirklichkeit nur ein Input deines Unterbewusstseins. Diese Inputs sind oft nicht sehr sinnvoll, weil sie im Grunde von deinen Ängsten, deinem Denken und deinen Mustern gespeist werden. Da es am Anfang ohnehin schon schwer genug ist, klar zu benennen, was tatsächlich von deiner Intuition kommt, bitte ich dich, diese Übung nicht zu früh zu machen, sonst könnte es sein, dass du enttäuscht wirst und nicht den erwünschten Erfolg haben wirst.

Ganz oft werde ich gefragt, wie man denn nun Intuition erlernen kann und wie zu unterscheiden ist zwischen der Fantasie und den Inputs aus dem Unterbewusstsein. Ich muss zugeben, dass es dafür keinen 08/15-Trick gibt. Es hat vor allem mit sehr viel Training zu tun. Deine Intuition ist letztlich wie ein Muskel: Je mehr du ihn trainierst, umso stärker und klarer tritt er in den Vordergrund. Du solltest wissen, dass jeder Mensch über eine intuitive Seite verfügt, wirklich jeder von uns, bei ein paar Menschen ist sie einfach von Geburt an stärker ausgeprägt oder wurde schon mehr gebraucht, doch jeder kann es letztlich lernen, ein Bauchgefühl zu entwickeln. Ich persönlich lasse mich täglich von meiner Intuition leiten. Die Impulse der Intuition sind eher kurze heftige Gefühle oder Gedankenblitze. Selten ganze Sätze, sondern eher einzelne Gefühle oder Worte wie Ja, Nein, Fahr nach links oder Geh da durch. Es sind vielmehr Eingebungen und man fühlt es eher in der Bauchgegend – deswegen auch Bauchgefühl – und denkt es weniger. Intuition hat mit Kopfarbeit und Verstandesleistung nichts zu tun. Doch glaube mir, je mehr du auf spontane Eingebungen achtest und je mehr du dir deine Intuition zunutze machst, umso leichter wird es und mit der Zeit kannst du ganz klar erkennen, was von deinem Bauchgefühl und was aus deinem Verstand/Unterbewusstsein oder deinen Mustern kommt.

Kurz noch eine Erklärung: Intution nennt man auch Sensitivität und hat nichts mit Medialität oder Kommunikation mit Geistführern oder Engeln zu tun. Viele haben das Gefühl, dass die Intuition oder das Bauchgefühl von der geistigen Welt kommt, was aber nicht der Fall ist, es ist eine rein sensitive Fähigkeit. Man kann natürlich von der geistigen Welt inspiriert werden, allerdings findet das dann nicht im Bauch (Solarplexus) statt, sondern im Kehlchakra. Doch weiter möchte ich darauf an dieser Stelle nicht eingehen.

ÜBUNG

Achte heute mal auf alle Impulse, die du so bekommst, gerade wenn du ein Problem hast oder nach einer Lösung für etwas suchst. Wie hat sich der Impuls angefühlt? Präge dir dieses Gefühl gut ein, damit du später unterscheiden kannst, welche Impulse wirklich von deiner Intuition kommen und welche vielleicht noch nicht. Du wirst mit der Zeit merken, dass sich Intuition immer sehr ähnlich anfühlt und dass Gedanken aus dem Verstand oder Unterbewusstsein ganz anders sind. Doch dazu musst du deine Intuition beobachten. Das Spannende ist, sobald du dich entscheidest, einen Tag lang deiner Intuition zu folgen, wird sich deine Intuition auch an diesem Tag ganz oft melden und dir immer wieder Impulse schicken. Beginne mit Kleinigkeiten, du kannst nämlich auch deine Intuition bitten, dir Impulse zu geben, damit sie sich nicht nur bei dir meldet, wenn es unbedingt sein muss. Du sollst lernen, sie bewusst einzusetzen. Integriere sie so oft es geht in deinen Alltag. Doch bevor du lernst, sie aktiv zu nutzen, achte mal wirklich ein bis zwei Tage nur darauf, wann sich die Intuition von sich aus bei dir meldet, damit du ihre »Sprache« kennenlernst. Denn sobald du die Intuition bewusst einsetzt, mischt sich, zumindest am Anfang, der »Kopf/Verstand« noch stark ein. (Ein bis zwei Tage sind nur eine Minimalvorgabe, du kannst die Intuition auch bewusst über Wochen bis hin zu einem Vierteljahr nur beobachten, je länger desto besser.) Wenn du merkst, das klappt schon ganz gut, dann gehen wir zum zweiten Schritt über.

Der zweite Schritt besteht darin, immer wenn du nun Hilfe oder einen Tipp brauchst, deine Gedanken ganz bewusst auf deine Intuition zu richten und sie zu fragen: »Liebe Intuition, was soll ich jetzt tun?« Achte anschließend auf das Gefühl, das in dir hochsteigt, oder den Input, den du erhältst.

Erst vor drei Tagen wollte ich das erste Mal seit Langem wieder an einem Event teilnehmen und vor der Halle parken, doch der Parkplatz war besetzt. Das habe ich schon lange nicht mehr erlebt, denn normalerweise bekomme ich immer einen Parkplatz. Da ich etwas zu spät dran war, geriet ich ganz kurz in Stress, habe dies aber gleich bemerkt und bin sofort zurück in meine *Enjoy this Life*®-Persönlichkeit gegangen. Augenblicklich meldete sich meine Intuition und schickte mir den Impuls, die

Straße weiterzufahren. Dies tat ich, doch weit und breit kein Parkplatz in Sicht. Plötzlich kam ganz klar: »Jetzt umdrehen!« Erneut folgte ich meiner Intuition, aber auch auf der Rückfahrt sah ich keinen Parkplatz. Ich wollte gerade in das Navigationsgerät das nächste Parkhaus eingeben, da meldete sich meine Intuition ein zweites Mal: »Dreh wieder um und fahr dieselbe Straße zurück!« Ich vertraute darauf, glaube allerdings, dass jeder andere an der Stelle nicht mehr gewendet hätte. weil es sich jeweils nur um ein paar hundert Meter handelte, bei der mich die Intuition hin und her schickte. Doch als ich umdrehte und zwanzig Meter zurückfuhr, sah ich, dass genau vor der Eventhalle jemand ins Auto einstieg und davonfuhr. Ich kam genau zur richtigen Zeit beim Parkplatz an, obwohl noch etwa vierzig andere Autofahrer einen Parkplatz suchten.

Ich könnte jetzt zig solcher Beispiele nennen, doch dies war so ein alltägliches Beispiel, wie man die Intuition für sich nutzen kann. Manchmal, wenn ich ein großes »Problem« habe und ich echt nicht weiterkomme und ich dann mein Bauchgefühl befrage, erhalte ich keine Antwort. Doch in solchen Situationen habe ich gelernt zu entspannen. Kaum mache ich etwas, das mich entspannt, häufig sogar unter der Dusche oder auf dem Klo, kommt plötzlich der richtige Input der Intuition. Denn besonders am Anfang kann es sein, dass du dich zu fest darauf versteifst, einen Input zu bekommen, dass du gerade dadurch deine Intuition völlig blockierst.

Mein Tipp ist im Grunde simpel: Horche so oft es geht in dich hinein und achte darauf, was dir dein Bauchgefühl rät, und betrachte Intuition als etwas völlig Natürliches. Bleibe entspannt, wenn du deine Intuition aktiv nutzt, nur dann ist sie wirklich ein sehr guter Freund und Helfer.

Entscheidungen

Immer wieder kommt die Frage auf, wie man herausfindet, welche die richtige Entscheidung ist und wie man mit Entscheidungen generell umgehen soll. Das ist natürlich keine leicht zu beantwortende Frage, doch ich möchte an der Stelle einfach ein paar Gedanken zum Thema Entscheidungen mit dir teilen. Im Grunde ist es so, dass immer dann, wenn eine Entscheidung in deinem Leben ansteht, die Entscheidung längst getroffen ist. Was ich genau damit meine?

Stell dir mal vor, du bist superglücklich mit deinem Beruf und jetzt kommt jemand und bietet dir einen Job an. Wenn du wirklich happy bist mit deiner beruflichen Tätigkeit, wirst du dankend ablehnen. Du wirst ein paar Stunden oder Tage später dieses Angebot bereits vergessen haben, weil für dich klar ist, dass dein jetziger Beruf das absolut Richtige ist. Nehmen wir aber mal an, du kannst das Angebot nicht vergessen, du musst ständig daran denken und fragst dich, ob du es annehmen sollst. Du kommst also in die Situation, wo du dich entscheiden musst: entweder für deinen alten Beruf oder für das neue Angebot. Zu diesem Zeitpunkt ist die Entscheidung schon längst gefällt. Wärst du wirklich so glücklich in deinem Beruf, dann würdest du gar nicht darüber nachdenken, etwas Neues zu machen. Du hättest es sofort wieder vergessen. Doch das kannst du jetzt plötzlich nicht, damit ist klar, dass mit deiner jetzigen beruflichen Tätigkeit etwas nicht ganz passend ist. Das Neue zwingt dich nämlich, hin und her zu überlegen. In der Situation, dass du dich entscheiden musst, wärst du gar nicht, wenn alles in Ordnung wäre. Jetzt aber aufgepasst! Das heißt nicht, dass das Neue auch das Richtige für dich ist. Die Situation zeigt dir nur, du solltest da mal genauer hinschauen, das Alte hinterfragen, weil etwas beim Alten nicht stimmig für dich ist, sonst würde das Neue dich zu gar keiner Entscheidung drängen. Diese Art der Überlegung lässt sich letztlich auf jede Entscheidung anwenden.

Zum besseren Verständnis gebe ich dir noch ein weiteres Beispiel:
Nehmen wir an, du bist verheiratet oder in einer festen Beziehung. Auch wenn du bereits einen festen Partner hast, ist es menschlich, dass wir auch andere Menschen treffen oder kennenlernen, die uns gefallen oder die kurz unsere Aufmerksamkeit erregen. Wenn du in Harmonie mit deinem Partner bist, dann wird dich das nicht weiter berühren, vielleicht taucht höchstens ein Gedanke auf wie: »Hmm, ganz nett anzuschauen« oder »der/die ist aber süß …«. Doch ein paar Minuten später ist die Situation vergessen und du erfreust dich des Lebens mit deinem Partner.

Gerätst du allerdings in die Situation, in der dich eine neue Bekanntschaft nicht mehr loslässt und du ernsthaft darüber nachdenkst, ob dein Partner oder nicht doch die andere Person die bessere Wahl wäre, ist das Urteil längst gefallen, dass mit deiner jetzigen Partnerschaft etwas nicht mehr im Lot ist. Achtung: Das bedeutet nicht, dass der neue Mann/die neue Frau der/die Richtige ist, es zeigt dir nur, du solltest deine Beziehung anschauen und herausfinden, was nicht mehr ganz stimmig ist. Wäre zwischen euch alles harmonisch, würdest du dir über die andere Person keine weiteren Gedanken machen.

So ist es mit jeder Entscheidung. Immer wenn ich zwischen A und B wählen muss, frage ich mich als Erstes: Was ist im JETZT nicht stimmig, dass ich überhaupt in die Situation gerate, eine Entscheidung fällen zu müssen?

Zum Schluss noch ein Tipp: Wenn du gelernt hast, in deiner *ETL*®-Persönlichkeit zu bleiben, und deine Intuition immer besser kennst und ihr vertrauen kannst, wirst du feststellen, dass du kaum noch Entscheidungsschwierigkeiten haben wirst.

Erinnerungstools

Ich behaupte mal, dass alle Übungen, die ich hier zusammengestellt habe, sowie das ganze Prinzip von »Enjoy this Life« relativ einfach und problemlos umzusetzen sind. Die größte Schwierigkeit wird anfangs vermutlich darin bestehen, an deine neue Identität zu denken und dich immer wieder zu erinnern, in deiner *ETL*®-Persönlichkeit zu bleiben. Das liegt daran, dass wir Menschen Gewohnheitstiere sind, und bis die erfolgreiche *ETL*®-Persönlichkeit wirklich ganz deins geworden ist, ist es absolut normal, dass du immer mal wieder aus deiner Erfolgsenergie rausfällst oder es vergisst und dabei in deine alten Muster und Gewohnheiten zurückgehst. Ich denke, gerade weil die ganze Methode so leicht anzuwenden ist, ist es für viele noch schwieriger, sie dann nicht einfach wieder zu vergessen.

Wir müssen uns auch Folgendes bewusstmachen: Damit unser Gehirn eine neue Tätigkeit oder ein neues Handeln als »normal« betrachtet, müssen in aller Regel etwa 21 Tage vergehen, in denen es neue Verknüpfungen bildet. Das heißt, wenn wir drei Wochen lang etwas täglich wiederholen, haben wir neue Gehirnverbindungen und danach ist es für uns alltäglich und normal geworden. Ich habe das früher beim Sport gut beobachten können. Damals war es für mich vollkommen normal, täglich zu trainieren, nie hätte ich mein Training vergessen und auch nur ganz selten hatte ich keine Lust dazu. Es war einfach ein Teil meines Lebens und gehörte zur Routine. Doch wenn ich mal länger krank war oder verletzt, merkte ich, dass ich mich die erste Zeit wirklich wieder ins Training quälen musste, ich hatte dann oft nicht dieselbe Motivation und auch die Routine fehlte mir. Sicher kennst du das auch aus deinem Leben. Deswegen solltest du vor allem die ersten 21 Tage darauf achten, täglich in deiner *Enjoy this Life*®-Persönlichkeit zu sein und vor allem die Übungen aus dem Buch wirklich regelmäßig zu machen. Ein ums andere Mal prüfen, ob du in der *ETL*®-Persönlichkeit bist oder dein Leben einfach gerade so vor dich hin lebst. Nach drei Wochen wird deine *ETL*®-Persönlichkeit immer mehr ein Teil von dir sein und du wirst immer weniger aus deiner »Rolle« fallen. Das ist auch ein Grund, warum der Onlinekurs 30 Tage dauert, weil ich mir sagte: »21 Tage sind notwendig, 30 Tage sind besser, weil wir so sicher sein können, dass jedes Gehirn, egal wie schnell es verknüpft, die neuen Verbindungen geschaffen hat, die wir brauchen, um etwas als alltägliche Routine zu betrachten!« Natürlich reden wir hier von einer erfolgreichen selbst geschaffenen positiven Routine.

Damit dir das gerade in den ersten 30 Tagen gelingt und du es auch nicht vergisst, stelle ich dir hier ein paar Hilfetools vor, die ich nutze oder genutzt habe, die mich immer wieder an meine *ETL*®-Persönlichkeit erinnert haben und die auch viele meiner Kursteilnehmer nutzen und ihnen wunderbare Dienste leisten. Dies sind alles nur Tipps und Inspirationen, du kannst sie natürlich noch um einiges erweitern und neue Dinge machen oder sie anpassen, so wie es für dich stimmig ist.

> **TIPPS**
>
> 1. Besorge dir Post-it-Zettel (Klebzettel) und schreibe zum Beispiel »Enjoy this Life« darauf oder irgendetwas anderes, das dich an deine *Enjoy this Life*®-Persönlichkeit erinnert. Dann verteile diese in deiner Wohnung oder an deinem Arbeitsplatz. Ideal sind Orte, die wir oft aufsuchen oder ansehen, wie zum Beispiel das Klo, den Kühlschrank, die Haustür, den Kleiderschrank, den Badezimmerspiegel oder Ähnliches.
>
> 2. Lege einen Bildschirmschoner fest, der dich an deine *Enjoy this Life*®-Persönlichkeit erinnert.
>
> 3. Auch das Handy können wir zur Erinnerung nutzen, dafür gibt es mehrere Möglichkeiten. Gerade die neuen Smartphones eignen sich genial dazu. So ist mein Handydisplay-Hintergrund immer mit Symbolen oder mit dem *Enjoy this Life*®-Logo geschmückt. Du kannst zum Beispiel auch etwas fotografieren, das dich an deine *ETL*®-Persönlichkeit erinnert, und jedes Mal, wenn du dein Handy in die Hand nimmst, wirst du daran erinnert. Ich habe mir 3-D-Aufkleber mit dem Logo machen lassen; die gibt es inzwischen auch in ausgewählten Onlineshops zu kaufen. Ein solcher Aufkleber befindet sich zum Beispiel auf der Rückseite meines Handysticks, und da ich meistens das Handy vor mir liegen habe, sehe ich immer diesen Stick und er erinnert mich an meine *ETL*®-Persönlichkeit.

4. Im Onlinekurs haben sich viele automatische Erinnerungen in ihren Onlinekalender eintragen oder auf das Handy laden lassen. So bekommen sie zwei- bis dreimal am Tag eine Erinnerung auf ihr Handy oder auf ihren PC per Mail geschickt.

5. Falls du gern zeichnest oder malst, fertige eigene Bilder oder Zeichnungen, die dich an *ETL*® erinnern, und hänge sie als Gedächtnisstütze auf.

6. Falls du einen guten Freund oder Partner hast, der auch dabei ist, seine *ETL*®-Persönlichkeit zu entwickeln, dann schreibt euch per SMS, WhatsApp etc. regelmäßig Erinnerungen (positive Zitate oder Ähnliches). Mein bester Freund und ich rufen uns mindestens einmal am Tag an oder schreiben uns und wünschen uns einen erfolgreichen Tag! Falls du noch einen Schritt weitergehen willst, telefoniere einmal am Tag mit einer Person und vereinbare mit ihr, während dieses Telefonats nur positive Dinge zu besprechen oder euch gegenseitig zu beglückwünschen.

7. Suche dir ein Musikstück, das dir das *Enjoy this Life*®-Feeling gibt. Am besten etwas mit einem aufbauenden Text und einem Beat, der dir ein gutes Feeling gibt. Ich arbeite für mich sehr viel mit Musik, da ich Musik sehr mag. Doch ich höre selten nur so nebenher Musik, sondern setze sie ganz bewusst ein. Ich mag ja sehr gern Hip-Hop und so höre ich mir während einer Tour zum Beispiel oft »Rhythmus meines Lebens« von Kool Savas an. Ich kann mich mit dem Text sehr gut

identifizieren und habe außerdem bemerkt, dass, wenn wir dieses Stück laut im Auto hören und das halbe Team mitsingt, für gute Stimmung gesorgt ist. Gerade wenn wir alle langsam müde werden. Ich habe aber auch Musik fürs Bücherschreiben oder den Moment kurz vor Auftritten. Ich bin mir sicher, wenn du Musik magst, kann sie dir auch helfen.

8. Falls du Tätowierungen magst, kannst du dir auch ein Tattoo stechen lassen, das dich an deine neue *ETL*®-Persönlichkeit erinnert. Meine eigenen Tattoos haben für mich alle eine spezielle Bedeutung und es gibt immer eine persönliche Verknüpfung zu meiner *ETL*®-Persönlichkeit. So erinnere ich mich jederzeit daran.

9. Andere Ideen sind T-Shirts, Tischsets, Collagen selbst machen, Zahnpastatube beschriften, Armband oder Halskette mit dem Logo tragen oder ähnliche Dinge. Du kannst mir auch auf Facebook folgen, dort stelle ich täglich ein bis drei Posts ein, und immer wieder sind auch Inspirationen dabei und auf allen Zitaten ist auch das *Enjoy this Life*®-Logo drauf – als Erinnerungsstütze für alle, die ihre *ETL*®-Persönlichkeit gerade entwickeln.

10. Was ich früher hatte und toll fand, war ein »Vision Board«: Ich habe Bilder, Fotos aus Zeitschriften oder Zitate ausgeschnitten und auf ein sehr großes Blatt Papier geklebt, manchmal auch direkt an die Wand. Eine Zeit lang hat dies eine ganze Wand in meinem Schlafzimmer in Beschlag genommen. Alles, was ich

> dort aufhängte, waren Dinge, die mich an mein neues Leben und meine *Enjoy this Life®*-Persönlichkeit erinnern sollten. Ich habe mit Absicht das Schlafzimmer gewählt, sodass ich mich niemandem gegenüber rechtfertigen musste, warum ich dies oder jenes aufgehängt habe, und immer wenn ich im Bett lag, war es vor dem Einschlafen das Letzte, was ich gesehen habe, und am Morgen das Erste. So begann mein Tag schon mit einer Erinnerung an die *Enjoy this Life®*-Persönlichkeit und endete auch damit. Falls du gern zeichnest, kannst du das Ganze natürlich auch selbst zeichnen. Dabei sind dir keinerlei Grenzen gesetzt. Suche einfach starke Bilder, die für dich eine gewisse Bedeutung oder Verknüpfung haben.

Dies alles waren nur Vorschläge, um dich zu inspirieren. Du kannst natürlich noch viel mehr Dinge machen und auch noch viel kreativer werden, als ich es gerade war. Das waren einfach die Hilfsmittel, die ich bei mir eingesetzt habe und die für mich ideal waren.

Vom Beruf in die Berufung

Die Berufung finden ist für viele sehr schwer, deswegen möchte ich ein paar Worte zu diesem Thema schreiben. Denn gerade wenn es darum geht, seine Berufung zu leben, kommen oft viele Ängste an die Oberfläche, wie Existenzängste, Versagensängste und auch Glaubenssätze.

Wie oft hast du schon Sätze gehört wie »Lerne was Anständiges!« oder »Davon kann doch kein Mensch leben!«? Der häufigste Fehler, den wir meiner Ansicht nach machen, besteht darin, dass wir den Fokus dabei aufs Geldverdienen legen. Doch der Beruf sollte etwas sein, **wofür** wir leben, nicht **wovon** wir leben! Natürlich solltest du auch genügend Geld verdienen, da bin ich absolut deiner Meinung, dennoch sollte das nicht dein Hauptfokus sein, weil deine Energie sonst auf den Mangel und die Angst gerichtet ist. Wenn du aber wirklich für deinen Beruf/deine Berufung brennst, wenn es wirklich dein Ding ist, dann muss auch das Geld zu dir fließen. Allerdings solltest du dir dazu die Glaubenssätze anschauen, die du zum Thema Geld/Geld verdienen hast und die tief in unserem Unterbewusstsein verankert sind. Ich behaupte mal, es gibt sehr viele Menschen, die ihre Berufung gefunden haben, doch sie haben eine so destruktive Einstellung zum Geld, dass sie einfach nicht in den Fluss kommen können. Das gilt besonders für viele Menschen, die sich mit Spiritualität beschäftigen. Deswegen ist es als *Enjoy this Life*®-Persönlichkeit ein wichtiger Punkt, den es zu prüfen gilt.

Nimm jetzt, bevor du weiterliest, nochmals das Blatt Papier hervor, auf dem du deine *ETL*®-Persönlichkeit kreiert hast, und sieh nach, ob du etwas zum Thema Finanzen im Allgemeinen und Gelderwerb mit deiner Tätigkeit im Speziellen geschrieben hast. Steht da etwas? Wie ist die Energie von deinen geschriebenen Worten? Großzügig oder eher auf ein Minimum begrenzt? Wie fühlst du dich, wenn du deine Zeilen zum Thema Geld liest? Gut oder eher unwohl? Wie geht es dir bei meinen Worten oder überhaupt diesem Kapitel zum Thema Geld? Bist du gelangweilt? Oder hoffst du auf die Nonplusultra-Lösung? Ist es dir unangenehm? Oder hast du neutrale oder gar positive Gefühle dabei? Achte gut auf deine Gefühle, wenn jemand über Geld redet oder schreibt, denn wenn du dabei kein gutes, stimmiges Gefühl hast, dann ist da noch etwas »blockiert« und man müsste es genau anschauen, damit du wirklich in den Fluss kommst.

Bedenke immer: Geld ist im Grunde nur eine Energie und Energie ist vollkommen neutral, du gibst ihr den Wert. Meiner Ansicht nach sollten wir alle aufhören zu behaupten: »Geld ist nicht wichtig!« Geld ist sehr wohl wichtig, denn ohne das nötige Geld sind wir nicht im Flow und werden oft ausgebremst, weil wir gewisse Dinge nicht umsetzen können, wie wir es gern würden. Da Geld Energie ist, ist Geldmangel auch ein Zeichen von Energiemangel in einem Bereich deines Lebens. Doch bevor ich dir ein paar Tipps gebe, wie du in deinem Alltag deinen Geldfluss ganz leicht aktivieren kannst und wie du alte Glaubensstrukturen verändern kannst, will ich dir ein paar Inputs geben, wie du deine Berufung findest. Die Beispiele sind wieder nur als Inspiration gedacht.

Der erste Schritt hin zur Berufung besteht darin aufzuhören, einen Beruf zu suchen, sondern dich zu fragen: Was mache ich wirklich gern in meinem Leben, was erfüllt mich, was würde ich auch machen, wenn ich kein Geld dafür bekommen würde?

Wir haben oft den Fokus auf einem klar umrissenen Tätigkeitsfeld und suchen dann einen Beruf, der dazu passt. Doch diesen Beruf gibt es selten. Meistens läuft es wohl darauf hinaus, dass du dich in deiner Berufung selbstständig machst. Bist du bereit dazu? Bei vielen läuten jetzt schon die Alarmglocken, aber du kannst dies auch schrittweise tun. Wenn dir vielleicht Sicherheit sehr wichtig ist, kannst du vorerst in deinem »alten« Beruf bleiben und lebst deine Berufung als Hobby aus. Dann bist du eben nach Feierabend oder am Wochenende aktiv. Sollte sich das für dich richtig angehört haben, dann spielt es für dich keine Rolle, einer sinnvollen Tätigkeit nachzugehen oder am Abend nach deiner Arbeit. Spürst du jetzt schon Widerstände? Dass du dich innerlich dagegen sträubst? Dann frage dich: »Möchte ich nur erhalten oder bin ich auch bereit, wirklich etwas für mich und mein Geld zu tun?«

Es überrascht mich immer wieder, wie viele Menschen gern mehr Geld haben wollen, aber nicht bereit sind, mehr dafür zu geben. Mit dieser Einstellung entsteht ein energetisches Ungleichgewicht: Wenn du keine Energie gibst, dann kann auch nicht wirklich Energie zurückfließen. Das ist ein einfaches Grundprinzip. Achtung: Damit wir uns hier richtig verstehen, du sollst nicht »arbeiten« in Form von dich übernehmen und verausgaben – dies wäre wieder ein energetisches Ungleichgewicht –, du sollst nur Energie freisetzen. Glaube mir, wenn du deine Tätigkeit liebst, spielt es keine Rolle, du fühlst dich nicht um deine Freizeit betrogen, im Gegenteil: Gerade weil du dein Hobby/deine Berufung lebst, ist deine Freizeit sogar erfüllend. Mache dir außerdem bewusst, dass deine Berufung jederzeit angepasst werden kann, so wie auch deine ganze *Enjoy this Life®*-Persönlichkeit. Es ist nichts, das für immer und ewig in Stein gemeißelt ist. Nun kannst du ganz entspannt an die nächste Übung gehen.

ÜBUNG

Bevor du mit der Übung beginnst, gehe in deine *Enjoy this Life®*-Persönlichkeit. Du kannst auch vorher die Meditation dazu wiederholen, damit du ganz in dem Gefühl drin bist. Nimm nun ein Blatt Papier und einen Stift und schreibe alles auf, was du wirklich gern machst. Das können auch vollkommen banale Sachen sein, du musst dabei nicht den Fokus darauf legen, ob man daraus einen Beruf machen kann, denn wir erarbeiten hier die Berufung.

Ich schrieb beispielsweise auf: Ich reise gern, bin gern in Kontakt mit anderen Menschen, spreche sehr gern, gebe gern Wissen weiter, schreibe sehr gern und lerne gern neue Dinge dazu. Im Grunde sind es alles Punkte, die auf den ersten Blick keinen Beruf ergeben. Wenn wir uns aber heute meinen Beruf/meine Berufung anschauen, dann erfülle ich genau diese Kriterien. Ich schreibe Bücher, bin durch die Bücher oft als Referent oder Seminarleiter unterwegs, also auf Reisen, gebe dieses Wissen weiter und kann dabei sehr viel sprechen. Für meine Bücher und Seminare lerne ich immer wieder neue Aspekte kennen und lerne unglaublich viel hinzu. Also werden alle meine Kriterien erfüllt.

Hier noch drei Beispiele meiner Klienten, damit du sehen kannst, dass es immer möglich ist, seine Berufung zu leben:

Einem jungen Mann stellte ich die Frage, was er gern mache, worauf er meinte: »Am liebsten Urlaub, Sprachen finde ich noch toll und ich interessiere mich für andere Kulturen.« Für mich war sehr schnell klar, was er beruflich machen konnte. Hast du eine Idee? Was würdest du ihm raten? Und denk daran, mit diesen Vorlieben gibt es immer mehrere Möglichkeiten, nicht nur eine einzige, und das ist ja das Spannende an der ganzen Sache. Wenn ich nämlich herausfinde, was ich wirklich gern mache, dann ergeben sich daraus oft viele Berufe oder ich kann mir viele Berufe ausdenken.

Wir einigten uns darauf, dass er Kulturreisen anbieten sollte. Er überlegte sich für seine erste Reise, wo er gern Urlaub machen würde, dann informierte er sich über das Internet, was es dort in puncto Kultur zu entdecken gab, was auch ihn interessierte, anschließend las er sich darüber Wissen an und stellte einen Ablaufplan zusammen und am Ende organisierte er eine Kulturreise. Er gab ein Inserat auf, reiste dann mit den Teilnehmern in das Land und führte sie an die verschiedenen Sehenswürdigkeiten des Landes und brachte ihnen die Kultur nahe. Er machte aber nur jeweils entweder am Morgen oder am Nachmittag Programm, und so hatte er den halben Tag Zeit und Urlaub für sich selbst. Das Spannende dabei war, dass es so gut lief, dass er, kaum zu Hause, mit der nächsten Gruppe dieselbe Reise nochmals unternahm. Während dieser Reise plante und erschloss er sich einen neuen »Urlaubsort«. Nach zwei Wochen zurück in der Heimat ging es wieder woanders hin, an den neuen Urlaubsort. Als ich ihn vor zwei Jahren das letzte Mal sah, vier Jahre nach meiner Beratung, fragte ich ihn, wie es ihm so gehe: »Super, ich habe inzwischen sogar drei Reisebüros und reise selbst aber immer noch mit meinen Gruppen. Außerdem bin ich mehrfacher Millionär geworden und ich mache nichts anderes, als die Welt bereisen und Urlaub und habe immer nette Menschen mit dabei.« Berufung? Auf jeden Fall!

Ein anderes Beispiel habe ich aus dem »Enjoy this Life«-Seminar. Eine Dame hat sich ziemlich entrüstet, als wir über Berufung redeten. Ich fragte, was sie so nerve, und sie sagte: »Ich möchte eigentlich nur den ganzen Tag mit meinen Hunden im Wald spazieren, der Rest der Welt interessiert mich im Grunde nicht. Ich fühle mich wirklich nur wohl bei meinen Hunden.« Zuerst dachte ich, das ist ein Knackpunkt, weil ich mir als *Enjoy this Life*®-Persönlichkeit etwas anderes vorstelle. Doch mir wurde bewusst, dass ich weder urteilen noch verurteilen darf, wenn ich ihr helfen wollte. Ich fragte dann nach: »Liebst du denn Hunde im Allgemeinen oder nur deine Hunde?« »Nee, nicht nur meine, ich liebe alle Hunde und mir macht es einfach Spaß, mit den Tieren im Wald zu sein und sie sinnvoll zu beschäftigen und ihnen auch kleine Kunststücke beizubringen!« Jetzt kannte ich ihre Berufung. Was gab ich ihr als Tipp? Was denkst du?

Ich schlug ihr vor, Flyer zu entwerfen, auf denen sie Menschen anbietet, mit ihren Hunden spazieren zu gehen, da es so viele Hundehalter gibt, die viel zu wenig Zeit haben, ihre Tiere sinnvoll zu beschäftigen. Inzwischen ist sie in ihrer Umgebung bekannt dafür, dass sie mit den Hunden spazieren geht oder sie erzieht und ihnen bei Bedarf auch Kunststücke beibringt. Allerdings wollte sie nie eine klassische Hundeschule, weil sie sagte, sie könne nicht so gut mit Menschen umgehen. Sie marschiert einfach am Morgen los, man kann ihr das Tier bringen und sie geht mit allen Hunden den Tag über in den Wald und trainiert sie währenddessen. Je nachdem, was der Hundebesitzer will (Spazieren, Erziehen, Kunststücke), kostet es extra. Ich war damals ehrlich gesagt unsicher, ob man davon tatsächlich leben kann, doch ihr Ruf ist so gut, dass sie für ihre Berufung einen überdurchschnittlichen Preis verlangen kann. Außerdem gibt es eine lange Warteliste, da sie nur begrenzt Hunde aufnimmt. Heute ist sie für mich auch eine wahre *Enjoy this Life*®-Persönlichkeit, sie lebt wirklich ihre Berufung und ist offen geworden und kann mittlerweile auch sehr gut mit Menschen umgehen.

Ein letztes Beispiel habe ich noch: Ein Mann war handwerklich begabt und ging enorm gern einkaufen, was ich persönlich sehr speziell fand. Er hatte nur diese beiden Punkte auf der Liste. Was macht er heute?

Er sagt immer: »Ich bin der little Butler für die Menschen mit wenig Zeit und normalem Einkommen.« Er erledigt für zahlende Kunden deren Einkäufe, bringt ihnen diese nach Hause und flickt oder bastelt kleinere Sachen rund um Haus und

Garten. Auch er verdient heute das Doppelte von dem, was er früher als Angestellter bekam.

Diese Beispiele sollen dich dazu anregen, aus den Dingen, die du gern machst, deine Berufung zu kreieren. Ganz ehrlich: Oft musst du sicher einen Beruf »erfinden« oder einen Beruf so anpassen, dass er dir wirklich Spaß macht, doch es ist absolut möglich.

Jetzt nimm dir Zeit und schreibe deine Berufung auf. Wichtig ist: Lass dich nicht von deinem inneren Kritiker oder von deinem Umfeld abhalten. Bei allen drei genannten Personen und auch bei mir hat das Umfeld, haben Freunde, Partner und Familie nicht mit Luftsprüngen reagiert, als wir von der Idee erzählten. Der erste Schritt ist, sich dadurch nicht aufhalten zu lassen. Es sind nur Tester, die prüfen, wie sehr du es wirklich willst.

Wie gesagt, falls du Sicherheit liebst, dann beginne mit deiner Tätigkeit in deiner Freizeit, eine Berufung kann immer auch als Hobby gelebt werden. Bald wirst du merken, wenn du voll und ganz in deiner *Enjoy this Life*®-Persönlichkeit bist, dass du auch Geld verdienst und deinen »Sicherheitsjob« reduzieren oder gar ganz aufgeben kannst. Ich empfehle sogar oft, anfangs die Berufung nur als Hobby auszuüben, weil wir da nur die Dinge tun, die wir wirklich aus reiner Freude daran und eben auch dann tun würden, wenn wir kein Geld dafür bekommen würden. Wenn du noch einen Job hast, dann gerätst du auch gerade in der Anfangszeit weniger unter Druck, unbedingt Geld verdienen zu müssen, um deine Rechnungen bezahlen zu können. Wenn dein Fokus aber zu sehr auf dem Geldverdienen liegt, dann ist unsere Geldenergie meistens zu 99 Prozent blockiert.

Falls du aber zurzeit arbeitslos bist, lohnt es sich, diesen Umstand als Chance zu nutzen, um dir Gedanken zu deiner Berufung zu machen. Dann solltest du voll durchstarten. Ich habe in der Anfangszeit auch noch nebenher gearbeitet und jeden Job gemacht (oft zwei oder drei gleichzeitig), um die Rechnungen bezahlen zu können. Alles, damit mein Fokus bei meiner Berufung wirklich auf der Berufung lag und nicht auf Geldverdienen gerichtet war. So habe ich unter anderem in einer Fabrik Schrauben gezählt, habe für Umzugsunternehmen oder im Verkauf gearbeitet sowie Geschäftsräume und Privatwohnungen geputzt. Ich habe auch diese Tätigkeiten geliebt, obwohl sie auf den ersten Blick oft nicht die schönsten waren, doch ich wusste, dass ich mit jeder Minute, die ich arbeite, Geld verdiene, um meine Berufung/mein Hobby ausleben zu können. Mein Fokus lag dabei immer darauf, was mir diese Tätigkeit für Möglichkeiten eröffnet und nicht, wie anstrengend oder mühsam die Arbeit ist. Heute gibt mir das auch sehr viel Sicherheit, weil ich weiß, ich könnte jederzeit auch wieder eine andere Tätigkeit annehmen. Und ich wäre mir nicht zu schade dafür, wenn ich meine Berufung nur noch nebenher leben und eines Tages vielleicht mal nicht mehr mein Geld damit verdienen könnte. Das gibt mir ein absolutes *Enjoy this Life*®-Feeling und vor allem sehr viel Freiheit.

Wie schon vorher angesprochen, möchte ich dir hier noch ein paar Tipps geben, die dir helfen können, deinen Geldfluss zu aktivieren und je nachdem Glaubenssätze und Geldmuster zu verändern. Mache dir bitte auch bewusst, falls du einen Beruf hast, bei dem du monatlich die Summe X verdienst, dass, egal wie gut deine Einstellung zu Geld ist, nicht mehr am Monatsende reinkommen kann, wenn du nicht die Möglichkeit initiierst, auch mehr zu verdienen. Was genau will ich damit sagen?

Nun, viele Menschen sind nicht bereit, ihren Beruf zu verändern oder noch nebenher ihre Berufung aufzubauen, sie wollen nur mehr Geld haben, aber nicht mehr dafür tun oder sich nicht verändern. Dann nützt natürlich alles nichts. Es sei denn, du machst dich von einer Erbschaft, einem Lottogewinn oder einer Schenkung abhängig. Doch das ist Mangelenergie und keine Schöpferenergie. Du kannst trotzdem Lotto spielen, allerdings nicht mit dem Fokus, deine Einnahmen damit zu erhöhen. Sei dir im Klaren, dass du dein Leben verändern musst, um deinen Geldfluss zu verändern, und nicht nur deine Einstellung zum Geld. Verstehe auch die folgenden Tipps nur als Inspiration und suche dir noch eigene Dinge oder variiere die Tipps so, wie sie für dich stimmig sind. Ich erkläre dir bei den meisten Tipps auch, warum ich sie dir gebe, damit du besser nachvollziehen kannst, wie die Geldenergie funktioniert.

TIPPS

1. Überlege einmal, welche Glaubenssätze du in Bezug auf Geld hast. Wie beispielsweise: Geld ist schmutzig; Geld macht nicht glücklich; Wer viel Geld hat, ist nicht ehrlich; Geld ist nicht wichtig oder ähnliche Aussagen. Falls du solche Glaubenssätze hast, versuche diese zu vermeiden und sie durch neue, positive zu ersetzen. Oft haben wir Glaubenssätze von unseren Eltern übernommen, frag dich daher mal: Was haben deine Eltern, dein Partner oder deine Freunde für eine Einstellung zum Geld? Es ist wichtig für dich zu erkennen, dass dies nicht der Wahrheit entspricht, sondern lediglich die Meinung deines Umfelds und vielleicht noch deine

eigene ist. Doch du hast es in der Hand, deine Meinung zu ändern.

2. Wie gingen deine Eltern mit Geld um? Waren sie im Fluss oder eher im Mangel? Vergiss nicht, dass wir unsere Eltern als Vorbild nehmen und wir dadurch oft dasselbe Verhalten und Denken an den Tag legen.

3. Wer wenig Geld hat, ist es sich oft bewusst oder gar unbewusst nicht wert. Mache dir klar, dass Geld nur Energie ist und jeder Mensch es mehr als wert ist, Energie zu erhalten. Falls es dir schwerfällt, Geld für deine Berufung zu verlangen, dann frage dich: Warum? Schuld sind auch hier wieder Glaubenssätze von anderen Menschen, wie zum Beispiel: Ein Heiler darf kein Geld verlangen. Lass dich dabei nicht auf Diskussionen ein, auch ein Heiler lebt nicht von der Nächstenliebe, sondern muss seine Rechnungen bezahlen können. Dieser Irrglaube stammt noch von früher, als nur Menschen im Kloster beratende oder heilende Tätigkeiten ausführen durften. Dafür erhielten sie Spenden, weil es nicht erlaubt war, Geld zu verlangen. Doch dies bezog sich nicht nur aufs Beraten oder Heilen, sondern galt für alle Arbeiten, die sie verrichteten.

Zweifelt jemand am Wert seiner Arbeit und glaubt, er gehöre nicht entlohnt, gebe ich ihm oft zur Antwort: »Ah, so siehst du das, dann darfst du gern bei mir arbeiten, und zwar 100 Prozent, und das 7 Tage die Woche so wie ich, natürlich darfst du das ohne Bezahlung machen! Kein Thema, Arbeit habe ich genug. Möchtest du den Job?« Bis heute wollte ihn niemand haben.

Falls du also zweifelst oder merkst, deiner Berufung fehlt noch der Wert, weil du das Gefühl hast, du kannst noch nicht genügend, es fehlt dir noch an »Ausbildung«, dann hole dies nach, behebe den Mangel. Und mach dir vor allem bewusst, dass ein »Lehrling« eines Tages seine Tätigkeit auch ausüben muss, sonst wird er nie ein »Meister«.

Prüfe gut, ob nicht die Angst vor Versagen dir immer wieder das Gefühl gibt, dass du es noch nicht kannst und noch mehr lernen musst. Mache dir bewusst, du kannst deine Berufung mit jedem Tag, mit dem du sie lebst, verbessern, also fang an, deine Berufung auch wirklich zu leben.

Ein zusätzlicher Tipp: Arbeite mit Geld-zurück-Garantie, das habe ich bei meinen Beratungen immer gemacht, es hat mich unglaublich entspannt. Der Kunde musste mich nur bezahlen, wenn er mit meiner Arbeit zufrieden war, anderenfalls habe ich kein Geld verlangt. So fühlte ich nur selten Druck und bekam nie das Gefühl, ich hätte für etwas Geld genommen, wofür ich nicht gut gearbeitet habe.

4. Prüfe, ob du auch annehmen kannst. Viele haben kein Geld, weil sie es nicht annehmen können beziehungsweise allgemein im Leben schlecht annehmen können. Wie sieht es mit Geschenken aus? Kannst du die ohne schlechtes Gewissen annehmen? Oder bist du es dir oft nicht wert? Kommt sofort der Gedanke: »Oh, was könnte ich XY jetzt schenken oder womit eine Freude machen ...?« Solche Gedanken zeigen, dass du nicht

annehmen kannst, ohne sofort die Energie wieder zurückzuschicken. Lerne anzunehmen. Geschenke freudig zu empfangen.

Wie sieht es mit Komplimenten aus? Wehrst du sie ab oder machst du sie sofort klein oder schlecht, oder kannst du einfach sagen: »Vielen Dank! Das ist nett von dir!« Hör auf, jedes Kompliment mit einem Gegenkompliment zu beantworten, das macht man oft nur aus dem Grund, weil man sich mit Komplimenten schwertut.

Nimm dir einen Augenblick Zeit und überlege, in welchen Bereichen du noch nicht so gut annehmen kannst, wo es dir schwerfällt. Schreibe diese auf und verändere in solchen Situationen dein Verhalten ganz bewusst.

5. Lerne Geld zu schätzen, wenn du es bekommst oder findest. Energie/Geld geht dort gern hin, wo es auch willkommen geheißen wird. Achte darauf: Wie fühlst du dich, wenn dir jemand Geld schenkt, beispielsweise »Trinkgeld« für gute Arbeit? Kannst du es dankend annehmen oder sagst du Sätze wie: »Oh, das wäre aber gar nicht nötig gewesen!«? Vor allem: Empfindest du, dass du es wert bist, es wirklich verdient hast? Lerne anzunehmen, damit das Geld auch gern kommt. Es hört sich vielleicht komisch an, doch viele Menschen haben Schwierigkeiten damit, Geld-»Geschenke« anzunehmen. Darin spiegelt sich wiederum deine Einstellung zu Geld.

6. Freue dich auch über wenig Geld. Weil dein Unterbewusstsein – und daraus entsteht schlussendlich deine

Resonanz – nicht unterscheiden kann, ob du dich über viel oder wenig Geld freust. Erinnere dich an deine Kindheit, vielleicht kennst du die Situation. Viele Kinder schauen immer in den Münzrückgabebehälter bei Automaten, und wenn sie dann 10 Cent finden, sind sie richtig glücklich. Wie sieht es bei dir aus? Kannst du dich noch über kleine Beträge freuen?

7. Gib gern Geld aus. Was man gern frei gibt, fließt wieder zurück. Was genau ich damit meine? Ist es dir nicht auch schon so ergangen? Du hast in einem Schaufenster etwas gesehen, das du wirklich haben wolltest, doch es lag im Grunde über deinem Budget. Nach langem oder kurzem Hin und Her kamst du zu dem Entschluss, dass du es dir leistest, und hast es voller Freude gekauft. Deine Energie dabei war hoch und du warst happy über den Kauf. Jetzt erinnere dich mal, hat dich ein solcher Kauf jemals in ein finanzielles Desaster gebracht oder in wirkliche Knappheit? Meistens überhaupt nicht, oft ist es sogar so, dass man sofort den ausgegebenen Betrag an anderer Stelle spart oder zurückerhält. Kennst du das auch? Sehr viele meiner Seminarteilnehmer kennen das und es zeigt, wenn wir mit der richtigen Energie Geld ausgeben, kommt es zurück. Doch im umgekehrten Fall, wenn wir knausrig sind und murrend etwas kaufen, auch wenn es nicht mal teuer ist, kann dieser Kauf und das dabei ausgegebene Geld Probleme bereiten. Wenn ich früher knapp bei Kasse war, habe ich mir oft sehr viele Gedanken gemacht und bei jedem Kauf quasi den

Franken/Euro zweimal umgedreht. Doch die Abwärtsspirale wurde immer größer. Gerate ich heute in eine solche Situation, dann versuche ich sofort diesen Mangelgedanken Einhalt zu gebieten und wieder in meine *Enjoy this Life*®-Persönlichkeit zu gehen. Weil ich weiß, dass Energie festhalten (extremes Sparen) den Energiefluss blockiert. Oft lade ich dann sogar extra meine Freundin zum Essen ein und genieße es und gebe großzügig Trinkgeld, damit ich meine Gedanken vom Mangel ins Fließen bringe. Es ist spannend zu beobachten, wie schnell sich ein Mangel dann in Nichts auflöst.

8. Vielleicht empfindest du es jetzt als Widerspruch, was nun kommt, doch verstehe meine vorherigen Tipps richtig: Du sollst nicht unnötig Geld ausgeben oder auf den Kopf hauen, auch nicht über deine Verhältnisse leben, denn dahinter steckt in der Regel ein absolutes Mangeldenken und keinesfalls echtes *Enjoy this Life*®-Denken. Viele, die über ihre Verhältnisse leben, tun es, weil sie sich durch die teuren Anschaffungen und Objekte aufwerten wollen, da sie sich minderwertig oder gar wertlos fühlen. Über den Verhältnissen zu leben ist genauso Mangel, wie sich selbst nichts zu gönnen.

9. Häufig geraten wir auch in finanzielle Not, nicht weil wir zu wenig verdienen, sondern weil wir zu viel ausgeben. Auch für Dinge, die unnötig sind. Ein Sprichwort sagt, von Reichen lernt man das Sparen. Der Volksmund will eigentlich damit suggerieren, dass reiche Menschen

geizig sind. Ich persönlich kann das nicht bestätigen, oft ist sogar das Gegenteil der Fall und sie sind großzügig. Aber sie überlegen sich genau, wofür sie Geld ausgeben, und geben nicht unnötig Geld/Energie aus für Dinge, die sie gar nicht brauchen oder die nicht den Wert haben, den man uns glauben machen will.

10. Mache dir Folgendes bewusst: Wenn du mehr Geld haben möchtest, dann musst du bereit sein, deine Komfortzone zu verlassen, dein Denken und deine Einstellung zum Geld verändern und auch neue Projekte oder Dinge umsetzen, damit der Geldfluss auch aktiviert werden kann. Viele sitzen nämlich einfach nur zu Hause und wünschen sich beim Universum, Engel, Geistführer oder gar beim lieben Gott mehr Geld. Kommt dann aber jemand mit einem neuen Jobangebot oder einer neuen Idee, nehmen wir es nicht an, weil wir dann zum Beispiel einen weiteren Arbeitsweg hätten, umziehen müssten oder etwas Neues dazulernen oder Ähnliches. Das ist aber dann oft genau der Grund, warum es nicht klappt und sich auch dein Geldfluss nicht verändern kann. Sei bereit, dich zu verändern, und auch mutig, lebe deine *Enjoy this Life®*-Persönlichkeit und geh in deine Berufung, dann werden sich viele Hindernisse schon in Luft auflösen.

Partnerschaft

Sicher wirst du in deinem Leben schon festgestellt haben, dass die Partnerschaft zu deinem Mann/deiner Frau ein Segen sein kann, sich manchmal aber auch sehr schnell zu einem Fluch entwickeln kann. Die nächsten Zeilen beziehen sich vor allem auf die Beziehung zu deinem Lebenspartner, doch natürlich auch zu anderen Menschen. Gerade die Beziehung zu unserem Lebenspartner stellt häufig auch die größte Hürde für uns dar, wirklich frei und glücklich zu sein. Vor allem dann, wenn der Partner nicht mitmachen und sich nicht verändern möchte.

Du hast ja beim Thema Loslassen bereits die Menschen aussortiert, die nicht mehr in dein Leben gehören, doch ich weiß, dass gerade das Loslassen des eigenen Partners sehr schwer sein kann, auch wenn man im Grunde weiß, dass dieser einem vielleicht nicht guttut. Deswegen möchte ich noch ein paar Worte speziell dazu sagen, und womöglich hilft es dir dann auch dabei, einen neuen Weg zu beschreiten, der für dich stimmig ist. Allerdings sollten wir die Partnerschaft wirklich sehr genau anschauen, weil ich so viele Klienten gehabt habe, die krank, müde, traurig, erfolglos und unglücklich waren, weil sie in einer unglücklichen Beziehung steckten. Stelle daher deine Partnerschaft noch einmal auf den Prüfstand und nimm dir dafür ausreichend Zeit.

Falls du allein bist, hinterfrage auch diese Situation: Warum bist du oder warum lebst du allein? Gibt es da Ängste? Bist du noch nicht bereit für eine Partnerschaft? Sind da eventuell Minderwertigkeitsgefühle aktiv? Es gibt Menschen, für die es absolut stimmig ist, allein zu leben, doch prüfe genau, ob das für dich auch zutrifft oder ob du dir dies vielleicht über all die Monate oder gar Jahre nur eingeredet hast. Denn wenn du gern eine Partnerschaft hättest, diesen Wunsch aber unterdrückst, dann ist das auf Dauer auch nicht ideal für dich und entspricht nicht *Enjoy this Life*®. Falls du dich aber rundum wohlfühlst mit dir selbst und keinen Partner wünschst, dann kannst du auch diese Zeilen überspringen oder einfach als Input nehmen.

Ich gehe zunächst ein bisschen auf die Gründe ein, warum jemand einfach keinen Partner findet, denn oft beruht das Alleinsein auch auf Mangel. Später erkläre ich dann noch, wie wir unsere Beziehung optimieren können. Aber wie gesagt, das musst du vorher für dich selbst prüfen, meine nächsten Zeilen sind für diejenigen Leser bestimmt, die eigentlich den Wunsch nach einem Partner hätten. Bist du ohne eine feste Beziehung glücklich, dann fühle dich bitte nicht angegriffen oder denke, dass du etwas falsch machst.

Im Grunde sollten wir verstehen, dass der Mensch ein Rudeltier ist. Deswegen sitzen gerade in diesem Bereich die Ängste und auch Glaubenssätze sehr tief. So gibt es viele Singles, die sich selbst einreden, dass sie gar keinen Partner wollen und ohne Partner sogar viel glücklicher sind. Das kann natürlich sehr gut sein, doch prüfe, ob das wirklich auch auf dich zutrifft. Wenn du dich nach einem Partner sehnst oder dir gar einen wünschst und die Angst vor Zurückweisung, Ablehnung oder Ähnliches dich abhält, dich auf jemand Neues einzulassen, dann solltest du das Thema Partnerschaft genauer anschauen und in deine *Enjoy this Life*®-Persönlichkeit integrieren. Lass dich nicht von Mustern und Glaubenssätzen wie: »Den/die Richtige(n) gibt es nicht, ich bin zu alt, ich bin zu hässlich, beziehungsunfähig etc.« abhalten. Nur wenn du diesen Sätzen Glauben schenkst, werden sie Realität. Das gilt genauso, wenn du neue Beziehungsgedanken in deine *ETL*®-Persönlichkeit integrierst und dein Handeln änderst – auch sie werden Realität. Du hast die Wahl!

Doch woher kommt diese Angst vor Zurückweisung und auch die Angst, abgelehnt zu werden? Es ist eine Urangst tief in uns drin, da wir von unseren Genen her wirklich noch in der Steinzeit leben und wir früher ohne unser »Rudel« nicht überlebensfähig gewesen wären. Die schlimmste Strafe war es, aus dem »Rudel« ausgestoßen zu werden, denn dies bedeutete damals den sicheren Tod. Diese Information steckt also nach wie vor in unseren Genen und ist auch der Grund, warum wir in einer Partnerschaft vieles mit uns machen lassen, von dem wir eigentlich genau wissen, dass es uns nicht guttut. Andererseits ist das auch exakt der Grund, weshalb wir uns Beziehungen wünschen und doch viele eine unglaubliche Angst vor Ablehnung verspüren, denn wenn wir abgelehnt werden, zum Beispiel bei einen Flirt, gehen wir oft in Resonanz mit unserer »Urangst«. Ich hoffe, es ist verständlich, was ich dir damit aufzeigen will. Du sollst wissen, falls du Single bist und Schwierigkeiten hast, jemanden kennenzulernen oder jemanden anzusprechen, dass dann oft ein »Programm« aus der Steinzeit aktiv ist. Mache dir bewusst, auch wenn dich Menschen ablehnen oder aus dem »Rudel« Freundeskreis/Familie ausschließen, wirst du heutzutage immer noch überleben, und wenn du aktiv bleibst, wirst du auch neue Freunde, ein neues »Rudel« kennenlernen. Du wirst es vielleicht nicht glauben, aber die häufigste Ursache, warum Menschen keinen Partner finden, ist nicht ihr Aussehen oder sonstige Mängel, sondern weil sie sich abkapseln und gar nicht mehr auf neue Menschen zugehen, da sie schlicht Angst haben oder es leid sind, Ablehnung zu erfahren. Wenn man es objektiv von außen betrachtet, ist diese Misere ganz einfach lösbar. Die Menschen müssten nur wieder auf andere Menschen zugehen, aktiv werden und sie ansprechen, das heißt: ihr Verhalten ändern, und früher oder später würden sie einen Partner kennenlernen. Doch die Angst vor Ablehnung hindert sie daran.

Da kommen dann natürlich noch Glaubenssätze und frühere Erfahrungen ins Spiel, die es problematisch machen, dieses Muster von Passivität und Angst ganz einfach zu durchbrechen und in Aktivität und Mut umzuwandeln.

Denk daran: Du kannst es ändern, indem du dir bewusstmachst, dass du vielleicht in deiner Vergangenheit Erfahrungen mit Ablehnung gemacht hast oder dass es in der Partnerschaft nicht geklappt hat, du aber jetzt daran arbeitest, deine Muster und Blockaden zu durchbrechen, dein Leben neu zu gestalten und als *Enjoy this Life*®-Persönlichkeit zu leben. Ich weiß, das ist am Anfang vielleicht nicht ganz leicht, doch es ist machbar.

Hier ein paar Tipps, wie du wieder mehr Menschen kennenlernst und somit auch die Chancen massiv erhöhst, einen neuen Partner kennenzulernen.

TIPPS

1. Überprüfe mal, welche »Ausreden«, Glaubenssätze, Muster du hast, die dich bis jetzt daran gehindert haben, eine neue Beziehung einzugehen. Wie zum Beispiel: »Mich liebt eh niemand, ich bin nicht gut genug, ich werde ohnehin wieder betrogen, ohne Partner habe ich viel weniger Stress ...« Schreibe diese Glaubenssätze alle auf. Mache dir dann bewusst, dass diese nicht der Realität entsprechen, es sei denn, du gibst ihnen die Energie, indem du daran glaubst, dann ist es aber deine persönlich erschaffene Realität. Sei dir im Klaren, dass Muster und Glaubenssätze nur entstanden sind, weil du dir in der Vergangenheit immer wieder diese Dinge selbst eingeredet hast oder weil

sie dir eingeredet wurden oder weil du in der Vergangenheit entsprechende Erfahrungen gemacht hast. Doch Vergangenes ist vergangen und du kannst jetzt diese Situationen neu kreieren. Vielleicht gibt es am Anfang noch ein bisschen Anlaufschwierigkeiten, aber als *Enjoy this Life®*-Persönlichkeit solltest du dich davon nicht aufhalten lassen. Wenn du alle deine Glaubenssätze und Muster aufgeschrieben hast, verbrenne anschließend diese Zettel und mache dir bewusst: Ab heute haben diese keine Kontrolle mehr über dich, weil du ab heute Stück für Stück eine neue Resonanz setzt und es wert bist, einen liebevollen Partner an deiner Seite zu haben.

2. Der erste Schritt ist, wenn du ab heute wieder lernst, Menschen kennenzulernen, dir bewusstzumachen, dass es zunächst einmal nur darum geht, nicht deine Traumfrau/deinen Traummann zu suchen und kennenzulernen, sondern überhaupt wieder mit Menschen in Kontakt zu treten. Denn viele haben die Resonanz, dass sie unbedingt so schnell wie möglich jemanden kennenlernen wollen. Sie gehen nur noch mit dieser Absicht raus, und der Grund dafür ist der Mangel, sie fühlen sich allein oder einfach nicht erfüllt. Mache dir bewusst, wenn du auf der SUCHE nach einem Partner bist, ist dies energetisch gesehen MANGELBEWUSSTSEIN: Dir fehlt etwas und du willst etwas haben. Ein Schöpfer, eine *Enjoy this Life®*-Persönlichkeit sucht aber nicht, sondern lässt kommen beziehungsweise er zieht die richtigen Situationen an.

Vielleicht hast du folgendes Szenario auch schon erlebt: Viele Seminarteilnehmer berichten mir davon, dass sie lange Single waren, niemand interessierte sich für sie, kaum hatten sie jedoch einen Partner, hagelte es von allen Seiten Angebote. Kennst du das? Warum ist das so? Nun, vorher waren sie im Mangel, ist der Mangel behoben, strahlt man ganz automatisch eine andere Energie aus und man ist wieder anziehend. Also hör auf zu suchen, hör auf, dich allein zu fühlen, hör auf, dich zu bemitleiden. Sondern mache dir bewusst, schon allein wenn du immer mehr deine *Enjoy this Life®*-Persönlichkeit lebst, wirst du ganz automatisch für deine Mitmenschen immer anziehender werden. Lege aber deinen Fokus dabei nicht nur auf Partnerschaft, sondern auf Menschen kennenlernen im Allgemeinen.

3. Sei mal ganz ehrlich: Wie oft warst du die letzten drei bis sechs Monate wirklich unter Menschen, wo du die Chance gehabt hättest, jemanden kennenzulernen? Denke mal eine Weile ernsthaft darüber nach. Natürlich kannst du überall jemanden kennenlernen, doch wenn du nur zu Hause und auf der Arbeit und beim Einkaufen bist, ist die Chance natürlich viel geringer. Wie schon gesagt, im Grunde mangelt es nicht an bereitwilligen Singles, nur sind die meisten einfach nicht wirklich aktiv und geben so dem »Glück« auch keine Chance.

Geh ab heute mindestens ein- bis viermal im Monat aus und unternimm etwas Neues, wobei du auf andere

Menschen triffst. Egal, ob dies ein Kurs ist, ein Tanzabend, ein Theaterbesuch, ein Spaziergang am See oder Ähnliches. Falls du niemanden hast, keine Freundin oder keinen Freund, der mitkommt, lass dich davon nicht aufhalten. Wenn du nicht aktiv wirst, wird sich nichts verändern. Nimm deinen Kalender und plane mindestens die nächsten vier bis sechs Termine, an denen du unterwegs sein wirst, und zwar jetzt sofort. Notiere sie dir gleich, allerdings sollten diese Termine nicht innerhalb der nächsten drei Monate sein. Lies erst weiter, wenn du die Termine in deinen Kalender eingetragen hast. Wichtig ist: Halte diese Termine unbedingt ein, auch wenn du an diesem Tag keine Lust hast oder die Aktivität allein machen musst. Nimm diese Termine auf jeden Fall wahr.

4. Sprich ab heute mindestens eine bis drei Personen täglich an, die du nicht kennst oder mit denen du noch nie ein Wort gewechselt hast. Lerne wieder ganz ungezwungene Gespräche zu führen. Das muss nichts Großartiges sein. Manchmal reichen schon zwei oder drei Sätze. Wer lange allein war, muss oft auch wieder lernen, jemanden anzusprechen. Doch im Moment geht es nicht darum, einen Partner zu finden, sondern – egal ob jung, alt, Kind, Mann oder Frau – wieder in Verbindung zu treten mit dir völlig Unbekannten oder noch kaum bekannten Menschen. Schwer, ich weiß. Aber es hilft dir auch, deine Komfortzone zu erweitern und mit der Zeit deinen Freundeskreis.

> Ein zusätzlicher Tipp: Besuche eine fremde Stadt, zum Beispiel an dem Tag, für den du dir einen Termin eingetragen hast, um wieder raus und unter Leute zu gehen. Sprich dort in der Stadt einfach Passanten an und frage sie zum Beispiel: »Entschuldigung, wissen Sie, wo der Bahnhof ist?« Oder: »Ich bin das erste Mal hier, kennen Sie ein gutes Restaurant? Können Sie mir helfen, dieses oder jenes Geschäft zu finden?« Es kann etwas völlig Unverfängliches sein, und ja, ab und zu laufen Menschen auch einfach an dir vorbei und helfen dir nicht. Nimm es nicht persönlich. Diese Deppen sind nur deine Tester, die schauen, ob du wirklich was in deinem Leben verändern willst. Somit sind es keine Deppen mehr, sondern Freunde, die dir helfen herauszufinden, wie ernst es dir tatsächlich ist.
>
> 5. Lade mindestens alle zwei Monate, besser noch jeden Monat Freunde oder Bekannte zu dir nach Hause ein. Egal, ob zum Essen, Film schauen oder auf ein Bier. Vielen Menschen ohne Partner fehlt es oft auch sonst an einem sozialen Umfeld. Natürlich nicht allen, doch wenn du häufig allein bist oder nur selten eingeladen wirst, werde selbst aktiv und lade wieder Menschen ein.

Ich habe mehrfach erlebt, dass Menschen mir sagen: »Mich mögen die Leute nicht so, ich werde nie eingeladen.« Wenn ich zurückfrage: »Wie oft lädst du denn Leute ein?«, kam oft die Antwort: »Nie, weil mich ja auch niemand einlädt.« Werde aktiv! Wenn du nur auf Einladungen wartest, dann viel Spaß mit warten. Du bist Schöpfer, also hör auf zu warten und lade andere ein. Lass dich auch nicht von der Angst abhalten, Menschen könnten nicht kommen oder dir absagen. Das kann durchaus passieren, am Anfang sogar relativ häufig. Es geht jetzt mal noch gar nicht darum, dass die Leute auch zusagen und wirklich kommen, es geht nur darum, Einladungen auszusprechen. Mindestens eine pro Monat, besser zwei. Noch mal: Der Fokus bei der Übung liegt auf EINLADUNGEN AUSSPRECHEN, und wenn jemand zusagt – super. Doch darum geht es in erster Linie nicht, sondern darum, Menschen einzuladen. Sollte niemals jemand zusagen oder vorbeikommen wollen, spielt das keine Rolle, denn darum ging es nicht in der Übung.

Mache dir bewusst, wenn du wirklich etwas an deiner Situation ändern möchtest, dass es allein an dir liegt und du aktiv werden solltest, egal, ob du ein Mann oder eine Frau bist. Sei auf keinen Fall passiv, nimm dein Glück wieder selbst in die Hand und werde Schöpfer deiner Beziehung.

Schauen wir uns jetzt aber noch an, wie du deine Beziehung – falls du eine führst – wieder verbessern kannst, wenn diese dich nicht mehr ganz erfüllt. Sicher hast du in dem vorangegangenen Kapitel über das Loslassen von anderen Menschen, mit denen es gar nicht mehr passt, auch deine Beziehung überprüft. Entweder kannst du deinen Partner deutlich der Spalte der Menschen zuordnen, die ganz klar in dein Leben gehören, dann kannst du die nächsten Zeilen einfach als Inspiration nehmen. Falls dein Partner in der rechten Spalte steht und es keinen Sinn mehr ergibt, die Beziehung weiterzuführen, kannst du jetzt das Kapitel überspringen oder es als Anregung für deine nächste Beziehung nehmen. Hast du deinen Partner in der mittleren Spalte eingetragen und es ist nicht eindeutig, in welche Richtung die Beziehung gehen soll, dann möchte ich dir noch ein paar Tipps geben, wie wir als *Enjoy this Life*®-Persönlichkeit unserer Beziehung und Liebe wieder Energie und Freude einhauchen können. Dies sind natürlich wie immer nur Anregungen und Inspirationen, die du auf deine Situation anpassen kannst.

Führe dir als Erstes vor Augen, dass du deinen Partner mal wirklich geliebt hast, sonst wäre er wohl nicht dein Partner geworden. Wenn wir länger mit einem Menschen zusammen sind, sehen wir plötzlich nur noch den Mangel und vergessen im Alltag häufig, was alles gut an unserem Partner ist. Kleine banale Streitpunkte oder Macken nehmen überhand und wir sind oft nur noch darauf fokussiert, was zwischen uns nicht mehr stimmt.

Beobachte dich mal: Wie oft lobst du deinen Partner, wie oft sagst du liebevolle Worte zu ihm und wie oft kritisierst du ihn? Achte dabei nicht nur auf konkrete Worte, sondern auch auf deine Gedanken – sind sie liebevoll und respektvoll oder eher das Gegenteil? Mache dir bewusst, dass, auch wenn dein Partner nicht Gedanken lesen kann, sein Unbewusstes ganz genau spürt, wie du über ihn denkst. Wie redest du über deinen Partner, wenn er nicht dabei ist? Zum Beispiel bei deinen Eltern? Freunden? Bekannten? Sind deine Worte über ihn/sie positiv oder destruktiv? Ich finde es schon unglaublich, wie viele Menschen über ihren Partner schlecht reden oder denken, und zwar nicht nur in dessen Abwesenheit, sondern auch wenn er direkt danebensteht. Und dann sind sie total verwundert, dass die Beziehung nicht rundläuft oder dass »irgendwie die Luft raus« ist.

Wir dürfen als *Enjoy this Life*®-Persönlichkeit nie vergessen, dass sowohl die bewussten wie auch unbewussten Gedanken und Aussagen über andere Menschen diese beeinflussen und unsere Resonanz verändern. Wer über den Partner, Chef oder andere schlecht redet und denkt, trägt diese Ausstrahlung in seinem Energiefeld, und diese destruktive Energie wird von den betreffenden Personen immer wahrgenommen und sie wissen es ganz genau, wenn auch auf einer sehr unbewussten Ebene. Doch solche destruktiven Energien führen letztlich dazu, dass der Partner auf Distanz geht oder in deiner Nähe jedes Mal das Gefühl hat, dass etwas einfach nicht mehr stimmt. Auch wenn du nach außen vielleicht sehr nett bist. Du kannst das Bewusstsein vielleicht täuschen, aber nie das Unterbewusstsein.

Nur noch mal zur Erinnerung: Gerade einmal 5 Prozent von unseren Gedanken und Handlungen kommen aus dem Bewusstsein, 95 Prozent dagegen aus dem Unterbewusstsein. Wenn du so destruktiv über deinen Partner denkst und redest, darfst du dich nicht wundern, dass eure Beziehung früher oder später auseinanderbricht. Hier ein paar Tipps, um wieder neuen Schwung in deine Beziehung zu bringen.

TIPPS

1. Höre ab sofort auf, in seinem Beisein, aber auch in Abwesenheit über deinen Partner schlecht zu reden, ihn kleinzumachen oder sonstwie negativ über ihn zu sprechen.

2. Falls du merkst, dass deine Gedanken ebenfalls sehr destruktiv sind und du nur noch das Negative an deinem Partner oder an eurer Beziehung siehst, lege eine Liste an. Schreibe jeden Tag mindestens 10 Punkte auf, was toll und gut an deinem Partner und an eurer

Beziehung ist. Zu oft ist unser Fokus auch hier nur auf dem Negativen, richte ihn daher bewusst auf das Positive. Täglich eine Liste mit 10 Pluspunkten anzulegen dauert gerade mal 5–10 Minuten, die du effektiv in deine Beziehung investierst.

3. Sobald du merkst, dass du schlecht über ihn denkst, sage dir bewusst: »Stopp!« und mache dir dann klar, warum du mit deinem Partner zusammen bist und was du an ihm schätzt und liebst.

4. Höre auf, deinen Partner verändern zu wollen! Das ist der Beziehungskiller Nummer eins. Nur weil dein Partner dein Partner ist, muss er nicht gleich denken, fühlen, handeln wie du. Er ist ein eigenständiges Individuum und hat ein göttliches Recht darauf, seine Individualität zu leben – ob du das okay findest oder nicht. Harte Worte, doch wenn es dir so gar nicht passt, dann übernimm die Verantwortung und trenne dich, aber lass ihn sein Leben so leben, wie er/sie das möchte. Meine Ansicht ist: Solange ich nicht perfekt bin, muss mein Partner auch nicht perfekt sein! Und ich bin noch weit von Perfektion entfernt.

5. Werde aktiv! Viele sagen: »Er/sie müsste ja nur …, und dann wäre alles okay!« Wie oft warten beide Seiten, dass der andere wieder mehr in die Beziehung investiert oder seine Gefühle zeigt. Leider warten sie oft vergebens und die Liebe vertrocknet immer mehr und mehr. Weil beide zu stolz sind, um zu investieren und aktiv zu werden. Das ist aus meiner Sicht keine

ETL®-Einstellung. Wenn ich etwas möchte, ich eine Veränderung erwarte, dann bin ich selbst die Veränderung. Ich erwarte nichts vom meinem Umfeld oder Partner, ich werde aktiv und dadurch verändere ich auch alles um mich herum.

6. Werde glücklich und lebe ganz deine *Enjoy this Life®*-Persönlichkeit, es gibt nichts Attraktiveres als glückliche, zufriedene Menschen. Lass aber um Himmels willen deinen Partner so sein, wie er will, missioniere ihn auf keinen Fall mit *ETL®*. Wenn du glücklich bist, wird er es merken und dich fragen, wie du das geschafft hast, dann stößt du auf offene Ohren und er ist bereit für Veränderung.

Höre überhaupt auf, deinen Partner zu missionieren, dieses Bestreben ist sehr weit verbreitet in der spirituellen Szene – man hat plötzlich keinen Partner mehr, sondern einen esoterischen Hobbytherapeuten. Das ist nicht anziehend und macht oft die Beziehung mehr kaputt als glücklich. Lies dir Tipp 4 noch mal bewusst durch und lass die Aussage sacken.

7. Sage niemals zu deinem Partner: »Ich liebe dich!«, nur weil du es laut hören willst oder weil du von ihm hören willst: »Ich dich auch!« Doch sage es möglichst oft, allerdings nur dann, wenn es auch ernst gemeint ist und du es fühlst, aber sei nicht enttäuscht, wenn dein Partner es nicht erwidert. Es geht ums Geben, weil du es so fühlst, und nicht ums Erhaltenwollen oder Selbsthören-Wollen, das ist nämlich Mangelbewusstsein.

8. Erinnere dich zurück: Wie war es am Anfang eurer Beziehung? Gerade zu Beginn liegt unser Fokus im Normalfall auf dem Geben und weniger auf dem Erhalten. Wir machen viele Komplimente, lächeln, schauen einander in die Augen, es freut uns, wenn wir dem Partner mit Kleinigkeiten eine Freude bereiten können, wir nörgeln so gut wie nie und freuen uns einfach, wenn wir Zeit mit dem Partner verbringen können. Häufig gehen genau diese »kleinen« Aufmerksamkeiten mit der Zeit immer mehr verloren. Versuche diese wieder in deinen Alltag zu integrieren. Eine schöne Idee sind beispielsweise kleine Zettelchen mit Liebesbotschaften, versteckt in den Arbeitsunterlagen oder am Spiegel oder Orten, die der Partner oft aufsucht.

9. Hinterfrage bei einem Streit oder einer Auseinandersetzung immer wieder, ob sich diese Diskussion gerade lohnt. Ich behaupte mal, dass 90 Prozent der Konflikte, die wir in Beziehungen führen, sinnlos sind. Ich habe früher vor allem als Medium gearbeitet und viele Menschen betreut, die sich eine Jenseitsbotschaft zum Beispiel von einem verstorbenen Partner gewünscht haben. Insbesondere wenn es kurz vor dem Tod noch zu einer sinnlosen Auseinandersetzung kam, konnte der Hinterbliebene sich oft nicht verzeihen, dass die letzten Erinnerungen an den Partner mit einem überflüssigen Streit verknüpft waren. Überlege bei jedem Streit, ob er es wirklich wert ist, ausgefochten zu werden.

> Führe eine Regel ein: Bevor einer von euch das Haus verlässt, solltet ihr wieder Frieden geschlossen haben, weil du nie weißt, ob dein Partner lebend zu dir zurückkommt. Wie oft gingen zwei im Streit auseinander und der eine kehrte nicht mehr heim, weil er zum Beispiel einen tödlichen Unfall hatte. Wenn du dir dies bei Auseinandersetzungen bewusstmachst, kommst du sehr schnell darauf, dass viele Konflikte und Diskussionen einfach nur sinnlos sind.

ETL® bei Familie vs. Fremden

Während der Entstehung dieses Buches habe ich meine ehemaligen Seminarteilnehmer angeschrieben und sie Folgendes gefragt: Was war für euch das Schwierigste bei der Umsetzung des ganzen *Enjoy this Life®*-Konzepts? Was hat euch am meisten immer mal wieder aus eurer neuen Persönlichkeit herausgeholt? Ziemlich oft kam als Antwort, dass es bei fremden Menschen viel leichter war, in der *Enjoy this Life®*-Persönlichkeit zu bleiben und es vielen gerade bei der eigenen Familie oder auch bei engen Freunden sehr schwerfiel. Genau diesem Thema möchte ich mich jetzt widmen.

Fremde oder Menschen, die du als *ETL®*-Persönlichkeit neu kennenlernst, empfinden euer Kennenlernen als normal. Wenn du ihnen als *ETL®*-Persönlichkeit begegnest, werden sie dich so annehmen, weil sie dich nicht mit deiner Vergangenheit messen und dich dadurch auch viel schwerer aus deiner Persönlichkeit bringen. Anders sieht es bei den Menschen aus, für die dein neues erfolgreiches Ich ungewohnt ist oder die zum Teil auch finden, dass du nicht mehr der Alte bist, und dir dann sagen: »Du hast dich verändert, das bist nicht mehr du!« Mache dir dann bewusst, dass du natürlich immer noch du selbst bist, du bist sogar mehr du selbst, als du es vorher warst, weil du jetzt das lebst, was du schon immer wolltest.

Allerdings solltest du für deine Freunde oder Familie auch Verständnis aufbringen, da sie dich jahrelang anders gekannt haben und deswegen auch dein früheres Verhalten und Handeln als normal betrachten. Wenn du jetzt schlagartig vieles veränderst und neu reagierst und handelst, ist dieses Verhalten für sie nicht normal. Viele bekommen auch Angst und machen sich Sorgen, dass du abdrehst oder in einer Sekte bist oder dich selbst verlierst. Am Anfang wollen dich viele deswegen unbedingt wieder so haben, wie du früher warst, weil sie das Neue nicht kennen, das verunsichert sie. Wir Menschen lieben nun mal Routine, und wenn du plötzlich anders bist, dann müssen sie auf einmal auch sich selbst und ihr Leben verändern. Deswegen ist es wichtig, dass du ihnen Zeit gibst, sich an dein neues Ich zu gewöhnen. Nur weil du dich verändert hast, darfst du nicht erwarten, dass alle sich freuen und dich dabei unterstützen.

Jetzt ein paar Tipps, wie es dir leichter fällt, mit deinen Freunden und deiner Familie umzugehen, wenn du bei ihnen noch nicht voll und ganz als *ETL*®-Persönlichkeit leben kannst.

TIPPS

1. Hab Verständnis und sei nicht böse auf sie, auch wenn sie nicht so reagieren, wie du es dir wünschst. Bedenke immer: Sie meinen es gut mit dir und sind nicht deine

Feinde. Betrachte sie eher als Tester, die schauen wollen, wie überzeugt du von dir selbst und deiner neuen *ETL*®-Persönlichkeit bist.

2. Gib ihnen Zeit und erwarte nicht, dass sie dich sofort verstehen. Rede mit ihnen und erkläre ihnen, was und warum du dies oder jenes tust. Doch rechtfertige dich nicht, wenn sie *ETL*® zum Beispiel blöd finden oder ähnliche Bemerkungen machen. Sag einfach: »Du bist mein Freund/Teil meiner Familie, ich akzeptiere, dass du das nicht gut findest, doch mir macht es Spaß und ich würde es gern ausprobieren. Ich fände es toll, wenn du mich dabei unterstützt, aber wenn du das nicht willst oder kannst, dann ist das auch in Ordnung, doch dann lass uns über etwas anderes sprechen. Ich mag nicht diskutieren oder mich rechtfertigen. Danke, dass du das akzeptierst.« Lass dich dann auch nicht auf Diskussionen ein, wenn dich die Person nicht unterstützen möchte.

3. Falls jemand sehr hartnäckig ist und dennoch diskutieren möchte, dann gib ihm dieses Buch mit den Worten: »Bitte lies zuerst das Buch, damit du genau verstehst, worum es geht. Ohne es gelesen zu haben, ist es fast unmöglich, ein Gespräch darüber zu führen. Doch wir können uns gern darüber unterhalten, wenn du das Buch gelesen hast.«

4. Falls du beginnst, deine Wohnung oder dein Familienleben komplett umzustellen und dein Partner nicht bei *ETL*® mitmacht, dann sei dennoch fair und besprich

mit ihm die Dinge, die du verändern möchtest. Wenn du in einer Beziehung bist, dann hast du dich für diese Beziehung entschieden. Das bedeutet wiederum, dass gewisse Bereiche wie die Wohnung euch beide betreffen, also darf er/sie auch seine/ihre Ansichten zu den Veränderungen äußern. *ETL®* heißt nicht, für andere Entscheidungen zu treffen, sondern wenn ich mich entschieden habe, Teil eines »Teams« zu sein, dann wird auch im Team entschieden. Doch in Bereichen, in denen es nur um dich geht, entscheidest ganz klar du, denn dort betrifft es nur dein Leben.

5. Hör auf, deinen Partner überzeugen zu wollen, dass du richtig handelst oder dass er es auch so sehen soll wie du. Beginne einfach glücklich zu sein und es zu leben. Dann wird er ohnehin auch glücklich werden und wissen wollen, was hinter *ETL®* steckt.

6. Missioniere niemals deinen Partner oder deine Familie. Lass sie ihre Persönlichkeit genau so leben, wie du deine neue *ETL®*-Persönlichkeit leben möchtest. Deine Sicht der Dinge ist nur für dein Leben und für dich richtig, es heißt nicht, dass es für dein Umfeld genauso sein muss.

7. Kapsle dich nicht ab von deinen Liebsten, sondern verbringe genauso Zeit mit ihnen wie vorher. Wenn du dich zurückziehst und keine Zeit mehr für sie hast oder deutlich weniger, dann entwickeln sie Mangelgefühle und Verlustängste. In der Folge werden sie versuchen wollen, dich von deiner neuen Persönlichkeit abzubrin-

> gen. Natürlich sollst du auch Zeit für dich haben und nicht unbedingt die Dinge aus der Vergangenheit mit deinen Freunden oder der Familie unternehmen, von denen du weißt, dass sie dir nicht guttun. Doch schlage dann sinnvolle Alternativen vor, die allen Beteiligten Spaß bringen.

Ich denke, mit diesen Tipps wirst du es auch in der Familie und bei Freunden relativ leicht haben, in der *Enjoy this Life*®-Persönlichkeit zu bleiben und sie zu leben. Du wirst sehen, schon nach ein paar Wochen und Monaten haben sie sich eh an dein neues Ich gewöhnt und es ist kein Thema mehr. Aber manchmal wird dir auch im Zuge der Veränderung bewusst, dass bestimmte Freunde nicht mehr in dein Leben passen, und ihr werdet euch verabschieden, weil sie dich so, wie du jetzt bist, nicht mehr wollen. Das kann am Anfang schwer sein, doch geh dann nicht in die Angst, sondern bleib bei dir. Bei Freunden ist das noch eher möglich als bei der Familie, die kann man sich im Grunde ja nicht wirklich aussuchen. Daher gibt es Situationen, in denen man unweigerlich auf Familienmitglieder trifft, mit denen einen einfach wenig verbindet, doch man kann oder möchte sich vielleicht nicht komplett verabschieden. Könnte man natürlich schon, aber wir dürfen nicht vergessen, es ist immerhin Familie. Dennoch solltest du gewisse Dinge nicht mehr einfach so hinnehmen oder mit dir machen lassen, wenn du entschieden hast, dass du dieses oder jenes nicht mehr willst. Mir hilft es dann, meine Einstellung zu bestimmten Familienmitgliedern zu verändern. Was meine ich damit? Zum besseren Verständnis ein paar Beispiele:

1. Fast in jeder Familie oder auch im Freundeskreis gibt es Menschen, die man wirklich mag, und doch nerven sie manchmal, weil sie alles besser wissen, auch wenn sie oft nur »Pseudoexperten« sind. Besserwisser versuchen, einen Mangel zu kaschieren, um sich besser zu fühlen. Wenn ich das bei jemandem feststelle, gehe ich einer Konfrontation mit ihm aus dem Weg und bleibe lieber ganz ruhig bei mir in meiner *ETL*®- Persönlichkeit und gebe ihm einfach immer recht. Ich sage Dinge wie: »Spannend, wie du das siehst. Genau so ist es! Du hast recht! Absolut! Aus deiner Sicht versteh ich das komplett!« Sehr oft hören die Betreffenden dann damit auf, weil sie genügend Bestätigung bekommen haben. Inzwischen macht es mir sogar unglaublich Spaß, Besserwissern beizupflichten, und manchmal übertreibe ich es so sehr, bis sie selbst feststellen, was für einen »Müll« sie da erzählen.

2. Jammerlappen sind Menschen, die immer alles nur negativ sehen und für die alles schlecht ist. Denen gehe ich auch am liebsten aus dem Weg. Entweder ich verabschiede mich schnell, oder wenn dies aus Gründen des Respekts und der Höflichkeit nicht möglich ist, dann sage ich so was wie: »Echt? Du Armer, ja das ist richtig tragisch. Oh mein Gott, so schlimm!« Gerade wenn es um banale Dinge geht, lege ich mich voll ins Zeug. Meistens kommen sie irgendwann an den Punkt, an dem sie plötzlich sagen: »Nein, also so schlimm ist es nun auch wieder nicht!« Dann erwidere ich: »Aha, ja wenn du das aber so erzählst, hat man echt das Gefühl, dass dein Leben unglaublich schlimm und gar nicht mehr lebenswert ist. Bin jetzt aber froh, dass es doch nicht so tragisch ist!« Dann wechsele ich das Thema. Klappt meistens und macht mir oft auch Spaß, weil mein Fokus dabei ist, wie lange es wohl dauert, bis die »Wende« kommt.

3. Sinnlose Diskussionen sollte man möglichst gar nicht führen. Allerdings gibt es Menschen, die diskutieren gern über alles und jeden und wollen dich mit Absicht in überflüssige Diskussionen verstricken. In solchen Situationen stelle ich nur Fragen und lasse mich nicht auf eine Diskussion ein. Ich bombardiere mein Gegenüber einfach mit tausend Fragen, das mögen solche Leute gar nicht und hören meistens auf oder suchen sich jemand anders zum Diskutieren.

4. Menschen, die seit Jahren dasselbe erzählen, gerade bei Familientreffen, können manchmal schon ziemlich anstrengend und energieraubend sein. Hier ändere ich auch meinen Fokus: Wenn ich zum Beispiel weiß, dass Tante X immer dasselbe erzählt, mache ich mir schon vorher in Gedanken eine kleine Liste mit zehn Geschichten, die besagte Tante sicher zum Besten gibt. Wenn ich dann auf sie treffe und sie ein Thema anschneidet oder eine Geschichte erzählt, die ich auf meiner Liste habe, dann gibt das 1 Punkt. Maximale Punktzahl wären dann 10 Punkte. So mache ich im Grunde ein Spiel, und je mehr alte Geschichten sie erzählt, umso mehr Punkte gewinne ich. Daher ist dann auch jede alte Geschichte ein Anlass zur Freude, weil sie nicht nervt, sondern mir einen Punkt einbringt. Dieses Spiel eignet sich auch als Familienspiel. Zum Beispiel kann dein Partner ebenfalls eine Liste anlegen oder weitere Verwandte, und der mit der höchsten Punktzahl gewinnt.

Ich hoffe, dass diese Anregungen dir helfen werden, auf gewisse Situationen anders zu reagieren oder deinen Fokus zu verändern.

Umgang mit destruktiven Gefühlen

Viele denken am Anfang, wenn sie sich mit der *Enjoy this Life*®-Methode beschäftigen, dass sie keine destruktiven Gefühle mehr haben dürfen und sie immer gut drauf und glücklich sein müssen. Doch das wäre aus meiner Sicht total falsch. Wir sind Menschen, und als Mensch hat man nicht nur positive Gefühle, sondern auch negative, man ist mal wütend, man verspürt Trauer und man ärgert sich auch ab und zu. Das ist vollkommen »normal« und nur menschlich. Auch als *Enjoy this Life*®-Persönlichkeit wirst du diese Empfindungen weiterhin haben, der Unterschied ist, dass du, sobald du diese Gefühle erkennst, für dich entscheidest, ob du sie in diesem Moment haben und sie jetzt gerade erleben willst. Als *Enjoy this Life*®-Person wirst du nicht mehr von deinen Emotionen geleitet und kontrolliert. Meiner Ansicht nach ist das Problem mit destruktiven Gefühlen, dass wir sie oft immer wieder aufwärmen und häufig eine lange Zeit mit uns herumtragen.

Ich denke, gerade bei Trauer ist es sicher am schwersten, denn wenn eine nahestehende Person stirbt, ist es absolut normal, dass man dann trauert und dass man dieses Gefühl nicht kontrollieren kann. Da empfehle ich auch, die Trauer wirklich anzunehmen und sich einzugestehen, denn eine sinnvolle Trauerzeit ist wichtig und auch absolut normal. Sicher fällt die Dauer der Trauerzeit sehr individuell aus, ein paar Menschen brauchen länger, andere brauchen weniger lang.

Als Medium habe ich sehr viele Hinterbliebene begleitet, die mit dem Tod konfrontiert wurden. Für mich gibt es eine gesunde Trauer, bei der wir uns bewusst Zeit nehmen, um zu trauern und uns auch von der verstorbenen Person zu verabschieden und den Umstand zu akzeptieren und zu verarbeiten, dass der Verstorbene nicht mehr bei uns ist. Natürlich gibt es für mich als Medium ein Weiterleben im Jenseits, denn im Grunde wechseln wir nur von einem körperlichen Dasein in ein energetisches Dasein. Dennoch ist es normal, dass wir trauern. Auch ich als Medium vermisse Menschen, die gestorben sind, weil ich sie genauso wenig in den Arm nehmen kann wie jeder andere Mensch auch. Oft vermissen wir ja gerade die alltäglichen kleinen Dinge, die wir mit dieser Person verbinden.

Ich möchte an dieser Stelle nicht weiter auf das Leben im Jenseits eingehen, aber ich möchte dir bewusstmachen – egal, ob du an ein Leben nach dem Tod glaubst oder nicht –, dass es sinnvoll wäre, dich mit dem Thema Tod und Sterben auseinanderzusetzen, denn eins ist todsicher: Früher oder später werden wir mit dem physischen Sterben konfrontiert. Wir verlieren Menschen, die wir lieben, und natürlich werden wir selbst auch eines Tages gehen.

So viele Menschen verdrängen dieses Thema leider, und doch wäre es sinnvoll, sich damit zu beschäftigen, denn es gibt ein paar Punkte, die dir dabei helfen können – falls du mal mit einem Todesfall konfrontiert wirst –, besser loszulassen und auch abzuschließen oder auch deinen eigenen Tod anzunehmen, wenn es dann mal so weit sein sollte. Bei meinen Trauerberatungen/Jenseitsberatungen ist mir oft aufgefallen, dass die häufigsten Probleme, die Menschen haben, wenn sie mit dem Tod konfrontiert werden, hätten vermieden werden können, wenn sie ein paar kleine Dinge im Leben beachtet hätten. Diese Verhaltenstipps möchte ich dir hier mitgeben, weil ich finde, dass sie absolut zur *Enjoy this Life*®-Methode gehören.

> **TIPPS**
>
> 1. Rede mit deiner Familie und deinen Freunden über den Tod und das Sterben. Sag ihnen zum Beispiel, wie du dir deine Beerdigung vorstellst, was du dir nach deinem Tod wünschen würdest. Frage auch deine Freunde und Familie, was sie sich bei ihrem Tod wünschen würden. Sicher ist das anfangs eigenartig. Doch zu oft wissen die Hinterbliebenen nicht, wie sie die Beerdigung gestalten sollen oder wie jemand begraben werden möchte oder Ähnliches.
>
> 2. Zeige deinen Freunden und deiner Familie, was du für sie empfindest. Sag ihnen, dass du sie liebst oder stolz auf sie bist. Zu viele versinken in Trauer, weil sie zum Beispiel nie vom Vater oder Partner gehört haben, wie er für sie empfindet. Auch wenn du noch jung bist, drücke deine positiven Gefühle möglichst oft aus.
>
> 3. Gehe nie im Streit mit deinen Liebsten auseinander, du weißt nicht, ob du eine geliebte Person jemals wiedersehen wirst. Bei 90 Prozent unserer Konflikte ist es unnötig, dass wir sie über Tage austragen. Zu oft denken wir: »Ja, das kann man auch morgen noch klären«, und zu oft haben mir Klienten erzählt, dass es nicht mehr dazu kam, weil einer der beiden starb. Was dann zurückbleibt, ist die Erinnerung an den Konflikt und Schuldgefühle wegen des unnötigen Streits.
>
> 4. Verschiebe keine Krankenbesuche oder Besuche bei Menschen, die schon sehr betagt sind. Wie oft denken

> wir: »Ich müsste noch Oma besuchen, ich weiß ja nicht, wie lange sie noch lebt ...« Doch dann kommt wieder etwas dazwischen und plötzlich ist sie tot und dann haben wir Schuldgefühle und können die Zeit nicht mehr zurückdrehen.

Im Grunde solltest du dein Leben so leben, dass du jederzeit bereit wärst »abzutreten«, weil du weißt: Es ist alles geklärt und ich habe ein erfülltes Leben geführt.

Trauer ist für mich auch dann angemessen und »normal«, wenn du zwar traurig bist, du aber dennoch am Leben teilnehmen, sogar lachen kannst und auch viele schöne Momente erleben kannst. Sicher ist es in den ersten Tagen schwer, doch nach einer Weile solltest du trotz allem wieder lachen können und dich freuen, auch wenn manchmal Tränen und Trauer dich berühren. Destruktiv und ungesund ist Trauer für mich dann, wenn du keine Lebensfreude mehr verspürst, wenn du dich abkapselst und dich an nichts mehr erfreuen kannst, es dir schwerfällt, glücklich zu sein und zu lachen. Bei manchen Menschen hat man nicht das Gefühl, dass der Verstorbene zu betrauern ist, sondern der/die Hinterbliebene. Das sollte nicht der Fall sein, denn es macht auf lange Sicht krank, unglücklich und depressiv.

Denk daran: Das Leben will gelebt werden, und zum Leben gehört es, dass wir sterben, denn ohne Sterben würden wir wohl das Leben nicht richtig zu schätzen wissen, und dann wäre es auch kein wirkliches Leben. Egal, was du also erlebt hast, solltest du das Leben voll und ganz auskosten und wieder in vollen Zügen genießen. Denn wenn du in eine tiefe Depression verfällst, wird das den Verstorbenen nicht zurückbringen oder den Tod ungeschehen machen. Das Einzige, was passiert, ist, dass dein Umfeld nicht nur den Verstorbenen verloren hat, sondern dich gleich mit.

Bei Wut und Ärger sehe ich das ein bisschen anders. Im Grunde handelt es sich dabei um Gefühle, die total unnötig sind, aber dennoch manchmal da sind. Wenn diese Gefühle in dir hochkommen, dann lebe sie ganz bewusst aus. Reagiere dich gleich ab und schieb deinen Frust nicht auf die lange Bank. Schleppe ihn nicht über Tage oder gar Wochen mit dir herum. Wenn du über etwas wütend bist, dann lass es raus, Runterschlucken oder Unterdrücken bringt nichts und macht auf lange Sicht nur krank und unglücklich. Doch ich empfehle dir, den Frust, Ärger und die Wut nicht an deinem Umfeld auszulassen, sondern dich zurückzuziehen.

Wenn mich etwas nervt oder mir zutiefst widerstrebt, setze ich mich ganz bewusst hin und lasse das Gefühl zu. Dann fluche ich wie ein Weltmeister, bis ich spüre, dass der Ärger und die Wut verflogen sind und es keinen Sinn mehr hat, weiterzutoben. Meistens muss ich dann sehr über mich selbst lachen. Dadurch, dass ich meinen Frust zeitnah auslebe, ist das Thema für mich danach auch abgehakt. Wenn es mir wieder besser geht, wird mir sehr schnell bewusst, dass mich im Grunde niemand ärgern oder wütend machen kann, denn man sagt es ja im Prinzip schon: »Ich ärgere mich über dich!« Also ICH lasse es ja zu, ICH gebe der Person XY die Macht, dass ich mich ärgere, aufrege oder wütend bin. Doch in ganz vielen Situationen lohnt es sich ja nicht mal. Noch nie hat sich eine Situation verändert, wenn ich wütend wurde oder ärgerlich reagiert habe. Nein, eher das Gegenteil. Als *Enjoy this Life*®-Persönlichkeit solltest du dir bewusstmachen, dass du destruktive Gefühle immer noch haben darfst, doch du solltest dich nicht von ihnen leiten lassen, sondern ganz klar wahrnehmen, wenn sie in dein Leben treten und dich dann kurz bewusst fragen: »Will ich da jetzt hineingehen?« Falls ja, dann tu es, aber mache es ganz bewusst, geh dann voll und ganz in das Gefühl und lasse es raus, aber »friss« negative Emotionen auf keinen Fall in dich hinein. Ich weiß, das ist einfacher gesagt als getan. Doch glaube mir, je öfter du so verfährst, desto leichter wird es dir fallen und mit der Zeit wirst du dich immer weniger wegen unnötigen Dingen aufregen.

Versteh mich bitte richtig, du sollst destruktive Gefühle nicht verdrängen und dir schon gar nicht einreden, es ginge dir gut, wenn du dich gerade schlecht fühlst. Hab einen Wutanfall, explodiere kurz und heftig, aber wärme deinen Ärger und deine Wut bitte nicht immer wieder auf, indem du die erlebte Situation ein ums andere Mal jemandem erzählst und dabei wieder voll und ganz in die destruktiven Gefühle einsteigst.

Wenn du eine Situation erzählen möchtest, die nicht optimal gelaufen ist, dann mach das, aber achte darauf, dass die Gefühle nicht wieder hochkochen, sondern berichte einfach die Tatsachen, so wie du sie erlebt hast. Emotionen wie Frust und Wut sollten diesen Bericht nicht begleiten. Hier noch ein paar Tipps, die dir vielleicht helfen.

TIPPS

1. Sei dir bewusst: Was andere über dich denken und wie sie dich sehen, hat nichts mit der Realität zu tun, sondern ist ihre persönliche Wahrheit. Es wird ihr Bild über dich nicht ändern, wenn du jetzt wütend oder ärgerlich

wirst, sondern es wird eher das »destruktive« Bild und ihre Meinung noch verstärken. Ihre Meinung bildet keine Realität, außer du gibst den anderen die Macht dazu.

2. Erlebst du gerade eine Situation, die dich ärgert oder wütend macht? Sage dir ganz bewusst innerlich: »STOPP!« Atme drei- bis viermal bewusst ein und aus und geh voll und ganz während der Zeit in deine *ETL®*-Persönlichkeit. Achte dann darauf, welcher Impuls folgt, wie du reagieren könntest. Lass dich nicht von deinen Gefühlen kontrollieren, du bist der Schöpfer deines Lebens, nicht deine Gefühle.

3. Falls du feststellst, du wirst den Ärger oder die Wut nicht los, die Emotion ist zu präsent, dann zieh dich am besten zurück und lebe sie voll und ganz aus, bis du über dich selbst lachen musst. Achte darauf, dass du währenddessen allein bist und kein Unbeteiligter dabei ist. Oft müssen nämlich leider der Partner, der Freund oder die Kinder für deinen Frust herhalten, und die haben nichts damit zu tun.

4. Während eines Streits stelle ich mir immer vor, dass irgendwo in der Person, die mich wütend macht und über die ich mich so ärgere, ein göttlicher Teil steckt und dass dieser Teil liebevoll und nicht böse ist. Ich mache mir in der Situation bewusst, dass jeder Mensch einen guten Kern hat, egal, wie er gerade zu mir ist. Oft hilft mir das sofort, da meine Emotionen sich verflüchtigen und ich innerlich wieder total ruhig werde.

Gerade im Konflikt mit dem Partner mache ich mir immer wieder bewusst, dass ich ihn liebe und dass ich nur jetzt gerade böse oder ärgerlich bin. Wenn ich das in meinem Bewusstsein habe, dann kann ich mit meinem Partner nie wirklich bösartig einen Konflikt austragen. Ja, ich gebe es zu, bei einigen Mitmenschen ist dieser göttliche Teil extrem gut versteckt und man hat Mühe, diesen in gewissen Situationen auch zu sehen. Doch er ist irgendwo, du musst ihn nur suchen. Dabei wirst du feststellen, dass auch dein Gegenüber nicht mehr so feindselig ist.

5. Falls du doch mal in eine Situation gerätst, in der du dich geärgert hast und es vielleicht eskaliert ist, kann ich dir eine super Übung mitgeben. Ich nenne sie »positiv umerleben«. Diese Übung mache ich immer, wenn etwas in meinem Leben passiert ist und ich nicht so reagiert habe, wie ich es mir als *Enjoy this Life®*-Persönlichkeit wünsche und vorstelle. Das Spannende ist, je öfter du es tust, umso mehr wird dies dann ein Teil von dir. Bedenke, die meisten Konfliktsituationen kannst du von verschiedenen Seiten betrachten. Schauen wir uns mal ein Beispiel für eine ärgerliche Situation an:

Nehmen wir an, du fährst mit deinem Auto auf einer Straße und jemand schneidet dir völlig überraschend den Weg ab. Du musst voll in die Bremsen steigen und kannst gerade noch knapp einen Unfall verhindern. Doch den Fahrer, der fast den Unfall verursacht hat, kümmert das gar nicht. Er fährt einfach weiter und hat womöglich nicht einmal mitbekommen, dass er dich und dein Auto um ein Haar von der Seite abgeschossen hätte. In einer solchen Situation kann es sehr gut sein, dass du ihm nicht unbedingt wünschst: »Gott soll dich segnen und eine gute Fahrt!« Sondern dass deine Wünsche weniger positiv sind und du vielleicht auch ziemlich heftige Kraftausdrücke benützt. Absolut menschlich, aber wenn wir ehrlich sind, macht es die Situation nicht ungeschehen. Doch wenn du jetzt den Ärger und die Wut spürst und vielleicht auch schimpfst wie ein Weltmeister, kannst du später oder zu Hause dennoch die Situation positiv umdrehen und dir vorstellen, wie du hättest reagieren können, sodass du dich nicht nervlich noch zusätzlich belastet hättest.

Stell dir dieselbe Ausgangssituation vor, doch statt zu schimpfen, kannst du dir auf die Schulter klopfen und denken: »Puh, damit konnte ich jetzt wirklich nicht rechnen. Ich bin stolz auf mich, dass ich so gut reagiert habe und rechtzeitig gebremst habe und somit einen Unfall verhindert habe. Vielleicht habe ich mir und dem anderen Fahrer damit gerade einen Krankenhausaufenthalt erspart sowie Stress mit der Versicherung und einen Arbeitsausfall. Ich habe wirklich gut reagiert und bin dankbar, dass es für uns beide so gekommen ist.«

Versuch mal, diese Situation genau so oder ähnlich Schritt für Schritt in Gedanken durchzuspielen und zu durchleben. Dein Unterbewusstsein kann nicht unterscheiden, ob das gerade echt ist oder nicht, es nimmt an, dass es Realität ist. Wenn du diese gedankliche

> Übung des positiven Umerlebens immer wieder in kritischen Situationen anwendest, lernt dein Unterbewusstsein, dass es auch in »stressigen« oder »nervigen« Situationen positiv und konstruktiv handeln kann. Mit der Zeit wirst du auch in Situationen, in denen du mit Ärger, Wut oder anderen destruktiven Gefühlen reagieren würdest, plötzlich konstruktiv und gelassen reagieren. Eben voll und ganz wie eine *Enjoy this Life®*-Persönlichkeit.

Stress – der Killer Nummer eins

Zum Schluss möchte ich mich noch einem sehr wichtigen Thema ausführlich widmen – dem Stress. Stress ist aus meiner Sicht wirklich ein Killer, da er tatsächlich oft dazu führt, dass wir krank werden, schneller altern und eine schlechte Ausstrahlung haben. Zudem katapultiert er uns am ehesten aus der *Enjoy this Life®*-Persönlichkeit heraus. Deswegen finde ich es lohnenswert, diesem Thema einen ganz besonderen Stellenwert in diesem Buch zu geben.

Wie wir alle wissen, ist Stress alles andere als ideal, und dennoch lassen wir uns viel zu schnell und zu oft stressen. Das Wort »Stress« ist im Westen schon fast ein Mantra geworden, und ich muss leider zugeben, es selbst auch viel zu häufig zu verwenden, was zeigt, wie oft ich mich gestresst fühle und auch selbst Stress erzeuge. Deswegen habe ich mich sehr intensiv damit auseinandergesetzt. Sicher kennst du viele der folgenden Aussagen oder zumindest ähnliche aus deinem eigenen Sprachgebrauch.

- Ich bin im Stress ...
- Geht gut, nur gerade stressig ...
- Dies oder jenes stresst mich ...
- Es ist schon stressig ...
- Es ist eine stressige Zeit, aber bald habe ich frei ...
- Ich habe leider keine Zeit, ich habe Stress ...

Zähl mal mit, wie oft du das Wort »Stress« am Tag verwendest, und achte auch mal darauf, wie oft dieses Wort von deinem Umfeld verwendet wird. Mir ist eine Sache in den letzten Jahren bewusst geworden, dass ich nämlich häufig gar keinen Stress hatte, sondern mich selbst unglaublich unter Druck gesetzt habe.

Stress wird oft ausgelöst, wenn wir das Gefühl haben, in einer Sackgasse zu stecken, und weder fliehen noch kämpfen können. Stress ist immer eine Reaktion auf eine eingebildete oder auch tatsächliche Bedrohung, die einen Flucht- oder Kampfinstinkt auslöst und Adrenalin freisetzt. Als »Steinzeitmensch« oder in gewissen Situationen ergibt der Flucht- oder Kampfinstinkt natürlich Sinn, doch setzt dieser eben auch bei mentalem oder emotionalem Stress ein, wie zum Beispiel bei finanziellem, physischem, mentalem Druck oder in einer Arbeitssituation, etwa aufgrund mangelnder Anerkennung durch Kollegen oder des Chefs und natürlich in der Beziehung.

Es gibt ganz viele verschiedene Faktoren von Stress. Ist dir, mein lieber Leser, bewusst, dass für fast 85–95 Prozent aller Krankheiten Stress die Ursache ist? Je unglücklicher wir mit unserer Lebenssituation sind oder wenn wir gar Hass empfinden, desto mehr mentaler und emotionaler Stress wird erzeugt. Das kann leicht zu Depressionen oder Angstzuständen führen. Ich bin überzeugt davon, dass dein Leben schon viel stressfreier geworden ist, allein wenn du den ersten Teil des Buches umgesetzt hast. Und dennoch weiß ich aus Erfahrung von meinen

Seminaren und auch durch eigene Erlebnisse, wie leicht uns der Stress einholen kann und wir dadurch nicht nur in Stress geraten, sondern auch komplett aus der *Enjoy this Life*®-Persönlichkeit fallen.

Wie du sicher schon festgestellt hast, geht es beim *Enjoy this Life*®-Prinzip immer darum, so viel Energie wie möglich zu haben. Je offener deine Körperhaltung ist und je positiver du von innen heraus bist, umso mehr Energie hast du zur Verfügung. Deine Aura (Ausstrahlung/Energiefeld) weitet sich und dadurch ziehst du auch immer mehr positive und energievolle Ereignisse in dein Leben. Doch am meisten Energie raubt uns mentaler oder emotionaler Stress. Aus meiner Sicht basiert auch jede Erkrankung auf einem Energiemangel, weil Stress unserem Immunsystem die ganze Energie entzieht.

Nimm dir jetzt etwas Zeit und mache dir mal ein paar Gedanken, welche Bereiche deines Lebens oder welche Situationen dich leicht in Stress versetzen. Schreibe diese auf, damit du sie deutlich vor Augen hast und sie dir bewusstmachen kannst. Typische Stressfaktoren sind:

- Unmut oder Hass auf den Chef, Mitarbeiter, Familienmitglieder oder Mitmenschen
- Unerträgliche Beziehungen oder Ehe
- Finanzielle Probleme
- Sorgen und Probleme mit den Kindern
- Ständige Furcht oder Angst
- Überarbeitung/Zeitmangel
- Zweifel
- Ständiges Jammern und Beklagen
- Hoffnungslosigkeit
- Selbstwertprobleme

Natürlich gibt es noch ganz viele andere Ursachen für Stress, doch oft ist die Hauptkomponente von diesen Stressfaktoren die Angst. Die Angst, es nicht zu schaffen, die Angst, nicht gut genug zu sein, Überlebensangst, Angst, nicht geliebt zu werden. Überhaupt ist die Angst, nicht geliebt oder anerkannt zu werden, oft der Hauptgrund, warum wir in Stress geraten. Weil wir alle tief in uns drin den Glaubenssatz haben: Du musst viel leisten für Liebe und Anerkennung. Um Stress abzubauen, ist der erste Teil dieses Buchs unglaublich wichtig, weil ich davon überzeugt bin, dass Zufriedenheit und Glücklichsein die besten Mittel sind, um viele der Probleme, die ich oben aufgeführt habe, aufzulösen. Natürlich sollten wir nicht nur emotionalen oder mentalen Stress vermeiden, sondern auch physischen Stress.

Physischer Stress entsteht häufig durch Überschreiten der körperlichen Grenzen, und das führt zur körperlichen Erschöpfung, oft ausgelöst durch: zu viel Arbeit, die nicht glücklich macht, anstrengende körperliche Arbeit, übermäßiges Trinken und Essen oder Drogen-, Alkohol-, Tablettenmissbrauch, Termindruck bei der Arbeit, Schlaflosigkeit, Schlafentzug, zu wenig Zeit für sich selbst, zum Beispiel durch Kinder, falsche Ernährung.

Ein paar Punkte habe ich im ersten Teil dieses Buches schon angesprochen oder haben wir schon zusammen angeschaut, dennoch zähle ich sie zum Teil noch mal auf, da alle drei Stressarten zusammen auftreten können und voneinander abhängig sein.

Der physische Stress ist oft der Stresstyp, den wir noch am ehesten schnell bemerken. Doch wenn wir unachtsam durchs Leben gehen, kann es lange dauern oder gar ganz unerkannt bleiben, wenn wir unter emotionalem oder mentalem Stress leiden. Oft stellt sich dann die Frage: Ist ein Stresstyp schlimmer als der andere?

Physischer Stress kann den Körper bis zur vollständigen Erschöpfung führen, aber nur in ganz seltenen Fällen führt er zu einem gesundheitlichen Zusammenbruch. Man kann körperlich völlig erschöpft und energielos sein, sogar physisch ausgebremst, doch wenn man sich genügend Ruhe gönnt und die Belastung stark reduziert und die Ernährung anpasst, kommt man nach einer gewissen Zeit der Ruhe wieder zu Kräften und nur selten bleiben »Symptome« zurück. In den meisten Fällen regeneriert sich der Körper wieder vollständig. Dennoch solltest du als *ETL*®-Persönlichkeit auch diesen Stresstyp unbedingt vermeiden. Horche gut auf deinen Körper und schenke ihm die nötige Ruhe.

Bei mentalem und emotionalem Stress sieht es leider ganz anders aus: Gerade bei diesen beiden Stresstypen, die wir in der Regel kaum oder viel zu spät bemerken, können bleibende ernsthafte Symptome/Krankheiten entstehen. Doch es gibt Anzeichen auf der körperlichen wie auch auf der psychischen Ebene. Damit du diese Art von Stress bei dir schneller erkennen kannst, habe ich dir einige Symptome aufgelistet, die bei diesen beiden Stresstypen auftreten können. Bedenke dabei bitte, dass es sicher noch andere Ursachen gibt und sich mit dieser Liste keine vollständige Diagnose erstellen lässt. Das ist auch nicht mein Ziel. Mein Ziel ist es, dich darauf aufmerksam zu machen, dass Stress dich nicht nur aus deiner *Enjoy this Life*®-Persönlichkeit herausbringt, sondern dir auf Dauer auch wirklich ernsthafte gesundheitliche Probleme bescheren kann.

Auf der körperlichen Ebene kann Folgendes ein Anzeichen für Stress sein:

- Erschöpfung und Abgeschlagenheit, Lustlosigkeit
- Dehydrierung: Nicht nur wenn wir zu wenig Wasser trinken, dehydrieren wir, sondern Stress entzieht dem Körper ebenfalls Wasser.
- Muskelverspannungen, Krämpfe, häufig Schmerzen
- Migräne, Kopfschmerzen, Gelenk- und Rückenschmerzen
- Herzrasen, beschleunigter Puls und Mühe beim Atmen oder unregelmäßiges Atmen (Hecheln)
- Lähmungen, Ticks, Zuckungen, Nervosität, Ängste, Panikattacken
- Zähneknirschen
- Sucht: Alkohol, Drogen, Medikamente oder auch Bulimie, Anorexie
- Sexuelle Lustlosigkeit oder sexuelle Funktionsstörungen
- Probleme mit der Verdauung: Verstopfung, Durchfall, Sodbrennen
- Allergien, Asthma
- Schlafprobleme, Nägelkauen, Unruhe, Zappeln
- Schwaches Immunsystem, Bluthochdruck

Auf der seelischen Ebene kann Folgendes ein Anzeichen für Stress sein:

- Depression, Traurigkeit, Verstimmung, Launenhaftigkeit
- Ungeduld, Wut, Reizbarkeit, Feindseligkeit
- Emotionale Erschöpfung und Überforderung
- Grundloses unwillkürliches Weinen
- Gefühl von Hoffnungslosigkeit und Hilflosigkeit
- Selbstwertprobleme
- Energieschwankungen, plötzliche Müdigkeit
- Konzentrationsmangel, extreme Vergesslichkeit
- Verlorener Sinn für Humor

- Paranoia, ADHS
- Keine Motivation und ständig das Gefühl, überlastet zu sein

Stress kann noch viele weitere Symptome verursachen, es gibt sogar die These, dass Krebs im Grunde mit emotionalem und mentalem Stress in Zusammenhang steht. Für mich persönlich ergibt das auch Sinn, weil dem Körper durch diese drei Stresstypen einfach komplett die Energie entzogen wird, und wenn der Stress chronisch wird, erleben wir einen völligen Zusammenbruch unseres Immunsystems. Doch ich will dich jetzt hier nicht noch weiter in Angst versetzen, was Stress sonst noch für Symptome auslösen kann, sondern will dir vielmehr mit diesen Zeilen die Wichtigkeit aufzeigen, warum es als *ETL*®-Persönlichkeit mehr als lohnenswert ist, stressfrei zu leben.

Mache dir wirklich auch bewusst, dass chronischer Stress zu Dehydrierung führt. Viele denken immer noch, dass die Hauptursache dafür zu wenig trinken ist, doch neueste Forschungen zeigen, dass Stress den Körper viel mehr austrocknet. Natürlich ist es wichtig, genügend zu trinken, und zwar am besten nur Wasser. Aber auch wenn du genügend trinkst und dabei chronischen Stress hast, wirst du dehydrieren. Ich nenne hier nur einige Folgen von Dehydration:

- Bluthochdruck
- Schlaganfälle
- Schwindelgefühle
- Depressionen
- Reizbarkeit
- Fibromyalgie
- Verdauungsstörungen/Säurereflux

Jetzt sollten wir uns aber dringend der Stressreduktion widmen. Dazu gibt es mehrere Möglichkeiten, doch das Allerwichtigste ist, dass du zunächst einmal selbst feststellen musst, wann du in Stress gerätst oder ob du schon gestresst bist.

Wie schon angedeutet, bemerken viele Menschen gerade mentalen und emotionalen Stress kaum oder viel zu spät. Mache dir bitte nochmals bewusst, dass dir alle Übungen in diesem Buch wirklich helfen können, ein glücklicheres, zufriedenes, erfolgreiches und stressfreies Leben zu führen. Durch das Lesen allein wird sich allerdings nichts bis kaum etwas verändern, du solltest wirklich aktiv werden, ich kann dir nur einen Weg aufzeigen. Letztlich liegt es an dir, ob es funktioniert oder nicht: Entweder liest du dieses Buch einfach und es bleibt vielleicht ein bisschen Wissen hängen, oder du beginnst es zu leben und die Übungen in deinen Alltag zu integrieren, dann wirst du mit Sicherheit einen Riesenerfolg haben und wirst feststellen – egal wie dein Leben war, egal was du bis jetzt immer gedacht hast –, dass du der Schöpfer deines Lebens bist, die *Enjoy this Life*®-Persönlichkeit, die es in der Hand hat, glücklich zu werden. Du allein und niemand sonst. Es gibt kein unabänderliches Schicksal, das in Stein gemeißelt ist. Du kannst ab jetzt dein Schicksal selbst in die Hand nehmen und selbst entscheiden, in welche Richtung dein Leben gehen soll. Warum erwähne ich das hier nochmals? Weil Stress die Komponente ist, die uns am meisten von der *Enjoy this Life*®-Persönlichkeit wegführt.

Viele, die mit dem *ETL*®-Programm beginnen, haben am Anfang einen super Start und es verändert sich enorm viel, doch sobald eine emotional, mental oder physisch belastende Situation in ihr Leben kommt, vergessen sie alles und werden stressbedingt wieder von den alten Mustern und Blockaden im Denken und Handeln heimgesucht. Dann sitzen sie da und sagen: »*ETL*® funktioniert ja gar nicht!« Doch, es funktioniert zu hundert Prozent, allerdings bist du bei der ersten Prüfung einfach zurückgefallen und hast dich vom Stress wieder in dein altes Leben zurückleiten lassen. Das ist gar nicht schlimm. Falls es dir passiert, nimm es leicht, erkenne es und geh wieder voll und ganz in deine *ETL*®-Persönlichkeit.

Du bist ab heute kein Opfer deiner Umstände mehr, sondern ein Schöpfer. Ein Schöpfer einer *ETL*®-Persönlichkeit kennt Rückschläge, Tiefschläge und schlechte Tage genauso wie jeder andere Mensch auch. Der Unterschied ist aber, er erkennt es, schaut es sich an und dann wird er aktiv und verändert die Situation, um seinem Leben eine neue Richtung zu geben.

Du bist von Geburt an ein Gewinner, bist durch das stärkste und schnellste Spermium deines Vaters entstanden. Für mich ist ein Gewinner keiner, der andere Menschen besiegt, sondern einer, der niemals aufgibt, auch wenn er einen Misserfolg hat, der wieder aufsteht, seine »Krone« richtet und kurz analysiert, warum dies oder jenes geschehen ist, dann daraus lernt und seinen Weg weiterverfolgt. Jemand, der aktiv sein Leben gestaltet, der weiß, was er will, seine Berufung kennt, in Harmonie mit seinen Mitmenschen lebt und vor allem mit sich selbst im Reinen ist. Du musst nicht perfekt sein, sondern zufrieden.

Ein wichtiger Punkt, um Stress zu vermeiden, ist, dich nicht länger mit anderen Menschen zu messen. Es wird immer jemand geben, der etwas besser kann, besser aussieht, gesünder ist, größer ist, schneller ist oder, oder, oder. Wer sich ständig vergleicht und sich oder andere verurteilt, der lebt im Stress, bewusst oder, noch schlimmer, unbewusst. Wenn du unbedingt einen Wettkampf führen willst, dann nur mit dir selbst, indem du dir jeden Tag vornimmst: Heute werde ich das Leben noch mehr genießen als gestern und noch mehr tun, was mich erfüllt, als den Tag davor!

Also: Genug geredet, werden wir aktiv.

ÜBUNG

Nimm ein Blatt Papier oder dein Notizbuch und schreibe mal alle dir bekannten Situationen auf, in denen du dich gestresst fühlst oder leicht in Stress geraten könntest. Wirf dazu noch mal einen genauen Blick auf dein Leben – vor *Enjoy this Life®* und auch während *Enjoy this Life®*: Welche Situationen haben dich gestresst, wo hast du dich unter Druck gefühlt? Achte auch mal darauf, wie es zu diesen Situationen gekommen ist, denn wenn wir verstehen, wie wir in eine stressige Lage geraten, kennen wir oft schon die Lösung.

Lass dir aber wirklich Zeit mit der Erstellung der Liste; wenn du es intensiv und gründlich machen willst, vor allem wenn du eher jemand bist, der schnell Stress hat, dann lege die Liste über ein paar Tage an. Es ist kein Wettbewerb, wie schnell du eine Übung machst, sondern es geht darum, wie gründlich du sie machst und dann auch in dein Leben integrierst.

Sobald du mit der Liste fertig bist, unterteile die Punkte auf deiner Liste in »chronischen Stress« und »situativen Stress«. Chronischer Stress tritt auf in Situationen, die du immer und immer wieder erlebst, also ein Muster, das sich durch dein Leben zieht. Situativer Stress entsteht aus einer Situation heraus, mit der du vielleicht nicht gerechnet hast.

Jetzt kommt der zweite Schritt: Wir widmen uns zuerst dem chronischen Stress, der uns meistens viel mehr belastet als der situative, da er regelmäßig vorhanden ist oder sogar ein Dauerzustand ist. Im Grunde bleibt uns hier natürlich nichts anderes übrig, als auf die Situationen anders zu reagieren, sprich: diese zu verändern und uns dadurch viel Stress zu ersparen. Ist am Anfang vielleicht ein bisschen Arbeit und mehr Aufwand, doch du wirst sehr schnell feststellen, dass es am Ende viel Ruhe in dein Leben bringen wird. Ich gebe dir ein paar Beispiele – Dinge, die mich früher gestresst haben oder Beispiele von Seminarteilnehmern –, damit du verstehst, wie man Veränderungen vornehmen könnte.

Beispiele:

- Die ständige Erreichbarkeit durch mein Handy bereitete mir früher viel Stress. Heutzutage erhalten wir ja nicht nur Anrufe auf dem Handy, sondern zig Textnachrichten, E-Mails und ähnliche Sachen. Ich fühlte mich früher oft verpflichtet, sofort zu reagieren und zu antworten. Dadurch merkte ich mit der Zeit, dass ich ständig am Handy war.
  Meine Lösung: Ich gab meine private Handynummer und E-Mail-Adresse nur noch Menschen, für die ich auch erreichbar sein wollte. Mein Handy ist fast immer stumm geschaltet. Meine Freunde wissen, dass sie mir in dringenden Fällen eine SMS schicken oder auf den Anrufbeantworter sprechen können. Ich schaue nur auf mein Handy, wenn ich Zeit habe und nicht mehr, wenn es klingelt oder piepst. Auf unnötige SMS oder Mails reagiere ich gar nicht mehr. Natürlich habe ich meinen Freunden diesen Entschluss und meine Gründe dafür mitgeteilt. Viele von ihnen halten es heute genauso.

- Viele beginnen den Tag schon total gestresst, weil sie zu spät aufstehen, und kommen dann auch oft zu spät in die Schule oder zur Arbeit.
  Lösung: Einfach früher aufstehen. Häufig kommt das Argument: »Ich bin aber froh um jede Minute, die ich schlafen kann, ich brauche das.« Meine Sicht: Ja, viele brauchen das, weil sie jeden Tag im Stress sind. Deswegen sind sie oft auch völlig übermüdet. Schon nach ein paar Tagen ohne Stress wirst du allerdings feststellen, dass du weniger Schlaf benö-

tigst. Ich stehe jeden Tag zwischen fünf und sechs Uhr morgens auf, ganz ohne Wecker und ohne Stress. Auch wenn ich mal erst um zwei Uhr ins Bett komme, verschlafe ich nicht.

- Durch Termindruck oder zu viele Termine fühlen sich viele in ihrem Job hoffnungslos überlastet, gerade viele Selbstständige. Das musste ich eine Zeit lang auch erleben.

Lösung: Oft ist nicht das Problem, dass wir zu wenig Zeit haben, sondern zu viele Projekte oder Aufgaben in zu wenig Zeit geplant haben. Lerne auch, Nein zu sagen. Lerne, deine Zeit besser einzuteilen. Achte außerdem darauf, immer wieder auch eine Pause einzulegen. Oft geht einem die Arbeit danach viel leichter von der Hand, es passieren weniger Fehler und am Ende ist man früher fertig. Mache mindestens jede Stunde fünf Minuten kurz Pause, nicht nur von der Arbeit, sondern auch sonst im Alltag. Als ich noch rauchte, hatte ich das Gefühl, ich hätte viel weniger Stress, und so denken viele Raucher, obwohl man weiß, dass Nikotin im Grunde sogar Stress verursacht. Doch als Raucher legt man regelmäßig eine Zigarettenpause ein, und als ich mit dem Rauchen aufhörte, merkte ich, dass ich mir diese fünf Minuten nicht mehr gönnte. Jetzt mache ich das wieder, und siehe da, ich bin viel entspannter und brauche nicht mal zu rauchen.

- Unnötige Diskussionen oder Gespräche, für die dir die Zeit fehlt oder wenn du dich ohnehin schon gestresst fühlst, sind eine zusätzliche Belastung.

Lösung: Wenn ich mich nicht in der Lage fühle, konzentriert zuzuhören oder ein Gespräch zu führen, dann habe ich gelernt, das zu kommunizieren. Ich sage dann zum Beispiel: »Das Gespräch ist mir wichtig, doch mir fehlt gerade die Zeit dafür und dadurch kann ich dir nicht wirklich zuhören.«

Dies waren jetzt nur einige wenige Beispiele, doch ich denke, sie zeigen dir, wie du deinen chronischen Stress reduzieren könntest. Vielleicht notierst du auch kurz hinter jede Situation, die du als chronischen Stressverursacher identifiziert hast, in wenigen Worten deine eigene Lösung. Es schwarz auf weiß zu sehen hilft dir, die Situationen viel bewusster wahrzunehmen und sie künftig aufzulösen.

Bei situativem Stress ist die Sache nicht ganz so leicht, weil du dich nicht auf die stressige Situation vorbereiten kannst, doch mit der Methode »positives Umerleben«, die ich früher schon einmal beschrieben habe, wird es dir mit der Zeit immer einfacher gelingen, auch bei überraschenden stressigen Situationen ruhig zu bleiben und positiv zu reagieren. Mache dir einfach Folgendes bewusst: Sobald du in eine stressige Situation kommst, ist es das Beste, zunächst Ruhe zu bewahren und voll und ganz in deine *ETL*®-Persönlichkeit zurückzugehen und erst dann zu agieren. Ich denke, das A und O, um mit Stress umzugehen, ist, dir bewusstzumachen, dass du gerade Stress erlebst, und dann kannst du auch darauf reagieren. Das Hauptproblem ist, dass wir Stress oft schon so gewohnt sind, dass wir ihn als »normal« empfinden und dann nicht bemerken, wie uns durch den Stress immer mehr Energie entzogen wird und wir immer mehr aus der *Enjoy this Life*®-Persönlichkeit fallen.

Hier noch ein paar zusätzliche Tipps, die dir helfen können, mehr Ruhe und Gelassenheit in deinen Alltag zu integrieren, damit Stress bald der Vergangenheit angehört. Wichtig ist dabei, dass du vorher alle vermeidbaren und chronischen Stresssituationen identifizierst und anders reagierst. Wenn du alles beim Alten belässt, wird sich leider auch nicht viel verändern.

TIPPS:

1. Regelmäßige Meditation, Yoga, Thai-Chi, autogenes Training helfen den Körper zu entspannen und Stress zu reduzieren.

2. Nimm dir jede Stunde eine fünfminütige Auszeit oder pausiere mindestens alle zwei Stunden. Atme dabei bewusst tief ein und aus.

3. Körperliche Bewegung, Spaziergänge, Walking und Sport bauen Stress ab.

4. Massagen und liebevolle Berührungen sowie Sex sind tolle Stresskiller.

5. Ein heißes Bad entspannt Körper, Geist und Seele. Noch idealer ist ein Basenbad, da es hilft, die Übersäuerung im Körper auszugleichen.

6. Achte überhaupt auf deinen Säure-Basen-Haushalt. Das erreichst du mit sinnvoller Ernährung. Ein stark übersäuerter Körper führt zu noch mehr Stress und macht auf Dauer krank. Im Internet findest du viele Tipps und auch gute Bücher zu diesem Thema.

7. Hochwertige Vitamine und Mineralstoffe können dir helfen, den Stress zu reduzieren. Achte auf genügend B-Vitamine, Magnesium, Kalzium, Vitamin D. Ideal zur Stressreduktion ist Gerstengraspulver als Smoothie.

8. Aromaöle wie z.B. Lavendel, Melisse, Rose, Geranie, Ylang-Ylang oder Zitronengras reduzieren Stress.

9. Vermeide viel Kaffee, Nikotin, Zucker, Süßstoffe und Alkohol. Diese Stoffe sind stimulierend und können den Stress erhöhen. Achte auf eine ruhige, entspannte Umgebung beim Essen. Das hilft nicht nur gegen Stress, sondern unterstützt auch dein Verdauungssystem.

10. Vermeide Tratsch und Gejammer, sowohl dein eigenes wie auch das von anderen. Vielen ist nicht bewusst, dass dieses Verhalten Stress produziert.

11. Plane in deinem Terminkalender bewusst auch Freizeit ein, vor allem dann, wenn du dazu neigst, dich zu überarbeiten. Gerade als Mutter wäre es sinnvoll, Pausenzeiten einzuplanen, in denen du Zeit nur für dich hast (kinderfreie Zeit). Bringe auch deinen Kindern bei, wie sie sich je nach Alter auch eine längere Zeit sinnvoll allein beschäftigen können.

12. Humor und Lachen sind der beste Stresskiller überhaupt.

13. Spiele und Tollen mit den Kindern (oder auch ohne) macht Spaß und bringt Ruhe und Gelassenheit.

14. Meide Aussagen wie »Ich habe Stress«, »Ich bin gestresst« und »Ich muss noch schnell« oder »Ich sollte noch …«. Mache dir Folgendes bewusst: Es geht weniger darum, was du sagst, es ist vielmehr ein Anzeichen dafür, dass du wirklich unter Druck stehst und gestresst bist. Hast du das erst erkannt, dann verändere die Situation und auch deine Aussagen.

Ich denke, wenn du dir mal bewusst Gedanken zum Thema Stress machst, wirst du sicher als *Enjoy this Life*®-Persönlichkeit auch noch wunderbare neue Dinge herausfinden, die dir noch mehr Ruhe und Gelassenheit geben. Führe dir immer wieder vor Augen, dass es sich lohnt. Stress macht nicht nur krank, sondern schwächt deine Energie und damit auch deine Ausstrahlung und Resonanz für positive Dinge. Außerdem sind gestresste Menschen nicht wirklich attraktiv und werden als weniger sympathisch wahrgenommen. Niemand verbringt gern Zeit mit gestressten Menschen. Als *Enjoy this Life*®-Persönlichkeit sollte Stress für dich immer mehr der Vergangenheit angehören. Ich wünsche dir von Herzen eine ruhige und gelassene Zeit.

The Power of »Enjoy this Life«

Bevor wir die Reise ganz beenden, möchte ich dich noch einladen, bei etwas ganz Bestimmtem mitzumachen – vielleicht ist es dir zu abgehoben, dann ist das absolut in Ordnung. Vielleicht bis du aber auch offen dafür und willst an dem Experiment teilnehmen. Lass es mich zunächst kurz erklären, bevor ich dir die Übung verrate, und wenn du Lust hast, würde ich mich freuen, wenn du beim Kraftfeld von *Enjoy this Life*® mitmachst und zur »*Enjoy this Life*®-Family« dazugehörst.

Seit einiger Zeit mache ich bei jedem *Enjoy this Life*®-Seminar, Workshop oder Onlinekurs mit allen Teilnehmern dieselbe Übung. Es geht darum, dass jeder einzelne Teilnehmer sich mit dem Energiefeld verbindet, das wir aufgebaut haben; dadurch wird dieses energetische Kraftfeld immer größer und wir alle können uns jederzeit mit der geballten Ladung von *Enjoy this Life*® verbinden. Es gibt viele Teilnehmer, die täglich meditieren und sich mit dem *Enjoy this Life*®-Feld verbinden, wodurch wir alle miteinander verbunden sind und von der Kraft von jedem Einzelnen profitieren können. Egal, ob du daran glaubst oder nicht, ich bin überzeugt davon, dass diese Übung eine unglaubliche Wirkung hat. Da auch die Geistführer dabei helfen, dieses Kraftfeld aufzubauen, ist es noch viel intensiver. Von der Quantenphysik her wissen wir, dass Gedanken unsere Realität formen und wir durch die bewusste Steuerung von Energien Kraftfelder verändern und auch erzeugen können. Allen, die vielleicht mit dieser Übung Schwierigkeiten haben oder denken: »Das ist jetzt echt ein bisschen zu esoterisch!«, sei gesagt: Ich kann es absolut verstehen, doch aus Sicht eines Mediums und von der Quantenphysik her finde ich persönlich die Übung absolut genial.

Möglicherweise ist dir das Thema Geistführer fremd, doch da wir diese Übung mit unserem Geistführer machen, will ich kurz ein paar Worte über ihn sagen. Solltest du mit dem Konzept des Geistführers allerdings nichts anfangen können, kannst du bei der Übung, wenn ich sage: »Verbinde dich mit deinem Geistführer«, stattdessen einfach die geistige Welt einladen, die göttliche Energie oder die Engel, je nachdem, was für dich stimmig ist.

Der Geistführer ist im Grunde nichts anderes als eine Energie oder ein Energiefeld, das uns begleitet und uns unterstützt. Diese ist von der Geburt bis zum Tod an unserer Seite. Wenn du an mehrere Leben glaubst – ich persönlich tue dies –, dann von der ersten Inkarnation bis zu deiner letzten Inkarnation. Letztlich entspricht ein Geistführer dem, was im allgemeinen Volksglauben als Schutzengel bezeichnet wird, jedenfalls von den Aufgaben her oder für unser Verständnis. Doch eine Engelenergie hat nie eine körperliche Daseinsform gehabt, das heißt, er war nie als Mensch auf der Erde inkarniert. Nach meinem Empfinden waren aber alle Geistführer früher mal in menschlicher Form hier inkarniert und haben ihre Aufgaben auf der Erde erfüllt und müssen nicht mehr als Mensch inkarnieren. Ihre neue Aufgabe ist es jetzt, uns Menschen zu begleiten und zu führen, bis auch wir es schaffen, eines Tages aus dem Rad der Wiedergeburt auszusteigen.

Damit dir vielleicht die Übung leichter fällt, wollte ich dir ein paar kurze Erklärungen zum sehr komplexen Thema Geistführer geben – nicht zuletzt, weil ich viele Infos zu diesem Buch von der geistigen Welt und vom Geistführer erhalten habe. So sagt mein Geistführer mir immer: »Wir brauchen nicht mehr spirituelle Menschen, Medien, Hellseher, Heiler. Was wir brauchen, sind mehr glückliche Menschen in unserem normalen Alltag. Denn diese können die Welt verändern!« Das ist auch der Grundstein von *Enjoy this Life®*, und deswegen möchte ich die letzte Übung gern mit dir zusammen und deinem Geistführer machen und dich einladen, »the Power von *Enjoy this Life®*« kennenzulernen, damit du ein Teil von dieser Energie wirst. Ich bin mir sicher, dass wir so vieles erreichen und uns damit auch jederzeit bewusstmachen können, dass wir nicht allein sind. Mit jedem Tag kommen mehr Menschen hinzu und dadurch wird sich früher oder später vieles verändern. Davon bin ich absolut überzeugt. Doch wenden wir uns nun der Übung zu.

ÜBUNG

Lies die Übung vorher kurz durch und versuche dir die einzelnen Schritte zu merken oder sprich sie in deinem Tempo auf Tonband oder auf dein Smartphone auf, damit du dich während der Übung voll und ganz auf die Energien konzentrieren kannst.

Lege dich dann oder setze dich bequem hin, je nachdem, was für dich stimmiger ist.

Schließe deine Augen und beobachte deinen Atem, nimm wahr, wie du einatmest und ausatmest. Fühle, wie die Luft beim Einatmen kühler ist und beim Ausatmen wärmer. Atme in deinem Tempo ein und aus. Ein und aus ... Beobachte mindestens 30 Züge lang nur deinen Atem. Lass Stille und Ruhe in deinen Körper und deine Gedanken einkehren.

Sobald du das Gefühl hast, dass du so weit bist, bitte in Gedanken deinen Geistführer zu dir: »Lieber Geistführer, komm langsam näher und verbinde dich mit mir.« Meistens kannst du sofort wahrnehmen, wie sich die Energie um dich herum verändert. Mache dir bewusst, egal, ob du mit Geistführern schon Erfahrung hast oder nicht, sobald du diese Bitte aussendest, wird dein Geistführer sich augenblicklich mit dir verbinden. Falls du nichts spürst, mache dir dennoch bewusst, dass dein Geistführer da ist und mit jedem weiteren Mal, das du die Übung machst, wird es dir leichter fallen, die Energieveränderung wahrzunehmen.

Stelle dir dann vor, dass diese Wesenheit, dein Geistführer, dir seine Hände auf die Schultern legt, und bitte dann in Gedanken um heilende Energie für dich selbst. Lass diese Selbstheilung und Heilenergie ein paar Minuten einfach in deinen Körper strömen. Genieße es ... Öffne dich voll und ganz von deinem Herzen her, geh voll und ganz in deine *Enjoy this Life*®-Persönlichkeit. Bleibe in dieser Verbindung für ein paar Minuten und Atemzüge. Immer wenn Gedanken auftauchen, die nichts mit dieser Übung zu tun haben, richte deinen Fokus auf deinen Atem und mache dir bewusst, dass du ein Kanal für heilende Energie aus der geistigen Welt bist. Dass in diesem Moment heilende Energie in jede Zelle deines Körpers hineinströmt, dass dein Körper und dein Energiefeld mit Energie aufgeladen werden und dadurch auch deine *Enjoy this Life*®-Persönlichkeit immer mehr nach außen strahlt und positive Resonanzen schafft. Dein Körper erfährt eine vollkommene Regeneration. Genieße dies einfach und entspanne dich.

Stelle dir nun vor, dass die heilende Energie aus deinem Herzen herausstrahlt, dass ein Energiestrahl aus deiner Herzgegend heraustritt und ganz weit nach oben ins Universum geht. Dort befindet sich eine lichtvolle Kugel, die Power of *Enjoy this Life*®-Lichtkugel. Du schaffst über dein Herz eine lichtvolle Verbindung zu diesem Energiefeld und nimmst wahr, wie du ein Teil von diesem Kraftfeld wirst. Mache dir bewusst, dass viele Menschen gleichzeitig täglich dieses Energiefeld nähren und ihr durch diese Kugel miteinander verbunden seid. Dass du jetzt in diesem Moment mit deinem Geistführer verbunden bist und auch in Verbindung stehst zum Kraftfeld von *Enjoy this Life*®. Während du das Energiefeld selbst nährst, wirst du aber auch von der Power von *Enjoy this Life*® genährt und von jedem Einzelnen, der mit diesem Kraftfeld verbunden ist. Du brauchst nichts weiter zu tun, als einfach diese Verbindung zu genießen und dir bewusstzumachen, dass du ein Teil von etwas ganz Großem bist. Genieße es einfach, öffne dich für diese Energie und bleibe so ein paar Minuten ruhig liegen und lass es geschehen. Atme dabei in deinem Tempo weiter ein und aus. Lass dich von der Energie erfüllen und tragen.

Sobald du fühlst, dass du genügend Energie hast, bedanke dich beim Kraftfeld von *Enjoy this Life*®, beim Geistführer und bei dir selbst und komm dann langsam in deinem persönlichen Tempo wieder hierher zurück. Lass dir dafür Zeit und öffne erst dann deine Augen, wenn es richtig und gut für dich ist.

Ich hoffe, du hast wirklich die Power von *Enjoy this Life*® kennengelernt. Du wirst bald feststellen, dass es mit jedem Mal, das du dich verbindest, immer intensiver wird. Wenn dir die Übung Spaß gemacht hat, wiederhole sie regelmäßig, ob es nur für zwei Minuten am Tag oder zwei Stunden ist, spielt dabei keine Rolle. Denn es ist eine enorm kraftvolle Energie und du kannst körperliche oder seelische Heilung erfahren, aber vor allem hilft es dir, deine *Enjoy this Life*®-Persönlichkeit auszuleben und dich ganz mit der Energie zu erfüllen. Ich persönlich fände es super, wenn du ein Teil der *Enjoy this Life*®-Energie wirst und die Energie von allen nutzen kannst, denn wir sind alle eins und zusammen erreichen wir noch viel mehr als jeder für sich allein.

Ich heiße dich herzlich willkommen in deinem neuen Leben und sage: *Enjoy this Life*®!

Schlusswort

Lieber Leser, hier endet nun unsere gemeinsame Reise. Ich möchte mich bei dir bedanken, dass du diese Reise mit mir zusammen angetreten und den Weg bis ans Ende mitgegangen bist. Mache dir bewusst, dass nicht alles auf Anhieb umsetzbar ist, manchmal muss man das Buch mehrmals lesen und es wird immer wieder Momente geben, in denen du aus der *Enjoy this Life*®-Persönlichkeit herausfällst.

Das ist auch mir passiert und ja, ich gebe es hier zu, es geschieht auch heute noch ab und zu, und dann wechsle ich ins Mangelbewusstsein. Doch in solchen Augenblicken ist es einfach wichtig, dir zu verzeihen und wieder bewusst in die *Enjoy this Life*®-Persönlichkeit zu gehen. Ich klopfe mir dann auf die Schulter und sage: »Oh, da ist einer aber gerade rausgefallen, lass uns wieder das Leben genießen, lass uns wieder glücklich sein und voll und ganz *Enjoy this Life*® werden.«

Ich glaube, dass der Hauptgrund, warum wir hier auf der Erde sind, darin besteht, der Polarität und den vielen Missständen zum Trotz, unser Leben zu genießen und Zufriedenheit zu erlangen. Ich denke nicht, dass es darum geht, spirituell oder erleuchtet zu werden, oder anders gesagt, ich halte jemanden, der glücklich und zufrieden ist, der voll und ganz seine *Enjoy this Life*®-Persönlichkeit lebt, für einen spirituellen Menschen, ganz gleich, ob er sich selbst so bezeichnet oder nicht.

Mein ureigener Wunsch für dich ist, dass du einfach beginnst, dein Leben zu leben, Schöpfer wirst und dadurch viele Mitmenschen in deinem Umfeld berührst und ihnen wieder »Vorbild« bist, damit möglichst viele Menschen ihren persönlichen Weg zu sich selbst und zu *Enjoy this Life*® finden.

Versuche mit der Methode zu spielen, verändere sie so, wie sie für dich stimmig ist, und passe die Übungen so an, wie sie für dich Sinn ergeben. Vertraue voll und ganz auf deine Ideen und deine Übungen. Was dir vielleicht weiterhelfen kann, sind Menschen in deinem Umfeld, die mit dir zusammen das Leben verändern wollen – Freunde, mit denen du dich austauschen kannst und ihr euch gegenseitig auch motivieren könnt. Falls du auf Facebook bist, schau doch mal auf meiner Seite vorbei, dort gebe ich immer mal wieder ein paar Inspirationen und ich freue mich natürlich auch auf ein Feedback von dir.

Jetzt bleibt mir nur noch, dir das Beste auf deinem Weg zu wünschen und dir für dein Vertrauen zu danken. Schön, dass du auch in der *Enjoy this Life*®-Family bist.

Alles Liebe, Pascal

Dank

Es gibt ganz viele Menschen, denen ich danken könnte, doch ich beschränke mich hier vor allem auf diejenigen, die mich bei diesem Buch unterstützt haben, und auf ein paar, die mich in den letzten Monaten privat intensiv begleitet haben und ohne die mein Leben nicht so wunderbar wäre, wie es ist, und die mich auch im weitesten Sinn bei diesem Buchprojekt unterstützt haben. Ich halte den Dank in diesem Buch absichtlich kurz, da jeder, den ich hier nenne, von mir persönlich weiß, wie wichtig er mir ist und dass ich unglaublich dankbar bin, dass es diese Menschen in meinem Leben gibt.

Als Erstes möchte ich mich beim Allegria Verlag bedanken für euer Vertrauen und für die tolle, unterstützende Zusammenarbeit bei dem Buch. Es hat großen Spaß gemacht. Großes Danke an Karin und Patricia, für die Inputs bei der Umsetzung und für die tolle Betreuung. Es ist schön, für einen Verlag zu schreiben, bei dem man nicht einfach eine Nummer ist, sondern der die menschlichen und spirituellen Werte nicht nur publiziert, sondern auch lebt! Dafür großes Lob und Respekt von mir. Mega Danke auch an Joe Fuchs, der vor über zehn Jahren mein erster Buchvertreter war und enorm viel zu meinem Erfolg beigetragen hat. Es ist schön zu wissen, dass du wieder mit im Boot bist. Danke auch dir für die vielen Impulse und vor allem für die Freundschaft und deinen unermüdlichen Einsatz für mich. Danke auch dem ganzen Buchhandel, der mich seit Jahren unterstützt und mir dadurch die Möglichkeit gibt, dass ich meine Berufung leben darf.

Privat danke ich ganz vielen Menschen, von denen ich hier nur einige nenne, die für die Entstehung des Buchs enorm wichtig für mich waren. Der Dank geht an: meine Mutter, meine Schwester, meinen Sohn Shane, meine Lebenspartnerin Natascha, Pablo Meder, Erwin und Anita Schickinger, Patric Pedrazzoli, Gabriel Palacios, Rafael Schlegel, das ganze *Enjoy this Life*®-Onlinekursteam, besonders an Pablo Sütterlin.

Zum Schluss der größte Dank all meinen Lesern, Leserinnen, Schülern, Schülerinnen, Seminarorganisatoren und -organisatorinnen, Kursteilnehmerinnen und -teilnehmern: Ohne euch könnte ich meine Berufung nicht leben, ich danke euch aus tiefstem Herzen! Besonderen Dank dem Leser, der gerade diese Zeilen liest: Danke, dass es dich gibt! Auch wenn wir uns vielleicht persönlich noch nicht kennen, sollst du wissen, dass ich dankbar bin, dass es dich gibt, und ich dir nur das Beste für dein Leben wünsche!

Dein Pascal

Wenn dir dieses Buch gefallen hat, dann bekommst du als Dankeschön die Möglichkeit, gratis einen Online-kurs ETL4Free zu besuchen. 6 Lektionen Video Kurs *Enjoy this Life*® plus 1 Lektion mit Bonus Videos. Komplett kostenlos für dich, einfach hier auf die Seite gehen *www.enjoythislife.gratis* und registrieren. Der Online Kurs kann dir helfen, das Gelesene noch mehr zu vertiefen. Ich wünsche dir viel Spaß,
Dein Pascal.

Über den Autor und Kontakt

Pascal Voggenhuber wurde 1980 in der Schweiz geboren und verbindet spirituelles Wissen mit einer humorvollen, bodenständigen Art. Er ist trotz seines jungen Alters heute schon eines der bekanntesten Psychic-Medien in Europa, er wurde vor allem bekannt durch seine präzisen Jenseitskontakte zu Verstorbenen. Außerdem ist er ein beliebter Referent und Seminarleiter im In- und Ausland. Seit 2007 hat er acht Bücher veröffentlicht, die alle in der Schweiz in den Top Ten der Schweizer Sachbuch-Bestsellerliste waren. Im Jahr 2013 hatte er seine eigene TV-Sendung »DAS MEDIUM – Nachricht aus dem Jenseits« auf SAT1 Schweiz, die enorm gute Einschaltquoten erreichte. Pascal Voggenhuber sah schon immer geistige Wesen und Verstorbene, trotzdem hat er sich intensiv über mehrere Jahre in der Schweiz und in England zum Medium ausbilden lassen. Er sieht es als seine Berufung, den Menschen die geistige Welt wieder näherzubringen und vor allem zu zeigen, dass es ein Leben nach dem Tod gibt. Zudem sieht er es als seine Aufgabe, den Menschen zu zeigen, dass Spiritualität sehr bodenständig gelebt werden kann und auch Spaß machen darf. »Enjoy this Life« ist für ihn nicht nur ein Label, sondern seine persönliche Lebenseinstellung.

Falls du mehr über Pascal Voggenhuber und seine Arbeit erfahren möchtest, findest du alle Informationen auf seiner Homepage www.pascal-voggenhuber.com.

Außerdem pflegt er den Austausch mit seinen Lesern und Fans über Facebook, Instagram und Twitter.